westermann

Arndt Beiderwieden, Carola Schrötke, Joachim Vater

Volkswirtschaft

Ein handlungs- und kompetenzorientiertes Arbeitsbuch

2. Auflage

Bestellnummer 36565

Die in diesem Produkt gemachten Angaben zu Unternehmen (Namen, Internet- und E-Mail-Adressen, Handelsregistereintragungen, Bankverbindungen, Steuer-, Telefon- und Faxnummern und alle weiteren Angaben) sind i. d. R. fiktiv, d. h., sie stehen in keinem Zusammenhang mit einem real existierenden Unternehmen in der dargestellten oder einer ähnlichen Form. Dies gilt auch für alle Kunden, Lieferanten und sonstigen Geschäftspartner der Unternehmen wie z. B. Kreditinstitute, Versicherungsunternehmen und andere Dienstleistungsunternehmen. Ausschließlich zum Zwecke der Authentizität werden die Namen real existierender Unternehmen und z. B. im Fall von Kreditinstituten auch deren IBANs und BICs verwendet.

Zusatzmaterialien zu „Volkswirtschaft"

Für Lehrerinnen und Lehrer

Material inklusive Lösungen zum Arbeitsbuch: 978-3-427-36567-9
Material inklusive Lösungen zum Arbeitsbuch Download: 978-3-427-36566-2

mit Webcode im Buch
Buch +Web

Zu diesem Produkt sind digitale Zusatzmaterialien kostenlos online für Sie erhältlich. Sie können diese ganz einfach über die Eingabe des nachfolgenden Codes im Suchfeld unter www.westermann.de abrufen.

BVE-36565-001

Sollten Sie zu diesem Produkt bereits eine BiBox mit Material erworben haben, so sind die Zusatzmaterialien selbstverständlich dort bereits integriert.

Druck und Bindung: Westermann Druck GmbH, Georg-Westermann-Allee 66, 38104 Braunschweig

ISBN 978-3-427-**36565**-5

Vorwort

Liebe Schülerinnen und Schüler,

zunächst möchten wir einige Fragen beantworten, die sich zu diesem Buch stellen:

Was bringt mir dieses Buch?

Dieses Buch führt Sie Schritt für Schritt entlang eines roten Fadens durch das gesamte Themengebiet. Dabei erwerben Sie durch aktives Handeln fachliche und methodische Kompetenzen für Studium und Beruf. Sie werden also nicht nur auf Klausuren vorbereitet, sondern auch auf das wahre Leben. Sie können dann den Wirtschaftsteil Ihrer Tageszeitung und die üblichen Diskussionen rund um Politik und Wirtschaft nachvollziehen, kritisch hinterfragen und sich eine begründete Meinung bilden.

Wie arbeite ich mit diesem Buch?

- Schauen Sie bitte zu Stundenbeginn kurz in das **Inhaltsverzeichnis**. Es hilft Ihnen, Zusammenhänge zu verstehen und die Übersicht zu behalten.
- Lesen Sie bitte immer zuerst die **Infotexte** (blau hinterlegt), *bevor* Sie mit den Arbeitsaufträgen beginnen.
- Suchen Sie einen Fachbegriff? Sie finden ihn im **Sachwortverzeichnis** am Ende des Buches.
- Am Ende jedes Kapitels finden Sie im Abschnitt **Kompaktwissen** Zusammenfassungen und Begriffsübersichten. Diese helfen Ihnen bei der Vorbereitung von Klausuren und Prüfungen.
- Irren ist menschlich. Deshalb verwenden Sie bitte für die Arbeit mit diesem Buch einen **weichen Bleistift** (wir empfehlen einen Druckbleistift mit 0,7B-Minen) und ein **Radiergummi.**
- Nutzen Sie bitte auch die **digitalen Materialien**, die auf der Internetseite der Westermann Gruppe – Berufliche Bildung unter Buch+Web hinterlegt sind. Zugangshinweise finden Sie ganz vorn im Buch. Web
- Prüfen Sie Ihre persönlichen Lernfortschritte mit der **Kann-Liste** im Buch+Web.

Welche Titel gibt es noch in dieser Reihe?

Danke schön!

Wir möchten uns an bei allen Personen bedanken, die uns bei der Entwicklung dieses Buches tatkräftig unterstützt haben, insbesondere bei Andreas Ruß aus Bremen und bei Michael Wagner aus Leverkusen. Wir freuen uns auch über Ihr Feedback, das Sie uns jederzeit über den Verlag zukommen lassen können.

Arndt Beiderwieden, Carola Schrötke, Joachim Vater

Inhaltsverzeichnis

A Überblick und Grundlagen 6

Erarbeitung ... 6

1 Überblick über das Themengebiet ... 7

2 Volkswirtschaftliche Grundbegriffe ... 10

3 Funktionen und Arten des Geldes ... 14

4 Wirtschaftsordnungen ... 16

Kompaktwissen ... 20

Vertiefungsaufgaben ... 21

B Wirtschaftskreislauf und Staatshaushalt 22

Erarbeitung ... 22

1 Einfacher Wirtschaftskreislauf ... 24

2 Erweiterter Wirtschaftskreislauf ... 26

3 Vollständiger Wirtschaftskreislauf ... 28

4 Einnahmen und Ausgaben des Staates ... 32

Kompaktwissen ... 36

Vertiefungsaufgaben ... 37

C Bruttoinlandsprodukt (BIP) 38

Erarbeitung ... 38

1 Entstehung, Verwendung und Verteilung des BIP ... 39

2 Nominales und reales BIP ... 44

3 Das BIP im internationalen Vergleich ... 46

4 Das BIP als Wohlstandsindikator ... 47

Kompaktwissen ... 49

Vertiefungsaufgaben ... 50

D Markt und Preis 51

Erarbeitung ... 51

1 Marktbegriff, Marktarten und Marktformen ... 52

2 Nachfrage ... 56

3 Angebot ... 66

4 Preisbildung ... 72

Kompaktwissen ... 82

Vertiefungsaufgaben ... 84

E Grundlagen der Wirtschaftspolitik 85

Erarbeitung ... 85
1 Volkswirtschaftliche Problemfelder ... 86
2 Ziele der Wirtschaftspolitik ... 92
3 Träger und Instrumente der Wirtschaftspolitik ... 98
4 Landkarte der Wirtschaftspolitik ... 104
5 Lineares und vernetztes Denken in der Wirtschaftspolitik ... 106
Kompaktwissen ... 109
Vertiefungsaufgaben ... 111

F Konjunkturpolitische Konzepte 112

Erarbeitung ... 112
1 Konjunktur ... 113
2 Konzept der Nachfragepolitik ... 118
3 Konzept der Angebotspolitik ... 130
4 Gegenüberstellung der Konzepte ... 140
Kompaktwissen ... 141
Vertiefungsaufgaben ... 142

G Außenwirtschaft und Außenwirtschaftspolitik 143

Erarbeitung ... 143
1 Außenhandel und Wechselkurse ... 144
2 Außenwirtschaftspolitik ... 152
3 Globalisierung ... 166
Kompaktwissen ... 174
Vertiefungsaufgaben ... 175

H Anhang: Methodenbox 176

Anleitung 1: Mindmap ... 176
Anleitung 2: Diagrammerstellung ... 177
Anleitung 3: Diagrammauswertung ... 178
Anleitung 4: Wirkungskette ... 179
Anleitung 5: Vernetzungsdiagramm ... 180
Anleitung 6: Projektmanagement (light) ... 181

I Sachwortverzeichnis 182

J Quellenverzeichnisse 186

A Überblick und Grundlagen

Erarbeitung

„Hallo zusammen!

Ich möchte mich zunächst mal vorstellen:

Ich bin Marc und studiere Volkswirtschaft in Köln. Mir macht das Thema viel Spaß und ich hoffe, ich kann auch euch dafür begeistern! Ich werde euch Schritt für Schritt durch dieses Buch führen, deshalb treffen wir uns vor Beginn eines jeden Kapitels wieder. Ich sage dann immer nur ein paar einleitende Worte, damit ihr die Zusammenhänge und die Bedeutung des jeweiligen Kapitels besser einordnen und nachvollziehen könnt.

Beginnen wir also mit dem ersten Kapitel: Hier verschaffen wir uns zunächst eine erste Übersicht über das gesamte Buch, indem wir uns das Inhaltsverzeichnis genauer ansehen und nur einen kurzen Blick in jedes Kapitel werfen. Dann habt ihr schon mal eine grobe Vorstellung davon, was auf euch zukommt. Im zweiten Abschnitt klären wir wichtige volkswirtschaftliche Grundbegriffe, die ihr immer wieder brauchen werdet. Im dritten Abschnitt dieses Kapitels werden wir sehen, dass Geld eine geniale Erfindung ist. Und im letzten Abschnitt dieses Kapitels beschäftigen wir uns mit unserer Wirtschaftsordnung, der sozialen Marktwirtschaft. Das ist auch so eine großartige Erfindung, an der viele hochkarätige Fachleute mitgewirkt haben und die unseren Wohlstand erst möglich gemacht hat. Die soziale Marktwirtschaft ist der Rahmen unseres alltäglichen Wirtschaftens, auch wenn uns das gar nicht so bewusst ist."

1 Überblick über das Themengebiet

Mithilfe der Übersichtsmatrix auf den beiden Folgeseiten bilden wir zuerst einmal den Aufbau des gesamten Buches übersichtlich ab. Dazu sichten wir alle Kapitel des Buches einschließlich des Anhangs (Methodenbox). Dabei geht Übersichtlichkeit vor Vollständigkeit.

ARBEITSAUFTRÄGE

Füllen Sie die Übersichtsmatrix auf den beiden Folgeseiten aus. Gehen Sie dazu folgendermaßen vor:

1. Überlegen Sie, welche der nachfolgenden und ungeordneten Leitfragen zu welchem Kapitel gehört. Übertragen Sie die einzelnen Leitfragen anschließend in die erste Spalte jeweils links neben das zugehörige Kapitel. Nehmen Sie auch das Inhaltsverzeichnis zu Hilfe.
   - Was leistet unsere Volkswirtschaft pro Jahr?
   - Wie viel exportieren und wie viel importieren wir und wie kann der Staat dies beeinflussen?
   - Wie sehen die Rahmenbedingungen unserer Volkswirtschaft aus?
   - Welche Instrumente hat die Wirtschaftspolitik, um volkswirtschaftliche Probleme zu lösen?
   - Welche Güter- und Geldströme fließen von wem zu wem?
   - Wie können wir volkswirtschaftliche Zusammenhänge analysieren und grafisch darstellen?
   - Welche Marktarten gibt es und wie bilden sich Preise auf Märkten?
   - Wie sollten die wirtschaftspolitischen Instrumente eingesetzt werden?

2. Tragen Sie nachfolgende Fachbegriffe in die letzte Spalte jeweils neben das zugehörige Kapitel ein (Doppelnennungen möglich).

   Angebot / Exporte / Arbeitslosigkeit / einfacher Wirtschaftskreislauf / Umweltzertifikate / reales BIP / Konzept der Nachfragepolitik / soziale Marktwirtschaft / Importe / Preis / Mindmap / Inflation / Leitzins / Nachfrage / Konzept der Angebotspolitik / Steuersätze / nominales BIP / Geldwesen / Wirkungskette / Wechselkurse / erweiterter Wirtschaftskreislauf / Umweltzerstörung / Konjunkturschwankungen / Kreisdiagramm / Wohlstandsindikator / Vernetzungsdiagramm / Staatshaushalt / freie Marktwirtschaft

3. Zeichnen Sie einfache grafische Symbole in die Kreise ein, welche den Inhalt des jeweiligen Kapitels aus Ihrer Sicht am besten veranschaulichen.

Leitfrage	Kapitel	Fachbegriffe
	A	
	B	
	C	
	D	

Leitfrage	Kapitel	Fachbegriffe
	E	
	F	
	G	
	H	

2 Volkswirtschaftliche Grundbegriffe

ARBEITSAUFTRÄGE

Bearbeiten Sie alle Aufgaben mithilfe des nachfolgenden Infotextes.

1. Kreuzen Sie die Art der fettgedruckten Güter an (4 Kreuze je Zeile).

	Freie Güter	Wirtschaftliche Güter	Konsumgüter	Investitionsgüter	Gebrauchsgüter	Verbrauchsgüter	Materielle Güter	Immaterielle Güter
a) Frau Seibel nutzt ihren **Pkw** für ihre Urlaubsreise nach Italien.								
b) Die Metallbau OHG erwirbt einen **Lkw** für den Transport fertiger Röhren.								
c) Spedition Hurtig führt **Umzugstransporte** für Studierende zum Schnupperpreis durch.								
d) Automobilhersteller setzen in der Fertigung immer häufiger **Klebstoffe** ein.								
e) Herr Schmidt erwirbt im Gartencenter einen **Rasenmäher** für seinen Garten.								
f) Die Firma Fisher Consulting bietet mittelständischen Unternehmen eine qualifizierte **Beratung** an.								

2. Geben Sie an, ob es sich um Komplementärgüter (K) oder um Substitutionsgüter (S) handelt.

a) Hose und Gürtel		e) Zucker und Süßstoff	
b) Tee und Kaffee		f) Pinsel und Farbe	
c) Smartphone und Powerbank		g) Mountainbike und Trekkingbike	
d) Fahrrad und Luftpumpe		h) Drucker und Toner	

3. Tragen Sie den jeweiligen Produktionsfaktor und das jeweilige ökonomische Prinzip ein.

Die Maschinenbau GmbH plant,	Produktionsfaktor (Input)	Ökonomisches Prinzip
a) mit ihren 5.000 Angestellten so viel Jahresumsatz wie möglich zu erwirtschaften.		
b) unter Einsatz von möglichst wenig Maschinen 16.000 Getriebeteile zu produzieren.		
c) ein unbebautes Baugrundstück zu einem möglichst günstigen Preis zu erwerben.		
d) mit einer CNC-Fräse so viele Ventile wie möglich zu fräsen.		
e) mit ihrem Außendienstteam so viele Kunden wie möglich zu besuchen.		
f) eine möglichst hohe Eigenkapitalrendite[1] zu erzielen.		
g) so wenige Mitarbeiter/-innen wie möglich für einen Zusatzauftrag bereitzustellen.		

1 Eigenkapitalrendite (Eigenkapitalrentabilität) in Prozent = Gewinn · 100 / Eigenkapital

4. Ermitteln Sie die Arbeitsproduktivität und ihre Entwicklung in folgenden Jahren:

Jahr	1	2	3	4	5
Arbeitseinsatz (Stunden)	40	40	30	30	25
Fertigprodukte (Stück)	80	120	150	210	250
Arbeitsproduktivität (Stück/Stunde)					
Entwicklung der Arbeitsproduktivität gegenüber dem Vorjahr (%)					

5. Geben Sie an, ob die folgenden Betriebe dem primären (p), sekundären (s) oder tertiären (t) Sektor angehören.

	p	s	t		p	s	t
a) Volkswagen (VW) in Wolfsburg				g) Adidas			
b) Metro Großhandel				h) Tagebau in der Lausitz			
c) Forstbetrieb im Taunus				i) HUK Coburg			
d) Miele Haushaltsgeräte				j) Jack Wolfskin			
e) Commerzbank				k) Spedition Kühne & Nagel			
f) Krabbenfischer in Husum				l) Rewe Einzelhandel			

6. Arbeiten Sie die Kernaussage der Grafik heraus.

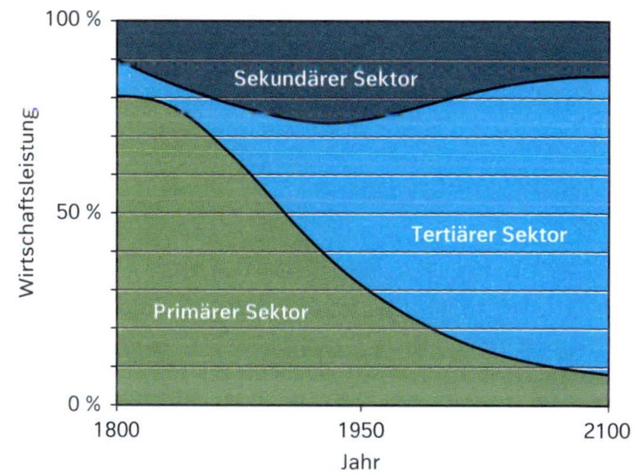

7. Ein Hersteller von Kunststoffteilen investiert 600.000,00 € in eine neue Montagehalle und 400.000,00 € in den Austausch einer veralteten Maschine. Gleichzeitig beschafft das Unternehmen Kunststoffgranulat im Wert von 200.000,00 €. Ermitteln Sie die Höhe der Brutto- und der Nettoinvestitionen.

8. Erläutern Sie folgende Behauptung: „Ein Modell, welches die Wirklichkeit vollständig beschreibt, ist so nützlich wie eine Straßenkarte im Maßstab 1:1."

Infotext: Volkswirtschaftliche Grundbegriffe

Wirtschaften und Volkswirtschaft

Wirtschaften bedeutet planvolles Entscheiden und Handeln, um knappe Güter optimal zur Befriedigung von Bedürfnissen zu nutzen. Unter einer Volkswirtschaft versteht man die Gesamtheit der Wirtschaftssubjekte eines Landes (vor allem die privaten Haushalte, die Unternehmen und den Staat) und ihre Beziehungen untereinander. Wichtige Merkmale einer Volkswirtschaft sind die gemeinsame Währung (z. B. der Euro) und die gemeinsame Wirtschaftsordnung (z. B. die soziale Marktwirtschaft).

Güterarten

- **Freie Güter und wirtschaftliche Güter:** Freie Güter stehen unbegrenzt und kostenlos zur Verfügung (z. B. Meerwasser an Küstenorten, Wüstensand in der Wüste). Wirtschaftliche Güter sind dagegen knapp. Ihre Bereitstellung verursacht Kosten, daher haben sie einen Preis.
- **Konsumgüter und Investitionsgüter:** Konsumgüter werden von privaten Haushalten für den Endverbrauch und Investitionsgüter von Unternehmen für die Produktion bzw. die Erbringung von Dienstleistugen benötigt.
- **Materielle Güter (Sachgüter) und immaterielle Güter (Dienstleistungen):** Materielle Güter sind gegenständlich vorhanden und physikalisch nachweisbar (z. B. durch Gewichtsmessung). Immaterielle Güter (Dienstleistungen) sind nicht gegenständlich.
- **Gebrauchsgüter und Verbrauchsgüter:** Gebrauchsgüter sind Güter, die dauerhaft verwendet werden können (z. B. Maschinen, Werkzeuge), während Verbrauchsgüter bei ihrer Verwendung verbraucht oder umgewandelt werden (z. B. Rohstoffe, Lebensmittel, Dienstleistungen).
- **Substitutionsgüter und Komplementärgüter:** Substitutionsgüter sind Güter, die sich hinsichtlich ihrer Nutzung gegenseitig ersetzen (z. B. Butter und Margarine). Komplementärgüter sind Güter, die sich hinsichtlich ihrer Nutzung gegenseitig ergänzen (z. B. Auto und Benzin).

Produktionsfaktoren

Wirtschaftsgüter werden mithilfe von Produktionsfaktoren (Inputfaktoren) produziert, welche im Verlauf des Produktionsprozesses in verkäufliche Güter umgewandelt werden. Man unterscheidet drei Arten von Produktionsfaktoren:

- **Arbeit:** Leitende und ausführende Arbeit (im weiteren Sinne auch Wissen und Bildung)
- **Boden:** Grundstücke zur gewerblichen Verwertung (im weiteren Sinne auch Natur und Umwelt)
- **Kapital:** Geldkapital (Finanzkapital) und Sachkapital (z. B. Fabrikhallen, Maschinen)

Produktivität

Produktivität ist eine wichtige volkswirtschaftliche Kennzahl. Sie bringt zum Ausdruck, wie erfolgreich die Produktionsfaktoren eingesetzt wurden. Produktivität ist definiert als das Verhältnis von Produktionsergebnis (Output) zu eingesetzten Produktionsfaktoren (Input). Man unterscheidet:

$$\text{Produktivität} = \frac{\text{Produktionsergebnis}}{\text{Faktoreinsatz}} = \frac{\text{Output}}{\text{Input}}$$

$$\text{Arbeitsproduktivität} = \frac{\text{Produktionsergebnis}}{\text{Arbeitseinsatz}} \qquad \text{Kapitalproduktivität} = \frac{\text{Produktionsergebnis}}{\text{Kapitaleinsatz}}$$

Ökonomisches Prinzip

Eine Voraussetzung für eine hohe Produktivität ist die Einhaltung des ökonomischen Prinzips. Dieses knüpft unmittelbar an die Produktivitätsformel an, indem es entweder die Minimierung der eingesetzten Mittel (Input) oder die Maximierung des Erfolgs (Output) verlangt. Das ökonomische Prinzip wird von rationalen Wirtschaftssubjekten angewendet. Grundsätzlich sind zwei Varianten des ökonomischen Prinzips zu unterscheiden:

- **Minimalprinzip:** Mit minimalen Mitteln (Input) einen bestimmten Erfolg (Output) erzielen
- **Maximalprinzip:** Mit gegebenen Mitteln (Input) einen maximalen Erfolg (Output) erzielen

Prinzip der Arbeitsteilung

Eine weitere Voraussetzung für eine hohe Produktivität ist das Prinzip der Arbeitsteilung. In seinem Buch „Wohlstand der Nationen“, welches 1776 erschienen ist, beschreibt der britische Nationalökonom Adam Smith den Besuch einer Nadelmanufaktur, der ihn sehr beeindruckt hat. In dieser Manufaktur hatte sich jeder Arbeiter auf bestimmte Handgriffe spezialisiert. So zog einer den Draht, ein zweiter streckte ihn, ein dritter schnitt ihn ab, ein vierter spitzte ihn zu usw. Durch diese Arbeitsteilung konnten in der Manufaktur mit nur 10 Arbeitern täglich 48.000 Nadeln gefertigt werden. In der vorindustriellen Epoche hatte es diese Arbeitsteilung nicht gegeben und ein Handwerker hatte bestenfalls 20 Nadeln pro Tag geschafft. Offenbar konnte durch Arbeitsteilung die Arbeitsproduktivität extrem gesteigert werden. Heute ist Arbeitsteilung, also die Zerlegung von Aufgaben in klar abgegrenzte Teilaufgaben, in jedem modernen Betrieb selbstverständlich (z. B. die Teilaufgaben Einkauf, Lagerung, Fertigung, Montage, Verwaltung, Vertrieb usw.). Ebenso gibt es auf der volkswirtschaftlichen Ebene eine Arbeitsteilung, die sich auf drei sogenannte Sektoren verteilt:

- **Primärer Sektor:** Betriebe der Urerzeugung und der Rohstoffgewinnung (Land- und Forstwirtschaft, Fischerei, Bergbau usw.)
- **Sekundärer Sektor:** Betriebe der Weiterverarbeitung von Rohstoffen und Halbfertigprodukten (vor allem Handwerk und Industrie)
- **Tertiärer Sektor:** Dienstleistungsbetriebe (Handel, Banken, Transport, Versicherungen usw.)

Investitionen

Investitionen sind der Einsatz von Geldmitteln zur Beschaffung von Sachkapital für Unternehmen, damit diese produzieren können. Man unterscheidet folgende Arten von Investitionen:

- **Anlageinvestitionen:** Investitionen in langfristige Produktionsmittel (Fabrikgebäude, Maschinen, Fuhrpark, IT-Anlagen). Sie setzen sich zusammen aus **Ersatzinvestitionen** (Ersatz verbrauchter Anlagen) und **Erweiterungsinvestitionen** (Ausbau oder Verbesserung der Anlagen). Während Ersatzinvestitionen die Abschreibungen[1] ausgleichen und der Erhaltung des Anlagevermögens dienen, erhöhen Erweiterungsinvestitionen das Anlagevermögen und damit das Wirtschaftswachstum.
- **Vorratsinvestitionen (Lagerinvestitionen):** Investitionen in Vorräte im Lager (Roh-, Hilfs- und Betriebsstoffe, Halbfertigteile, Fertigteile)

Die Summe sämtlicher Investitionen einer Periode nennt man **Bruttoinvestitionen**. Zieht man davon die Ersatzinvestitionen (= Abschreibungen) ab, so gelangt man zu den **Nettoinvestitionen**. Diese setzen sich zusammen aus den Erweiterungs- und den Vorratsinvestitionen.

Volkswirtschaftliche Modelle

Modelle sind vereinfachte Abbilder der Wirklichkeit. Modelleisenbahnen sind Modelle einer realen Eisenbahn. Modelle erfassen nicht alle Merkmale der Realität, sondern nur jene, die den Personen, die das Modell erstellen und verwenden relevant erscheinen. Modelle werden in vielen Disziplinen verwendet, z. B. in der Mathematik, der Physik, der Psychologie, der Architektur usw. In der Volkswirtschaft spielen Modelle eine große Rolle, da sie komplexe Sachverhalte mit ihren vielen Elementen und Zusammenhängen auf wenige Hauptaspekte reduzieren und damit zum Erkenntnisgewinn beitragen. Ein Beispiel für ein volkswirtschaftliches Modell ist der „Homo oeconomicus“, welcher den Menschen als jederzeit rational handelndes Wesen betrachtet. Weitere Modelle sind das Modell vom vollkommenen Markt (Kapitel D) und das Modell des Wirtschaftskreislaufs (Kapitel B).

---

1 Abschreibungen sind buchhalterisch erfasste Wertminderungen von Anlagevermögen durch Abnutzung, Verschleiß oder Alterung. Aus buchhalterischer Sicht handelt es sich dabei um Aufwendungen, die den Gewinn schmälern.

3 Funktionen und Arten des Geldes

ARBEITSAUFTRÄGE

Bearbeiten Sie die Arbeitsaufträge mithilfe des Infotextes.

1. Situation: Sie leben als Landwirtin oder Landwirt in der Zeit der Tauschwirtschaft, das Geld wurde noch nicht erfunden. Nun wollen Sie für ein Fest ein Huhn erwerben und als Tauschgut eine Ihrer Kühe einbringen. Diskutieren Sie mögliche Probleme, die mit dem bevorstehenden Tauschgeschäft verbunden sind.

2. Benennen Sie grundlegende Eigenschaften, die Geld als allgemeines Tauschmittel haben muss.

3. Ordnen Sie zu, welche Art und Funktion des Geldes in den folgenden Fällen beschrieben wird.

Fall	Art des Geldes	Funktion des Geldes
a) Maxi wirft eine Zweieuromünze in einen Getränkeautomaten und erhält eine Limonade.		
b) Frau Seidel überweist ihrem Vermieter die fällige Monatsmiete.		
c) Jana steckt jeden Monat einen Zehneuroschein in ihr Sparschwein aus Porzellan.		
d) Unternehmerin Braun prüft die Summe der eingegangenen Überweisungen.		
e) Facebook plant Libra, um Kaufvorgänge über das Internet zu erleichtern.		
f) Aktionär Schubert hält sein Geld liquide auf seinem Bankkonto, um zum rechten Zeitpunkt Aktien nachkaufen zu können.		
g) Frau Brause zahlt an der Tankstelle mit ihrer EC-Karte.		
h) Autohändler Adam zählt am Abend alle Scheine zusammen, die er tagsüber verdient hat, und kommt auf 42.520,00 €.		
i) Niklas hat auf seiner Festplatte Bitcoinanteile für schlechte Zeiten liegen.		

4. Rechnen Sie folgende Geldbeträge um und geben Sie alle Werte mit einer Nachkommastelle an.

Position	Tsd. €	Mio. €	Mrd. €	Bio. €
Bruttoinlandsprodukt (BIP)			3.344,4	
Exporte		1.292.600,0		
Bundeshaushalt	348.292.848,0			

Infotext: Geld

Von der Tauschwirtschaft zur Geldwirtschaft

Vor der Erfindung des Geldes wurden Waren getauscht, auch weit über Landesgrenzen hinweg. Regeln des Tausches finden sich bereits im Alten Testament im 3. Buch Mose, wonach der Tauschwert von Tauschobjekten annähernd gleich sein sollte. Das Geld wurde im heutigen China rund 1.000 Jahre vor Christus erfunden. Münzgeld wurde in den Jahren 700 bis 500 vor Christus etwa zeitgleich in China, in Indien und auch im Mittelmeerraum eingeführt. Die Erfindung des Geldes gilt als so revolutionär wie die Erfindung des Rades und auch als Voraussetzung unseres heutigen Wohlstands.

Funktionen des Geldes

- **Tausch- und Zahlungsmittel:** Mithilfe des Geldes wird der Tausch in zwei Vorgänge zerlegt: Beim Verkauf wird Ware gegen Geld und beim Einkauf Geld gegen Ware getauscht. Darüber hinaus erlaubt Geld die Gewährung sowie die spätere Tilgung von Krediten.
- **Wertaufbewahrungsmittel:** Geld kann man dauerhaft lagern (Kassenhaltung) und zum gewünschten Zeitpunkt gegen Güter eintauschen. Damit ist es möglich, jederzeit zahlungsfähig (liquide) zu sein und vorteilhafte Kaufgelegenheiten ausnutzen zu können.
- **Recheneinheit:** Die Zerlegung des Geldes in Geldeinheiten (z. B. Cent oder Euro) erlaubt es, den Wert von Gütern „stufenlos“ zu messen. Damit wird der Wert von Gütern einerseits vergleichbar und anderseits addierbar.

Arten des Geldes

- **Bargeld:** Physisch kursierendes Münzgeld und Papiergeld. *Münzgeld* ist geprägtes oder gegossenes Metallgeld aus Edelmetallen, ursprünglich vor allem aus Gold und Silber. Durch Guss und Prägung garantierten die Herrschenden den Wert des Münzgeldes. *Papiergeld* (Banknoten) sind Urkunden, die in einem Land oder Währungsraum als gesetzliches Zahlungsmittel dienen und von einer berechtigten Notenbank herausgegeben werden.
- **Buchgeld (Giralgeld):** Immaterielles Geld, das nur auf Konten der Kreditinstitute („Sichtguthaben“) existiert und den bargeldlosen Zahlungsverkehr ermöglicht.
- **Kryptogeld:** Digitales Geld („Internetgeld“), welches nicht von Notenbanken herausgegeben wird und staatlich nicht anerkannt ist. Es gibt zahlreiche Kryptowährungen (z. B. Bitcoin, Libra).

Geldschöpfung

- **Geldschöpfung der Zentralbank:** Die Europäische Zentralbank (EZB) hat im Euroraum das alleinige Recht, Bargeld auszugeben. Sie schöpft neues Geld (Bargeld und Buchgeld) durch den Ankauf von Vermögensteilen (vor allem Wertpapiere) und durch die Kreditvergabe. Dabei betreibt die EZB ihre Geschäfte ausschließlich mit Geschäftsbanken (z. B. Commerzbank, Deutsche Bank). Durch den Verkauf von Vermögensteilen und die Tilgung der Kredite kann sie das Geld wieder vernichten.
- **Geldschöpfung der Geschäftsbanken:** Diese können Buchgeld (Giralgeld) schöpfen, indem sie ihren Kunden (Unternehmen, private Haushalte, Staat) Vermögensteile abkaufen oder Kredite vergeben. Durch den Verkauf von Vermögensteilen und die Tilgung der Kredite können sie das Geld wieder vernichten.

Volkswirtschaftliche Größenordnungen von Geldbeträgen

1 Tausend (Tsd.)	= 1.000	
1 Million (Mio.)	= 1.000.000	
1 Milliarde (Mrd.)	= 1.000.000.000	(in den USA: „Billion“)
1 Billion (Bill.)	= 1.000.000.000.000	(in den USA: „Trillion“)

4 Wirtschaftsordnungen

Jeder Staat muss sich für eine Wirtschaftsordnung (Wirtschaftssystem) entscheiden. Dabei handelt es sich um den rechtlichen und organisatorischen Rahmen der Volkswirtschaft. Die Wirtschaftsordnung legt vor allem fest, wem die Produktionsmittel gehören (Eigentumsrechte), wie die wirtschaftlichen Aktivitäten der Wirtschaftssubjekte koordiniert werden und welche Rolle der Staat spielen soll.

ARBEITSAUFTRÄGE

Bearbeiten Sie die Arbeitsaufträge mithilfe der nachfolgenden Infotexte.

1. Ordnen Sie folgende Merkmale den Wirtschaftsordnungen zu:
   Individualprinzip / Privateigentum / Gewinnstreben / Freiheit / dezentral / plant, koordiniert, kontrolliert / zentral / Kollektiveigentum / Mangelwirtschaft / Angebot und Nachfrage / soziale Ungleichheit / stellt den Ordnungsrahmen / Planerfüllung / staatliche Vorgabe / Gerechtigkeit / Kollektivprinzip

	Freie Marktwirtschaft	**Zentralverwaltungswirtschaft**
a) Höchster Wert (Ideal)		
b) Prinzip des Zusammenlebens		
c) Eigentumsordnung		
d) Preisbildung durch		
e) Leistungsanreiz		
f) Planung erfolgt		
g) Risiken/Nachteile		
h) Rolle des Staates		

2. Kreuzen Sie die betreffende Wirtschaftsordnung an (mehrere Kreuze möglich).

	FMW	**ZVW**	**SMW**
a) Der Staat wendet das Laissez-faire-Prinzip an.			
b) Diese Wirtschaftsordnung gilt in Deutschland.			
c) Der Staat legt die Preise der Güter fest.			
d) Die Unternehmen haben das Eigentum an den Produktionsmitteln.			
e) Der Wohlstand wird durch Märkte geschaffen.			
f) Bei diesen Wirtschaftsordnungen handelt es sich um idealtypische Modelle.			
g) Die wirtschaftlichen Aktivitäten werden durch den Staat koordiniert.			
h) Es herrscht freier Wettbewerb unter den Unternehmen.			
i) Die Wirtschaftsordnung der USA kommt dieser am nächsten.			
j) Der Staat schützt Arbeitnehmer/-innen und sozial schwache Haushalte.			
k) Der Staat schützt den unternehmerischen Wettbewerb.			
l) Die Produktionsmittel gehören der Gesellschaft („Volkseigentum“).			
m) Preise bilden sich auf Märkten durch Angebot und Nachfrage.			
n) Betriebe sind Empfänger von Anweisungen staatlicher Behörden.			
o) Es gilt das Prinzip der Vertragsfreiheit.			
p) Die Wirtschaftsordnung Nordkoreas kommt dieser am nächsten.			
q) Beruf und Arbeitsplatz sind frei wählbar.			
r) Ein Gesetz befristet die Dauer von Patenten auf 20 Jahre.			

Infotext: Freie Marktwirtschaft

Begriff und Wesen

Der Name ist Programm: In der freien Marktwirtschaft steht das Ideal der Freiheit im Mittelpunkt, das Wirtschaften findet entsprechend auf freien Märkten statt. Hier treffen sich Anbieter und Nachfrager und handeln die Preise untereinander frei aus. Die Preise bilden sich also durch das Aufeinandertreffen von Angebot und Nachfrage am Markt. Dabei versuchen die Nachfrager, mit ihrem verfügbaren Einkommen bzw. Budget ihre Bedürfnisse optimal zu befriedigen bzw. ihren Nutzen zu maximieren. Die Anbieter hingegen beziehen ihre Motivation, Güter anzubieten, aus ihrem Streben nach Gewinn (Prinzip der *Gewinnmaximierung*). Der natürliche Egoismus des Individuums ist damit Motor des gesellschaftlichen Wohlstands. Der schottische Ökonom Adam Smith sprach von der unsichtbaren Hand („invisible hand"), die automatisch zu einer optimalen Versorgung der Gesellschaft mit Gütern und einer gerechten Einkommensverteilung führe, wenn alle Marktteilnehmer ihre persönlichen Interessen frei verfolgen könnten. Er beschrieb bereits 1776 in seinem Buch *Wohlstand der Nationen* die Vorzüge der freien Marktwirtschaft, welche die Bürgerinnen und Bürger von den Fesseln des Feudalismus befreien sollte. Länder, die dieser idealtypischen Wirtschaftsordnung heute vergleichsweise nahekommen, sind die USA und Großbritannien.

Merkmale

Wichtige Merkmale (Kennzeichen) der freien Marktwirtschaft sind:

- **Offene Märkte:** Freier Marktzugang für alle Anbieter und Nachfrager auf allen Märkten.
- **Freie Preisbildung:** Preise bilden sich durch Angebot und Nachfrage am Markt.
- **Produktionsfreiheit:** Die Produzenten entscheiden selbstständig, was sie produzieren wollen.
- **Privateigentum an Produktionsmitteln:** Fabrikgebäude, Maschinen usw. gehören den Unternehmen.
- **Vertragsfreiheit:** Alle können ihre Verträge frei gestalten und auch mit allen abschließen.
- **Gewerbefreiheit:** Alle können ein Gewerbe ihrer Wahl im freien Wettbewerb betreiben.
- **Freie Berufs- und Arbeitsplatzwahl:** Alle können Beruf und Arbeitsplatz frei wählen.
- **Freier Wettbewerb:** Anbieter konkurrieren mit Anbietern, Nachfrager konkurrieren mit Nachfragern.

Diese Merkmale klingen heute vielleicht selbstverständlich, doch das sind sie keineswegs: Beispielsweise nahmen Staatsoberhäupter und Adel in vorherigen Epochen immer wieder Einfluss auf das Wirtschaftsgeschehen und beschnitten die Freiheit der Handwerker und der Kaufleute. Auch legten die Handwerkszünfte im Mittelalter fest, wer diesen Zünften beitreten und damit ein bestimmtes Handwerk betreiben durfte, womit sie sich lästige Konkurrenz vom Leibe hielten. In sozialistischen Ländern wurden Unternehmen sogar enteignet.

Rolle des Staates

Der Staat legt einen rechtlichen Ordnungsrahmen (Spielregeln) für alle Marktteilnehmer fest, der die oben aufgeführten Merkmale gewährleistet (vor allem das Recht auf Privateigentum und die Freiheitsrechte). Außerdem stellt er die notwendige Infrastruktur (z. B. Straßen, Häfen) und ein anerkanntes Zahlungsmittel bereit. Darüber hinaus aber hält er sich aus dem Wirtschaftsprozess heraus und überlässt die Märkte dem freien Spiel der Kräfte (*Laissez-faire-Prinzip*). Seine eigentlichen Kernaufgaben sind die Einrichtung eines Rechtssystems sowie die Gewährleistung der inneren und äußeren Sicherheit. Deshalb wird der Staat in diesem Modell auch als *Nachtwächterstaat* bezeichnet.

Kritik

Kritische Stimmen weisen darauf hin, dass die freie Marktwirtschaft zu Beginn der Industrialisierung den berüchtigten Manchesterkapitalismus („Raubtierkapitalismus") hervorbrachte, in dem wenige sehr reiche Kapitalisten ein Heer von verarmten und rechtlosen Arbeitern und Arbeiterinnen ausbeuteten. Diese Wirtschaftsordnung bedroht daher all diejenigen, die es nicht in die Mittel- und Oberschicht geschafft haben. Außerdem droht in völlig freien, also vom Staat nicht regulierten Marktwirtschaften jederzeit die Beschränkung des unternehmerischen Wettbewerbs, etwa durch Preisabsprachen oder die Entstehung großer Monopole. Das aber führt dazu, dass die Marktwirtschaft gar nicht mehr so frei ist und von wenigen mächtigen Unternehmen beherrscht wird.

Infotext: Zentralverwaltungswirtschaft

Begriff und Wesen

Die Kritik am Kapitalismus (Verelendung der Arbeiterklasse, Anhäufung des Kapitals bei wenigen Kapitalisten) brachten eine alternative idealtypische Wirtschaftsordnung hervor: Die *Zentralverwaltungswirtschaft*, welche die Gleichheit aller Menschen unterstellt und nach dem Ideal der Gerechtigkeit strebt. Hier wird die Wirtschaft von einem gerechten Staat zentral geplant und gesteuert. Dabei hat das Kollektivprinzip (Leben in der Gemeinschaft) Vorrang vor dem Individualprinzip. In der Zentralverwaltungswirtschaft tritt staatlicher Dirigismus an die Stelle wirtschaftlicher Entscheidungsfreiheit: Eine zentrale Planungsbehörde des Staates ersetzt die Funktion der Märkte, indem sie eine verbindliche Gesamtplanung mit konkreten Produktionszielen für die Gesamtwirtschaft entwickelt. Aus dieser Gesamtplanung werden verbindliche Einzelpläne für die einzelnen Wirtschaftsbetriebe abgeleitet.

Die Zentralverwaltungswirtschaft wird umgangssprachlich auch als *Planwirtschaft* bezeichnet. Diese Bezeichnung ist jedoch unpräzise, da die Unternehmen in der freien Marktwirtschaft ebenfalls planen (etwa ihr Produktionsprogramm und ihren Beschaffungsbedarf). Jedoch erfolgt die Planung in der Marktwirtschaft dezentral (nämlich in den einzelnen Unternehmen) und nicht zentral, wie in der Zentralverwaltungswirtschaft. Bekannte Vordenker der Zentralverwaltungswirtschaft waren Karl Marx und Friedrich Engels. Beispiele für Länder, die sich an dieser idealtypischen Wirtschaftsordnung orientierten, waren vor allem die damaligen kommunistischen Staaten des Ostblocks wie die UDSSR und die DDR. Aktuelle Beispiele sind Nordkorea und Kuba.

Merkmale und Rolle des Staates

Wichtige Merkmale der Zentralverwaltungswirtschaft sind:

- **Volkseigentum an Produktionsmitteln:** Die Produktionsmittel (Fabriken, Maschinen usw.) gehören dem Volk („Kollektiveigentum“), verwaltet werden sie vom Staat.
- **Zentrale Planung, Steuerung und Kontrolle:** Produktionsmengen und Preise werden zentral vom Staat geplant, gesteuert und kontrolliert.

In der Zentralverwaltungswirtschaft steht der Staat also im Mittelpunkt. Leistungsanreiz zum wirtschaftlichen Handeln ist die Erfüllung staatlicher Pläne („Planerfüllung“) - sei es, um Anerkennung des Staates zu erhalten, sei es, um seinen Sanktionen bei Nichterfüllung zu entgehen. Märkte spielen hier keine oder nur eine untergeordnete Rolle. So gibt es im Ideal des Kommunismus keinen Markt (Karl Marx forderte: „Jeder nach seinen Fähigkeiten, jedem nach seinen Bedürfnissen!“). Jedoch gab es im „real existierenden Sozialismus“ (etwa in der damaligen DDR) neben der zentralen Planung des Staates in begrenztem Maße auch Marktwirtschaft (z. B. Schwarzmärkte, Verkauf von privat angebautem Obst und Gemüse).

Kritik

Den angeblichen Vorteilen der Zentralverwaltungswirtschaft wie soziale Gerechtigkeit und Vollbeschäftigung stand in Ländern des „real existierenden Sozialismus“ im damaligen Ostblock vor allem der Nachteil der Mangelwirtschaft gegenüber. So gehörten in der DDR lange Schlangen vor den Geschäften und häufige Produktionsstopps (wegen nicht lieferbarer oder gestohlener Teile) ebenso zum sozialistischen Alltag wie ergraute Städte und verfallene Häuser. Die Mangelwirtschaft fand ihre Ursachen unter anderem darin, dass staatliche Behörden nicht über die notwendigen Informationen (z. B. Lieferketten, Produktionsprozesse, Nachfrageveränderungen) verfügten. Oftmals fehlte der Anreiz für die Bürokraten, sich die erforderlichen Informationen zu beschaffen. Vor allem aber fehlten die Anreize für die breite Masse, sich für das Kollektiv anzustrengen.

Die Mangelsituation im Sozialismus wurde damals mit folgendem Witz beschrieben: Eine Kundin sucht im Erdgeschoss eines Kaufhauses vergeblich nach Schuhen. Sie wendet sich an eine Verkäuferin und fragt: „Haben Sie keine Schuhe?“ Daraufhin antwortet die Verkäuferin: „Keine Schuhe gibt's im dritten Obergeschoss. Hier gibt es keine Textilien und keine Lebensmittel.“

Infotext: Soziale Marktwirtschaft

Begriff und Wesen

Nach dem Zweiten Weltkrieg hat sich die Politik in Westdeutschland für die Wirtschaftsordnung der sozialen Marktwirtschaft entschieden, die bis heute existiert. Diese sieht im Kern eine Marktwirtschaft als Wohlstandsmotor vor. Doch anders als in der freien Marktwirtschaft korrigiert hier der Staat die Ergebnisse des Marktes.

Wichtige Vertreter

Walter von Eucken gilt als wichtigster Vordenker der sozialen Marktwirtschaft. Er lieferte den theoretischen Unterbau.

Alfred Müller-Armack schuf die Bezeichnung „soziale Marktwirtschaft". Er legte Wert auf den sozialen Schutz der Einzelnen.

Ludwig Erhard setzte als erster Wirtschaftsminister und „Machertyp" in Westdeutschland die soziale Marktwirtschaft in die Praxis um.

Merkmale und Rolle des Staates

Die Merkmale der sozialen Marktwirtschaft entsprechen im Kern den Merkmalen der freien Marktwirtschaft. Und wie in der freien Marktwirtschaft schafft der Staat auch hier einen entsprechenden Ordnungsrahmen (Eigentumsrecht und Freiheitsrechte) und stellt die Infrastruktur sowie ein allgemein anerkanntes Zahlungsmittel bereit. Darüber hinaus übernimmt der Staat in der sozialen Marktwirtschaft aber auch wichtige Schutzfunktionen:

- **Schutz des Wettbewerbs:** Der Staat schützt alle Marktteilnehmer (Anbieter und Nachfrager) durch gesetzliche Regelungen vor Beschränkungen des unternehmerischen Wettbewerbs. Diese entstehen durch *Kooperation* (z. B. Preisabsprachen zwischen Unternehmen, um die Konkurrenz auszubooten) und *Konzentration* (z. B. Zusammenschlüsse von Unternehmen). Der Schutz des Wettbewerbs ist von besonderer Bedeutung (siehe Kasten: Wettbewerbsfunktionen).
- **Sozialer Schutz:** Der Staat schützt die privaten Haushalte mit den gesetzlichen Sozialversicherungen (Kranken-, Pflege-, Arbeitslosen-, Renten- und Unfallversicherung) und auch mit zahlreichen Arbeitnehmerschutzgesetzen (z. B. Kündigungsschutzgesetz, Arbeitszeitgesetz, Entgeltfortzahlungsgesetz, Mutterschutzgesetz).

Weitere Merkmale der sozialen Marktwirtschaft sind begrenzte Eingriffe des Staates zur Stabilisierung der Wirtschaft, eine weitgehend unabhängige Zentralbank (damals die Bundesbank, heute die Europäische Zentralbank EZB), die Tarifautonomie (selbstständige Vereinbarung von Tarifverträgen zwischen Gewerkschaften und Arbeitgeberverbänden) und der Verbraucherschutz.

Funktionen des Wettbewerbs

Unternehmerischer Wettbewerb gilt als entscheidende Voraussetzung für eine erfolgreiche Marktwirtschaft, weil er wichtige Aufgaben (Funktionen) übernimmt:

Wettbewerbsfunktionen

- **Innovationsfunktion:** Um im Wettbewerb die Nase vorn zu behalten und nicht den Anschluss zu verlieren, treiben die Unternehmen den technischen Fortschritt in allen Branchen voran.
- **Anpassungsfunktion:** Unternehmen, die sich hinsichtlich Angebot, Qualität und Preis nicht an die Anforderungen des Marktes anpassen, scheiden aus dem Markt aus.
- **Verteilungsfunktion:** Das Einkommen wird nach (Markt-)Leistung auf die Haushalte verteilt: Je besser die Leistung, desto höher sind Einkommen und Gewinne.
- **Machtbeschränkungsfunktion:** Da die Konkurrenz bekanntlich nicht „schläft", sorgt sie durch zeitnahes Nacheifern gewöhnlich dafür, dass kein Unternehmen zu groß wird.
- **Allokationsfunktion:** Die Produktionsfaktoren werden in die Wirtschaftsbereiche gelenkt, in denen sie den größten Nutzen stiften bzw. am meisten gebraucht werden.

Kompaktwissen

Güterarten
- Freie Güter und wirtschaftliche Güter
- Konsumgüter und Investitionsgüter
- Materielle Güter und immaterielle Güter
- Gebrauchsgüter und Verbrauchsgüter
- Substitutionsgüter und Komplementärgüter

Produktionsfaktoren
- Arbeit
- Boden
- Kapital

Produktivität
- allgemeine Produktivität
- Arbeitsproduktivität
- Kapitalproduktivität

Ökonomisches Prinzip
- Minimalprinzip
- Maximalprinzip

Volkswirtschaftliche Sektoren
- Primärer Sektor
- Sekundärer Sektor
- Tertiärer Sektor

<table>
<tr><td rowspan="3">Bruttoinvestitionen</td><td rowspan="2">Anlageinvestitionen</td><td>Ersatzinvestitionen</td><td></td></tr>
<tr><td>Erweiterungsinvestitionen</td><td rowspan="2">Nettoinvestitionen</td></tr>
<tr><td colspan="2">Vorratsinvestitionen</td></tr>
</table>

Geldarten und -funktionen
- Geldarten
  - Bargeld
  - Buchgeld (Giralgeld)
  - Kryptogeld
- Geldfunktionen
  - Tausch- und Zahlungsmittel
  - Wertaufbewahrung
  - Recheneinheit

Wirtschaftsordnungen
- Idealtypische Wirtschaftsordnungen
  - freie Marktwirtschaft
  - Zentralverwaltungswirtschaft
- Soziale Marktwirtschaft

Vertiefungsaufgaben

1. In der Volkswirtschaft unterscheidet man die Produktionsfaktoren ____________________, ____________________ und ____________________, welche im Produktionsprozess in verkäufliche Güter umgewandelt werden. Die Leistungsfähigkeit dieser Produktionsfaktoren wird durch die ____________________ ausgedrückt, wobei man zwischen der ____________________ und der ____________________ unterscheidet. Zur Erhöhung dieser Kennzahl kommen zwei grundlegende Prinzipien zum Einsatz, nämlich das Prinzip der ____________________ und das ____________________ (Minimal- und Maximalprinzip).

2. Die Metallbau GmbH fertigt Stoßdämpfer für die Automobilindustrie. Das Unternehmen hat sich auf die Fertigung eines bewährten Modells spezialisiert. Im Geschäftsjahr wurden 19.150 Stoßdämpfer gefertigt, im Vorjahr 15.800. Der Arbeitseinsatz im Geschäftsjahr belief sich auf 11.300 und im Vorjahr auf 9.600 geleistete Arbeitsstunden.

   Ermitteln Sie die Arbeitsproduktivität für beide Jahre und deren prozentuale Entwicklung. Runden Sie alle Ergebnisse auf zwei Nachkommastellen.

3. Erläutern Sie, welches ökonomische Prinzip in den nachfolgenden Fällen angewendet wird.

   a) Marla will so wenig wie möglich für ihre Abschlussprüfung lernen; sie will nur bestehen.
   b) Herr Braun investiert jeden Monat 200,00 € in Aktienfonds und hofft auf eine gute Rendite.
   c) Unternehmerln Siems hält trotz erheblicher Kostensenkungen an ihrem Umsatzziel fest.

4. Stellen Sie folgende Investitionsbegriffe in Form eines Baumdiagramms dar: Erweiterungsinvestitionen, Vorratsinvestitionen, Investitionen, Ersatzinvestitionen, Anlageinvestitionen.

5. Für eine Volkswirtschaft liegen Ihnen folgende Angaben für eine abgelaufene Periode vor: Ersatzinvestitionen: 2.647 Mrd. €, Erweiterungsinvestitionen: 3.279 Mrd. €, Vorratsinvestitionen: 2.963 Mrd. €

   a) Ermitteln Sie die Brutto- und die Nettoinvestitionen.
   b) Ermitteln und erläutern Sie die Höhe der Abschreibungen.

6. Eine Volkswirtschaft verzeichnete im Vorjahr Bruttoinvestitionen in Höhe von 9.542 Mrd. € und Abschreibungen in Höhe von 4.361 Mrd. €. Gleichzeitig wurden 3.876 Mrd. € in Vorräte investiert.

   a) Ermitteln Sie die Höhe der Erweiterungs- und der Nettoinvestitionen.
   b) Erläutern Sie, wie viel Euro die Investitionen zum Wirtschaftswachstum beigetragen haben.

7. In der Volkswirtschaftslehre arbeitet man vielfach mit Modellen.

   a) Begründen Sie, warum das so ist.
   b) Diskutieren Sie kritisch das Modell des Homo oeconomicus.

8. Benennen Sie die Merkmale der freien Marktwirtschaft.

9. Erläutern Sie, inwiefern der Staat in der sozialen Marktwirtschaft eine Schutzfunktion übernimmt.

10. Ordnen Sie den nachfolgenden Teilaufgaben die entsprechenden Wettbewerbsfunktionen zu.

    a) Der erfolgsverwöhnte Hersteller Nokia wird in wenigen Jahren fast völlig vom Markt verdrängt, weil das Unternehmen keine Smartphones anbietet.
    b) Apple erfindet ein Mobiltelefon, welches mithilfe von Applikationen (Apps) viel mehr Funktionen anbietet als traditionelle Mobiltelefone.
    c) Der Markterfolg des iPhones verhilft Apple zu einem Milliardenvermögen.
    d) Samsung und Huawei machen Apple die Marktführerschaft streitig.
    e) Huawei entwickelt den Zehnfach-Zoom für seine Smartphone-Kamera.

B Wirtschaftskreislauf und Staatshaushalt

Erarbeitung

„Stellt euch mal vor: Ihr zieht in eine euch nicht bekannte Großstadt, in der ihr eine Ausbildung machen oder studieren wollt; so richtig mitten rein. Dort angekommen seht ihr zahllose Geschäfte, Restaurants, Häuser, große und kleine Straßen, Parks – aber ihr habt keine Ahnung, wo ihr überhaupt seid und wo ihr was findet, also keinerlei Orientierung. Dann schaut ihr doch in den Stadtplan, oder?

Und genau das machen wir in der Volkswirtschaft auch: Wir sehen uns die hochkomplexe Volkswirtschaft unseres Landes zunächst einmal aus der Vogelperspektive an, also von ganz weit oben. Auf diese Weise bekommen wir einen Überblick über die wichtigsten Akteure (z. B. private Haushalte, Unternehmen, Staat) und ihre Zusammenhänge. Und damit wären wir auch schon beim ersten und wohl bekanntesten volkswirtschaftlichen Modell, dem Wirtschaftskreislauf, das ist unser Stadtplan. Der Grundgedanke: Die Volkswirtschaft ist ein großer Kreislauf von Güter- und Geldströmen zwischen den Akteuren. Dabei ist bei jedem Akteur (Pol) die Summe der Zuströme gleich der Summe aller Abströme. Bei jedem Akteur fließt also stets genauso viel hinein wie wieder hinaus. Das nennt man das *Kreislaufaxiom*.

Erfinder dieses Modells war der Leibarzt Ludwigs XV., Francois Quesnay (1694 bis 1774). Ihm wird nachgesagt, er sei durch den menschlichen Blutkreislauf auf die Idee mit dem Wirtschaftskreislauf gekommen. Quesnay erkannte, dass Auszahlungen des Staates nicht einfach verloren waren, sondern dass dieses Geld an anderer Stelle wieder zu Einzahlungen führte. Er führte seine Gedanken dazu in seinem berühmten „Tableau Économique“ zusammen (siehe Abbildung). Dabei handelt es sich um das erste volkswirtschaftliche Gesamtmodell und die theoretische Grundlage einer neuartigen Wirtschaftspolitik im Frankreich des 18. Jahrhunderts. Das Tableau Économique gilt in den Wirtschaftswissenschaften als bahnbrechende Erfindung und liegt dem Modell des modernen Wirtschaftskreislaufs zugrunde.

In diesem Kapitel bauen wir das Modell des Wirtschaftskreislaufs Schritt für Schritt auf – vom einfachen Wirtschaftskreislauf über den erweiterten bis zum vollständigen Wirtschaftskreislauf, der schon eine ganz gute Übersicht über unsere Volkswirtschaft liefert. Am Ende des Kapitels werfen noch einen Blick auf die Einnahmen und Ausgaben des Staats, also auf den Staatshaushalt. Denn der Staat ist ein bedeutender Akteur im Wirtschaftskreislauf und wird uns im Laufe des Buches immer wieder begegnen.“

Tableau Économique

Objets à considérer, 1°. Trois sortes de dépenses; 2°. leur source; 3°. leurs avances; 4°. leur distribution; 5°. leurs effets; 6°. leur reproduction; 7°. leurs rapports entr'elles; 8°. leurs rapports avec la population; 9°. avec l'Agriculture; 10°. avec l'industrie; 11°. avec le commerce; 12°. avec la masse des richesses d'une Nation.

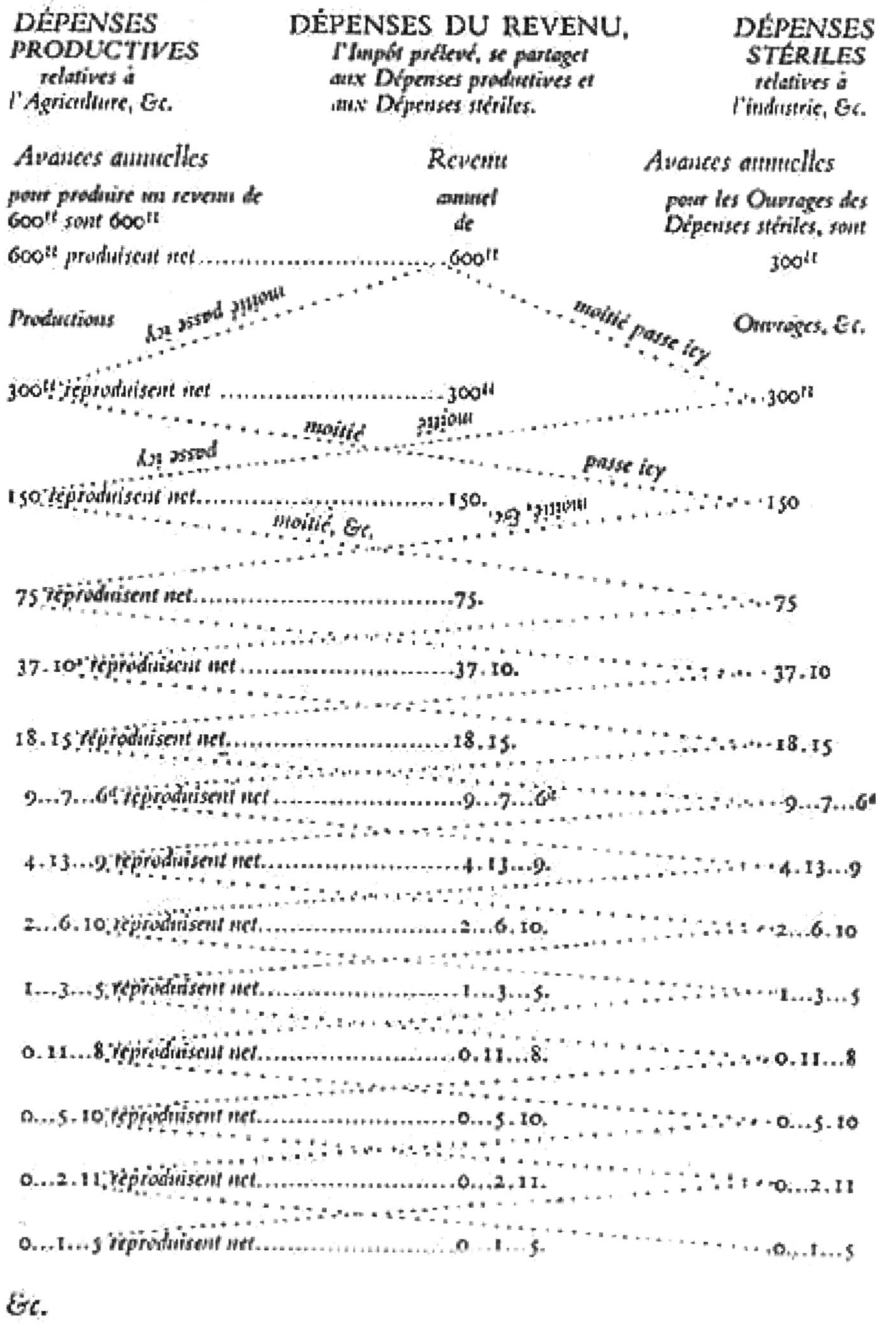

REPRODUIT TOTAL..... *600 ll de revenu; de plus, les frais annuels de 600 ll et 1es intérêts des avances primitives du* Laboureur, *de 300 ll que la terre restitue. Ainsi la reproduction est de 1500 ll compris le revenu de 600 ll qui est la base du calcul, abstraction faite de l'impôt prélevé, et des avances qu'exige sa reproduction annuelle, &c. Voyez l'Explication à la page suivante.*

Tableau Économique von Francois Quesnay

1 Einfacher Wirtschaftskreislauf

Zunächst untersuchen wir den einfachen Wirtschaftskreislauf. Dazu vervollständigen und erläutern wir die nachfolgende Grafik.

ARBEITSAUFTRÄGE

Bearbeiten Sie die Arbeitsaufträge mithilfe des Infotextes.

1. Beschriften Sie alle Pfeile so, dass der Güterkreislauf außen und der Geldkreislauf innen fließt.

Einfacher Wirtschaftskreislauf

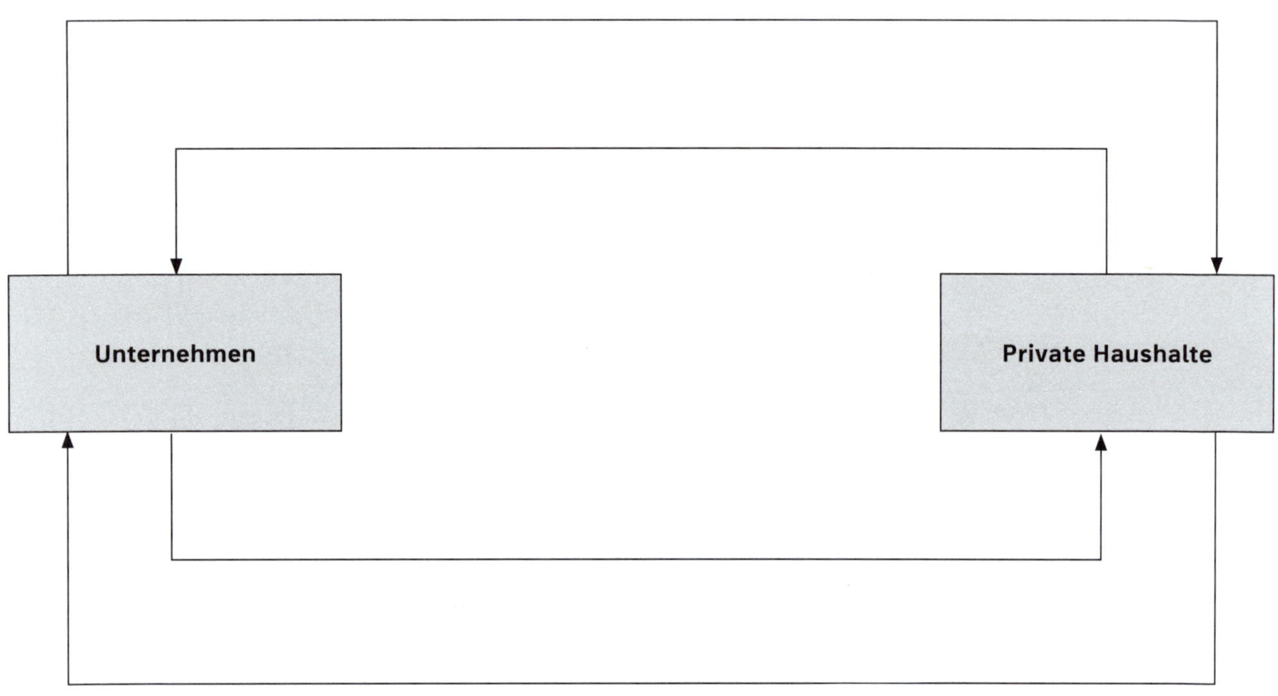

2. Erläutern Sie Ihre Grafik. Stellen Sie dabei auch einen Zusammenhang zu der Aussage des französischen Ökonomen Jean-Baptiste Say *„Jedes Angebot schafft sich seine eigene Nachfrage"* her.

Infotext: Einfacher Wirtschaftskreislauf

„Jedes Angebot schafft sich seine eigene Nachfrage.“
Jean-Baptiste Say[1]

Vorüberlegungen

Das Modell des einfachen Wirtschaftskreislaufs stellt eine extreme Vereinfachung der Wirklichkeit dar: Es wird eine Volkswirtschaft mit nur zwei Akteuren und dem Güter- und Geldkreislauf zwischen diesen beiden Akteuren dargestellt. Dabei gilt das sogenannte **Kreislaufaxiom**, welches besagt, dass bei jedem Akteur (Pol) die Summe der Zuströme gleich der Summe der Abströme ist. Die Ströme werden als beschriftete Pfeile dargestellt.

Akteure (Pole)

- **Private Haushalte:** In Deutschland gibt es rund 41 Millionen private Haushalte. Diese werden im Modell des einfachen Wirtschaftskreislaufs zum Akteur „Private Haushalte“ zusammengefasst.
- **Unternehmen:** In Deutschland gibt es rund 3,5 Millionen Unternehmen, die Güter und Dienstleistungen anbieten. Diese werden im Modell des einfachen Wirtschaftskreislaufs zum Akteur „Unternehmen“ zusammengefasst.

Güterkreislauf

- **Produktionsfaktoren:** Die privaten Haushalte bieten den Unternehmen die Produktionsfaktoren an, über die sie verfügen, also Arbeit, Boden und Kapital. Mithilfe dieser Produktionsfaktoren können die Unternehmen ihre Güter produzieren und ihre Dienstleistungen erbringen.
- **Güter und Dienstleistungen:** Die Unternehmen bieten den privaten Haushalten die von ihnen produzierten Güter und die von ihnen erbrachten Dienstleistungen an.

Geldkreislauf

- **Faktoreinkommen (Y):** Die Unternehmen entlohnen die privaten Haushalte mit einem entsprechenden Faktoreinkommen: Für die geleistete Arbeit gibt es Löhne und Gehälter, für bereitgestellten Boden (einschließlich der darauf befindlichen Immobilien) gibt es Miete und Pacht und für das bereitgestellte Kapital (Geld- und Sachkapital) gibt es Zinsen.
- **Konsumausgaben (C):** Die privaten Haushalte bezahlen die Güter und Dienstleistungen, welche die Unternehmen ihnen anbieten. Dazu steht ihnen das Einkommen zur Verfügung, das sie für die Bereitstellung der Produktionsfaktoren bezogen haben.

1 eigene Übersetzung

2 Erweiterter Wirtschaftskreislauf

Nun wollen wir das Modell des Wirtschaftskreislaufs weiter an die Realität heranrücken. Zu diesem Zweck nehmen wir die Banken als weiteren Akteur auf und betrachten nun auch fiktive Geldbeträge.

ARBEITSAUFTRÄGE

Bearbeiten Sie die Arbeitsaufträge mithilfe des Infotextes.

1. Die privaten Haushalte beziehen insgesamt Faktoreinkommen (Y) in Höhe von 3.000 GE (Geldeinheiten), von denen sie 2.400 GE für Konsum ausgeben und 600 GE zur Bank bringen und sparen.

   a) Beschriften Sie alle Pfeile und ergänzen Sie die fehlenden Pfeilspitzen.

   b) Tragen Sie alle Beträge in die Konten der drei Sektoren ein und bilden Sie die Summen.

Erweiterter Wirtschaftskreislauf

Unternehmen	
In	**Out**
C	Y
IKr	
Σ	Σ

Private Haushalte	
In	**Out**
Y	C
	S
Σ	Σ

Banken	
In	**Out**
S	IKr
Σ	Σ

   c) Ermitteln Sie die Höhe der Konsumquote und der Sparquote des Einkommens der privaten Haushalte in Prozent.

   Konsumquote: ______ Sparquote: ______

2. Ermitteln Sie die Höhe der Investitionskredite für den Fall, dass sich das Faktoreinkommen der privaten Haushalte bei unveränderter Konsum- und Sparquote auf 3.150 GE erhöht.

Infotext: Erweiterter Wirtschaftskreislauf

Vorüberlegungen

Der erweiterte Wirtschaftskreislauf berücksichtigt neben den Unternehmen und den Haushalten auch den Akteur „Banken“. Damit können die privaten Haushalte ihre Ersparnisse zur Bank bringen, welche diese Kundeneinlagen als Kredite für Investitionen (IKr) an die Unternehmen weiterleiten. Auf diese Weise kann die Wirtschaft Periode für Periode wachsen („evolutorische Wirtschaft“).

Aus Gründen der Übersichtlichkeit werden im Modell des erweiterten Wirtschaftskreislaufs keine Güterströme mehr dargestellt, sondern nur noch die Geldströme in der betrachteten Periode. Außerdem werden zur besseren Nachvollziehbarkeit alle Zahlungsein- und -ausgänge bei den Akteuren in einfache Konten (Zahlungseingang links, Zahlungsausgang rechts) eingetragen. Wegen des Kreislaufaxioms müssen linke und rechte Kontosumme aller Akteure (Pole) stets identisch sein.

Akteure (Pole)

- **Unternehmen:** wie im einfachen Wirtschaftskreislauf
- **Private Haushalte:** wie im einfachen Wirtschaftskreislauf
- **Banken:** Es gilt die vereinfachte Annahme, dass alle Haushalte ihre Ersparnisse zur Bank bringen und diese Spareinlagen als Investitionskredite an die Unternehmen weitergeben.

Geldströme

- **Y: Faktoreinkommen:** wie im einfachen Wirtschaftskreislauf
- **C: Konsumausgaben:** wie im einfachen Wirtschaftskreislauf
- **S: Ersparnisse,** welche die privaten Haushalte zur Bank bringen. Dabei kann es sich um klassische Spareinlagen auf Sparkonten und auch um andere Sparformen handeln.
- **IKr: Investitionskredite,** Kredite welche die Kreditinstitute den Unternehmen für Investitionszwecke (z. B. Kauf von Maschinen) zur Verfügung stellen.

Konsum- und Sparquote

Die Konsumquote (c) und die Sparquote (s) geben an, welchen Anteil des verfügbaren Einkommens die privaten Haushalte für Konsumausgaben tätigen und welchen Anteil sie sparen. Das verfügbare Einkommen der privaten Haushalte ist das insgesamt bezogene Einkommen abzüglich Steuern und Sozialversicherungsbeiträgen. Da es in diesem einfachen Modell aber weder Steuern noch Sozialversicherungsbeiträge gibt, entspricht das verfügbare Einkommen hier dem Gesamteinkommen. Es gilt:

- Konsumquote (c) in % $= \frac{C \cdot 100}{Y_{verfügbar}}$
- Sparquote (s) in % $= \frac{S \cdot 100}{Y_{verfügbar}}$

Beispiel:

Unternehmen			
In		**Out**	
C	450	Y	500
IKr	50		
Σ	500	Σ	500

Einkommen (Y) →

← Konsumausgaben (C)

Private Haushalte			
In		**Out**	
Y	500	C	450
		S	50
Σ	500	Σ	500

Ersparnisse (S) → Banken

Banken			
In		**Out**	
Summe	50	IKr	50
Σ	50	Σ	50

Investitionskredite (IKr) → Unternehmen

3 Vollständiger Wirtschaftskreislauf

Nun soll der vollständige Wirtschaftskreislauf entwickelt werden. Dazu liegen Ihnen folgende Angaben einer Volkswirtschaft für eine Periode vor (GE = Geldeinheiten):

- Die Unternehmen zahlen Einkommen an ihr Personal in Höhe von 1.000 GE. Außerdem führen sie Umsatzsteuern in Höhe von 200 GE und Körperschaftssteuern in Höhe von 70 GE ab. Zugleich erhalten sie Subventionen in Höhe von 90 GE und Investitionskredite in Höhe von 205 GE.
- Die privaten Haushalte zahlen Einkommensteuern in Höhe von 290 GE und geben 800 GE für Konsumgüter aus. Den Rest legen sie bei den Kapitalsammelstellen (z. B. Banken) an und erhalten dafür Zinsen in Höhe von 25 GE.
- Der Staat nimmt zusätzlich zu seinen Steuereinnahmen noch Kredite in Höhe von 100 GE auf, bezieht bei den Unternehmen Güter im Wert von 130 GE und zahlt Einkommen an seine Bediensteten in Höhe von 170 GE. Darüber hinaus leistet er Transferleistungen in Höhe von 220 GE.
- Die Exporteinnahmen belaufen sich auf 380 GE, die Importausgaben auf 300 GE.

ARBEITSAUFTRÄGE

Bearbeiten Sie die Arbeitsaufträge mithilfe des nachfolgenden Infotextes.

1. Vervollständigen Sie das Modell des vollständigen Wirtschaftskreislaufs in folgenden Schritten:

   a) Beschriften Sie alle Pfeile (Abkürzungen und Beträge) und ergänzen Sie die fehlenden Pfeilspitzen.

   b) Tragen Sie mithilfe der obigen Angaben alle Beträge in die Konten ein und bilden Sie die Summen.

   c) Ermitteln und beschriften Sie alle fehlenden Ströme.

2. Ermitteln Sie das verfügbare Einkommen der privaten Haushalte.

3. Ermitteln Sie die Konsum- und die Sparquote und erläutern Sie diese.

4. Ermitteln Sie den Staatshaushalt und erläutern Sie diesen.

Vollständiger Wirtschaftskreislauf

Staat

In	Out
$T_{DIR\ HH}$	C_{ST}
T_{IND}	Y_{ST}
$T_{DIR\ U}$	Tr
SKr	Z
	Zi_{ST}
Σ	Σ

Unternehmen

In	Out
C_{HH}	Y_{U}
C_{ST}	T_{IND}
EX	$T_{DIR\ U}$
IKr	IM
Z	Zi_{U}
Σ	Σ

Private Haushalte

In	Out
Y_{U}	$T_{DIR\ HH}$
Y_{ST}	C_{HH}
Tr	S
Zi_{HH}	
Σ	Σ

Kapitalsammelstellen

In	Out
S	IKr
Zi_{ST}	SKr
Zi_{U}	Zi_{HH}
	EX-IM
Σ	Σ

Ausland

In	Out
IM	EX
EX-IM	
Σ	Σ

Infotext: Vollständiger Wirtschaftskreislauf

Vorüberlegungen

Das Modell des vollständigen Wirtschaftskreislaufs rückt noch näher an die Realität heran als das Modell des erweiterten Wirtschaftskreislaufs, da es weitere Akteure und Geldströme berücksichtigt. Auch hier gilt das Kreislaufaxiom und auch hier werden nur noch die Geldströme einer Periode betrachtet.

Akteure (Pole)

- **Private Haushalte:** wie im einfachen und im erweiterten Wirtschaftskreislauf
- **Unternehmen:** wie im einfachen und im erweiterten Wirtschaftskreislauf
- **Kapitalsammelstellen:** Der Akteur „Banken" im erweiterten Wirtschaftskreislauf wird im vollständigen Wirtschaftskreislauf erweitert zum Akteur „Kapitalsammelstellen". Dazu gehören neben den Banken auch Versicherungen, Bausparkassen, Fondsgesellschaften und Pensionskassen (= Einrichtungen zur betrieblichen Altersversorgung). Die größte deutsche Kapitalsammelstelle ist die Allianz Lebensversicherung-AG.[1] Kapitalsammelstellen sind Organisationen, die Ersparnisse (und andere Gelder) einsammeln, um Unternehmen und dem Staat Kredite gegen Verzinsung zu gewähren oder um in Unternehmen zu investieren.
- **Staat:** In Deutschland lässt sich der Staat in drei hierarchische Ebenen unterteilen, die man als Gebietskörperschaften bezeichnet: Bund, Länder und Gemeinden. In der Realität verwalten Bund, Länder und Gemeinden jeweils eigene Haushalte. Das bedeutet, sie erzielen Einnahmen (vor allem Steuern) und tätigen Ausgaben, um ihre Aufgaben erfüllen zu können. In diesem Modell werden Bund, Länder und Gemeinden vereinfacht zum Akteur „Staat" zusammengefasst.
- **Ausland:** Unter Ausland werden in diesem Zusammenhang sämtliche ausländischen Anbieter und Nachfrager von Gütern und Dienstleistungen verstanden. Mit der Einbeziehung des Auslands wird das Modell einer geschlossenen Volkswirtschaft zum Modell einer offenen Volkswirtschaft erweitert, sodass Exporte und Importe berücksichtigt werden können.

Geldströme

Die Geldströme des vollständigen Wirtschaftskreislaufs in alphabetischer Reihenfolge:

- C_{HH}: **Private Konsumausgaben,** Ausgaben, mit denen die privaten Haushalte die Konsumgüter bezahlen, welche sie bei den Unternehmen erwerben
- C_{ST}: **Konsumausgaben des Staates,** Ausgaben, mit denen der Staat die Güter bezahlt, die er bei den Unternehmen erwirbt, um seine öffentlichen Aufgaben wahrnehmen zu können. Dazu gehören öffentliche Bauten (Hoch- und Tiefbau), digitale Infrastruktur, Ausrüstung für Militär und Polizei, Fahrzeuge für den öffentlichen Nahverkehr usw.
- **EX: Exportzahlungen,** Zahlungen ausländischer Kunden an inländische Unternehmen für exportierte (= ausgeführte) Güter und Dienstleistungen
- **EX-IM: Außenbeitrag,** Differenz zwischen Exporteinnahmen und Importausgaben. Ein positiver Außenbeitrag bedeutet, dass mehr exportiert als importiert wurde und wird im Modell des Wirtschaftskreislaufs als Kredit der Kapitalsammelstellen an das Ausland dargestellt.
- **IKr: Investitionskredite,** Kredite welche die Kapitalsammelstellen den Unternehmen für Investitionszwecke (z. B. Kauf von Maschinen) zur Verfügung stellen.
- **IM: Importzahlungen,** Zahlungen inländischer Unternehmen an ausländische Lieferanten für importierte (= eingeführte) Waren und Dienstleistungen
- **S: Ersparnisse,** welche die privaten Haushalte zu den Kapitalsammelstellen bringen. Dabei kann es sich um unterschiedliche Sparformen (z. B. Spareinlagen auf Konten, Aktienfonds) handeln.
- **SKr: Staatskredite,** die der Staat bei den Kapitalsammelstellen in einem Haushaltsjahr aufnimmt, wenn die Ausgaben die Einnahmen übersteigen. Dabei handelt es sich um eine Neuverschuldung (Nettokreditaufnahme), die nicht mit dem Schuldenstand zu verwechseln ist, der sich im Laufe der Zeit angesammelt hat.

1 vgl. https://www.dpn-online.com/institutionelle-investoren/die-100-groessten-kapitalsammelstellen-in-deutschland-94061/

- $T_{DIR\,HH}$: **Direkte Steuern der privaten Haushalte,** welche direkt bei den steuerpflichtigen Haushalten (= Steuerschuldnern) erhoben werden. Diese sind also zugleich Zahler und Träger der Steuern. Beispiele: Lohn- und Einkommensteuern, Kirchensteuern, Kapitalertragssteuern (z. B. für Zinserträge).
- $T_{DIR\,U}$: **Direkte Steuern der Unternehmen,** welche direkt bei den steuerpflichtigen Unternehmen (= Steuerschuldnern) erhoben werden. Diese sind also zugleich Zahler und Träger der Steuern. Beispiele: Gewerbesteuern, Körperschaftssteuern.
- T_{IND}: **Indirekte Steuern,** diese werden von den Unternehmen bezahlt, jedoch von den Endverbrauchern getragen. Steuerzahler und Steuerträger sind hier also nicht identisch. Die Unternehmen kalkulieren indirekte Steuern in ihre Bruttoverkaufspreise mit ein. Beispiele: Umsatzsteuer, Energiesteuer, Tabaksteuer.
- **Tr: Transferleistungen (Transfereinkommen),** soziale Leistungen des Staates zur Unterstützung bedürftiger privater Haushalte. Transferleistungen sind an keine Gegenleistung gebunden und steuerfrei. Beispiele: Bürgergeld, Kindergeld und Wohngeld.
- Y_{ST}: **Faktoreinkommen vom Staat,** vor allem Bezüge für Beamtinnen und Beamte sowie Löhne und Gehälter für Angestellte des öffentlichen Dienstes
- Y_U: **Faktoreinkommen von Unternehmen,** vor allem Löhne und Gehälter, welche die Unternehmen ihren Beschäftigten bezahlen, sowie Gewinne selbstständiger Unternehmerinnen und Unternehmer
- **Z: Subventionen,** Zahlungen, mit denen der Staat bestimmte Unternehmen finanziell unterstützt, ohne eine Gegenleistung zu verlangen. Gründe für die Gewährung von Subventionen können die wirtschaftliche Gefährdung im internationalen Wettbewerb oder auch die Förderungswürdigkeit von Unternehmen mit aussichtsreichen Innovationen sein.
- Zi_{HH}: **Zinsen,** welche die privaten Haushalte von den Kapitalsammelstellen erhalten
- Zi_{ST}: **Zinsen,** welche der Staat für erhaltene Staatskredite an die Kapitalsammelstellen bezahlt
- Zi_U: **Zinsen,** welche die Unternehmen für Investitionskredite an die Kapitalsammelstellen bezahlen

Konsum- und Sparquote

Die Konsumquote (c) und die Sparquote (s) geben an, welchen Anteil des verfügbaren Einkommens die privaten Haushalte für Konsumausgaben tätigen bzw. welchen Anteil sie sparen. Das verfügbare Einkommen der privaten Haushalte ist das insgesamt bezogene Einkommen (einschließlich Transfereinkommen und Zinserträgen) abzüglich Steuern und Sozialversicherungsbeiträgen[1]. Es gilt also:

- Konsumquote (c) in % $= \dfrac{C \cdot 100}{Y_{verfügbar}}$
- Sparquote (s) in % $= \dfrac{S \cdot 100}{Y_{verfügbar}}$

1 Sozialversicherungsbeiträge bleiben hier aus Gründen der Vereinfachung unberücksichtigt.

4 Einnahmen und Ausgaben des Staates

Im Folgenden betrachten wir wichtige Einnahmen und Ausgaben des Staates, ordnen diese fachlich ein und analysieren ihre Struktur.

ARBEITSAUFTRÄGE

Bearbeiten Sie die Arbeitsaufträge mithilfe des nachfolgenden Infotextes.

1. Ordnen Sie die nachfolgenden Maßnahmen des Staates in der Zuordnungstabelle (Folgeseite) fachlich ein. Gehen Sie dazu für jede Teilaufgabe in zwei Schritten vor:
   - **Spalte „Bundeshaushalt“:** Kreuzen Sie an, ob es sich um eine Einnahme oder um eine Ausgabe des Staates handelt, und benennen Sie den zugehörigen Posten im Bundeshaushalt.
   - **Spalte „Wirtschaftskreislauf“:** Ordnen Sie den Einnahmen und Ausgaben des Staates die entsprechenden Fachbegriffe und Abkürzungen aus dem vollständigen Wirtschaftskreislauf zu.

   Der Staat

   a) besteuert das Bruttogehalt von Arbeitnehmerinnen und Arbeitnehmern.
   b) gibt den Bau neuer Bahnstrecken in Auftrag.
   c) zahlt Bürgergeld an erwerbsfähige Personen, die ihren Lebensunterhalt nicht bestreiten können.
   d) erhöht die Mehrwertsteuer.
   e) zahlt Zinsen für erhaltene Kredite.
   f) leistet finanzielle Unterstützung für mittelständische Hersteller innovativer Mikrochips.
   g) besteuert Gewinne von Gesellschaften mit beschränkter Haftung.
   h) gibt neue Transportflugzeuge für die Bundeswehr in Auftrag.
   i) besteuert Dieselkraftstoff, Benzin, Biodiesel und Bioethanol.
   j) beschließt eine Neuverschuldung, um geplante Ausgaben finanzieren zu können.
   k) erhöht die Bezüge der Beamtinnen und Beamten der Bundespolizei.
   l) besteuert Gewinne von Aktiengesellschaften.
   m) beteiligt sich an den Wohn- und Heizkosten sozial schwacher Haushalte.
   n) besteuert Versicherungsbeiträge für Hausratversicherungen.

2. Stellen Sie die prozentualen Anteile der Einnahmen und der Ausgaben des Bundeshaushalts als Kreisdiagramme dar, geben Sie die Prozentwerte an und erläutern Sie Ihr Ergebnis.

Einnahmen	Ausgaben

Zuordnungstabelle							
	Bundeshaushalt			Wirtschaftskreislauf			
	Einnahme oder Ausgabe?		Posten	Geldstrom		Akteur	
	E	A		Bezeichnung	Kürzel	zahlt	empfängt
a)							
b)							
c)							
d)							
e)							
f)							
g)							
h)							
i)							
j)							
k)							
l)							
m)							
n)							

Infotext: Einnahmen und Ausgaben des Staates

Der Staatshaushalt

Der deutsch-amerikanische Ökonom Richard Musgrave arbeitete drei Kernaufgaben des Staates heraus:

- Versorgung der Volkswirtschaft mit Gütern, die der Markt nicht ausreichend bereitstellt
- Soziale Umverteilung von Teilen des erwirtschafteten Einkommens
- Stabilisierung der Gesamtwirtschaft

Zur Wahrnehmung dieser Aufgaben verfügt der Staat über einen Staatshaushalt (Staatsbudget). Darunter versteht man die Gegenüberstellung der jährlichen Einnahmen und Ausgaben des Staates. In Deutschland unterscheidet man dabei mehrere hierarchische Ebenen (Gebietskörperschaften): den Bundeshaushalt, die Haushalte der Länder und die Haushalte der Gemeinden. Alle zusammen ergeben den Gesamthaushalt, der als Staatshaushalt bezeichnet wird. Im Folgenden wird exemplarisch der Bundeshaushalt betrachtet.

Bundeshaushalt

Die folgende Grafik weist die einzelnen Posten auf der Einnahmenseite und auf der Ausgabeseite des geplanten Bundeshaushalts für das Jahr 2023 (Soll-Werte) aus:

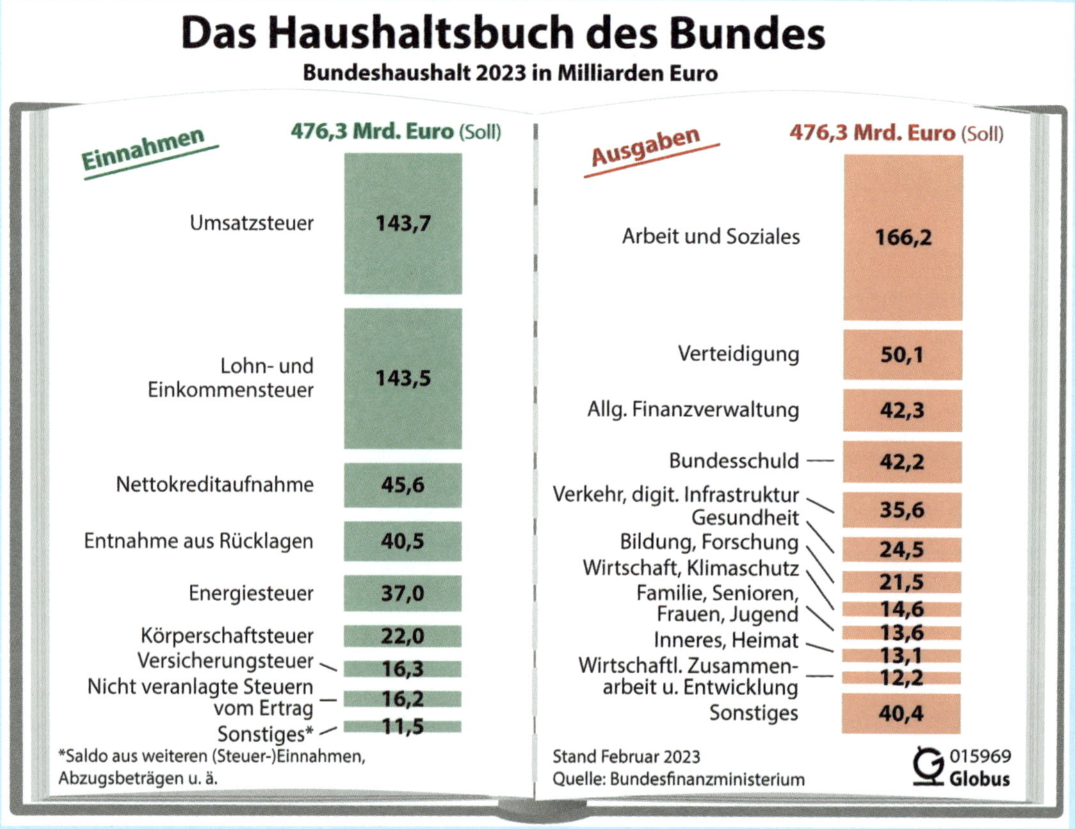

Hinweise zu den Einnahmen

Grundsätzlich ist zwischen ordentlichen und außerordentlichen Einnahmen zu unterscheiden: Ordentliche Einnahmen sind regelmäßig wiederkehrend und damit planbar (z. B. Steuern, Zölle, Gebühren). Außerordentliche Einnahmen sind die Kreditaufnahme, Entnahmen aus Rücklagen und Privatisierungen.

- **Umsatzsteuer (Mehrwertsteuer):** Indirekte Besteuerung von Lieferungen und Leistungen der Unternehmen. Diese ist für die Unternehmen gewinnneutral („durchlaufender Posten").
- **Lohn- und Einkommensteuer:** Direkte Besteuerung von regelmäßig gezahltem Lohn (= Entgelt für unselbstständig Beschäftigte) und Einkommen (= Entgelt für selbstständige Unternehmer/-innen).
- **Nettokreditaufnahme:** Neuverschuldung des Staates, die erforderlich ist, wenn im aktuellen Bundeshaushalt die Ausgaben die ordentlichen Einnahmen übersteigen.

- **Entnahme aus Rücklagen:** Rücklagen sind eingeplante Mittel für bestimmte Zwecke (z. B. Energie- und Klimafonds), die vom Staat entweder angespart oder kreditfinanziert eingerichtet wurden. Eine Entnahme bedeutet, dass diese Mittel nun für andere Zwecke (zweckfremd) verwendet werden.
- **Energiesteuer:** Die Energiesteuer hat im Jahre 2006 die Mineralölsteuer abgelöst und ist eine indirekte Steuer, welche auf fossile und auch auf nachwachsende Kraft- und Heizstoffe erhoben wird.
- **Körperschaftssteuer:** Direkte Besteuerung des Gewinns von Kapitalgesellschaften, vor allem der Gesellschaft mit beschränkter Haftung (GmbH) und der Aktiengesellschaft (AG).
- **Versicherungssteuer:** Indirekte Steuer auf Versicherungsbeiträge, welche die Versicherungen auf ihre Versicherungsbeiträge aufschlagen und an die Finanzbehörden abführen.

Hinweise zu den Ausgaben

- **Arbeit und Soziales:** Zuschüsse an die allgemeine Rentenversicherung, Bürgergeld und Beteiligungen an den Leistungen für Unterkunft und Heizung usw.
- **Verteidigung:** Entgelte, Bezüge und Beihilfeleistungen für Bedienstete im Verteidigungssektor, Ausgaben für militärische Beschaffungen (z. B. Militärflugzeuge, Munition) usw.
- **Allgemeine Finanzverwaltung:** Darlehen für den Aufbau einer Reserve zur Stabilisierung der Rentenversicherungsbeiträge, Zuschuss für die Postbeamtenversorgungskasse, Fonds zur Unterstützung armer Länder zur Bewältigung der Folgen von Klimawandel und Pandemien usw.
- **Bundesschuld:** jährlich anfallende Zinsen für die Verschuldung des Bundes, die sich im Laufe der Zeit angesammelt hat (Schuldenstand, siehe unten).
- **Verkehr, digitale Infrastruktur:** Ausgaben für Bundesfernstraßen, Bundesschienenwege, Bundeseisenbahnvermögen (Verwaltungs- und Sozialleistungen für Eisenbahnpersonal) usw.
- **Gesundheit:** Unterstützungsleistungen für die gesetzlichen Krankenversicherungen (z. B. Zuschuss zum Gesundheitsfonds, Aufwendungen für Corona-Impfstoffe) usw.
- **Bildung, Forschung:** Unterstützung wissenschaftlicher Forschungsinstitute, Einstellung von zusätzlichem Hochschulpersonal, Zahlung von Bafög und ähnlichen Leistungen usw.
- **Wirtschaft und Klimaschutz:** Förderungsleistungen für die Luft- und Raumfahrt, für innovative mittelständische Unternehmen und für Unternehmen der Mikroelektronik und Digitalisierung usw.
- **Inneres, Heimat:** Bezüge und Nebenleistungen für Bundesbeamte, Modernisierung der Verwaltung, Personalausgaben im Bundeskriminalamt und Bundesamt für Migration und Flüchtlinge, Förderung von Integrationsmaßnahmen (z. B. Integrationskurse, Beratung).

Verschuldung des Staates

In aller Regel verschuldet sich der Staat (z. B. bei internationalen Kapitalsammelstellen). Hinsichtlich der Staatsverschuldung sind grundsätzlich zu unterscheiden:

- **Neuverschuldung (Nettokreditaufnahme):** Diese ist nötig, wenn im geplanten Haushalt die Ausgaben die Einnahmen übersteigen und damit ein Finanzierungsdefizit entsteht. Ist keine Neuverschuldung nötig, spricht man von der „schwarzen Null". Jede Neuverschuldung erhöht den Schuldenstand.
- **Schuldenstand:** Summe der Schulden, die sich in der Vergangenheit bis heute angesammelt haben und zu einem bestimmten Stichtag bestehen. Der gesamte Schuldenstand von Bund, Ländern und Gemeinden wird als Staatsverschuldung bezeichnet. Er wird von der Schuldenuhr des Bundes der Steuerzahler online angezeigt (www.steuerzahler.de). Für diesen Betrag muss der Staat Zinsen an seine Gläubiger bezahlen.

Folgen der Staatsverschuldung

Mit zunehmender Staatsverschuldung steigen die Ausgaben für Zinsen im Staatshaushalt, was den Handlungsspielraum des Staates einengt. Gleichzeitig steigt das Ausfallrisiko für die Kapitalgeber, was sich diese durch höhere Zinsen (Risikoprämie) vergüten lassen. Das führt zu einer Verschuldungsspirale und auch zu steigenden Zinsen am Kreditmarkt. Im Extremfall kann der Staat dadurch zahlungsunfähig werden. Außerdem werden durch Staatsverschuldung spätere Generationen belastet.

Kompaktwissen

Wirtschaftskreislauf

einfacher
- private Haushalte
- Unternehmen

erweiterter
- private Haushalte
- Unternehmen
- Banken

vollständiger
- private Haushalte
- Unternehmen
- Kapitalsammelstellen
- Staat
- Ausland

Geldströme im vollständigen Wirtschaftskreislauf

C_{HH}	Private Konsumausgaben	$T_{DIR\,U}$	Direkte Steuern der Unternehmen
C_{ST}	Konsumausgaben des Staates	T_{IND}	Indirekte Steuern der Unternehmen
EX	Exportzahlungen	**Tr**	Transferleistungen (Transfereinkommen)
EX-IM	Außenbeitrag	Y_{ST}	Faktoreinkommen vom Staat
IKr	Investitionskredite	Y_U	Faktoreinkommen von Unternehmen
IM	Importzahlungen	**Z**	Subventionen
S	Ersparnisse	Zi_{HH}	Zinserträge der privaten Haushalte
SKr	Staatskredite	Zi_{ST}	Zinsaufwendungen des Staates
$T_{DIR\,HH}$	Direkte Steuern der privaten Haushalte	Zi_U	Zinsaufwendungen der Unternehmen

Staatshaushalt

Einnahmen

ordentliche
- Steuern
- Zölle
- Gebühren

außerordentliche
- Neuverschuldung (Nettokreditaufnahme)
- Entnahmen aus Rücklagen
- Privatisierungen

Ausgaben

Staatsverschuldung

Neuverschuldung (Nettokreditaufnahme)

Schuldenstand kumulierte Verschuldung

Formelkasten

verfügbares Einkommen	$Y_U + Y_{ST} + Zi_{HH} + Tr - T_{DIR\,HH}$
Konsumquote (c) in %	$\frac{C \cdot 100}{Y_{verfügbar}}$
Sparquote (s) in %	$\frac{S \cdot 100}{Y_{verfügbar}}$
Außenbeitrag	Ex – Im

Vertiefungsaufgaben

1. Ordnen Sie den Produktionsfaktoren „Arbeit“, „Boden“ und „Kapital“ die entsprechenden Faktoreinkommen zu.
2. Erläutern Sie, was man unter dem Kreislaufaxiom versteht.
3. Im erweiterten Wirtschaftskreislauf mit den Akteuren „private Haushalte“, „Unternehmen“ und „Banken“ zahlen die Unternehmen Faktoreinkommen in Höhe von 6.000 Geldeinheiten (GE). Die privaten Haushalte haben eine Sparquote in Höhe von 9 %. Stellen Sie den Wirtschaftskreislauf (Akteure in Kontenform) grafisch dar und beschriften Sie alle Geldströme.
4. Für einen vollständigen Wirtschaftskreislauf liegen folgende Angaben vor:
   - Private Konsumausgaben: 4.000 GE
   - Konsumausgaben des Staates: 585 GE
   - Exportzahlungen: 1.710 GE
   - Investitionskredite: 924 GE
   - Importzahlungen: 1.350 GE
   - Ersparnisse der privaten Haushalte: 1.465 GE
   - Faktoreinkommen von Unternehmen: 4.900 GE
   - Faktoreinkommen vom Staat: 965 GE
   - Direkte Steuern der privaten Haushalte: 1.305 GE
   - Direkte Steuern der Unternehmen: 315 GE
   - Indirekte Steuern: 900 GE
   - Zinsaufwendungen der Unternehmen (für Investitionskredite): 159 GE
   - Zinsaufwendungen des Staates (für Staatskredite): 225 GE
   - Zinserträge der privaten Haushalte (für Ersparnisse): 115 GE

   a) Stellen Sie den vollständigen Wirtschaftskreislauf grafisch dar und ergänzen Sie die fehlenden Ströme „Transferzahlungen“, „Staatskredite“, „Subventionen“ und „Außenbeitrag“. Stellen Sie alle Akteure in Kontenform dar und beschriften Sie alle Geldströme mit Abkürzungen und Beträgen.

   b) Ermitteln Sie das verfügbare Einkommen der privaten Haushalte sowie deren Konsum- und Sparquote.

   c) Ermitteln und erläutern Sie den Staatshaushalt und die Höhe der ordentlichen sowie außerordentlichen Einnahmen des Staates.
5. In welchen der folgenden Fälle liegt eine Transferleistung vor?

   a) Deutschland zahlt seinen Mitgliedsbeitrag zum EU-Haushalt.

   b) Der Staat zahlt Löhne und Gehälter für Beschäftigte im öffentlichen Dienst.

   c) Der Staat zahlt Bürgergeld an private Haushalte.

   d) Der Arbeitgeber bezahlt seinen Anteil an den Sozialversicherungsbeiträgen.

   e) Der Staat vergibt Aufträge an private Unternehmen zum Bau von Autobahnen.

   f) Der Staat zahlt Wohngeld an private Haushalte.
6. Nennen Sie die drei Kernaufgaben des Staates nach Richard Musgrave.
7. Geben Sie für Sie folgenden Beschreibungen an, ob es sich um eine Einnahme oder um eine Ausgabe des Staates handelt, und ordnen den entsprechenden Posten aus dem Bundeshaushalt zu:

   Neuverschuldung / Zuschüsse an die allgemeine Rentenversicherung / Steuer, welche die Mineralölsteuer abgelöst hat / Förderungsleistungen für innovative mittelständische Unternehmen / BAföG / indirekte Steuer / Zinsaufwendungen für aufgenommene Kredite / Besteuerung des Gewinns von Kapitalgesellschaften / Sold für Soldatinnen und Soldaten / Bürgergeld / zweckentfremdete Entnahme eingeplanter Mittel / Besteuerung von Gehältern
8. Unterscheiden Sie hinsichtlich der Staatsverschuldung die Begriffe „Neuverschuldung“ und „Schuldenstand“.
9. Ein Staat zahlt 1.827.000.000 Geldeinheiten Zinsen für aufgenommene Kredite bei einem Zinssatz von 5 %. Ermitteln Sie den Schuldenstand.
10. Recherchieren Sie mögliche Risiken einer wachsenden Staatsverschuldung.

C Bruttoinlandsprodukt (BIP)

Erarbeitung

„Nun kennen wir die Akteure des vollständigen Wirtschaftskreislaufs einschließlich des Staates mit seinem Staatshaushalt. Und wir kennen die wichtigsten Geldströme, die zwischen diesen Akteuren fließen. Damit haben wir schon mal eine gute Übersicht über unsere Volkswirtschaft. Was wir aber noch nicht kennen, sind reale Zahlen zur Leistung unserer Volkswirtschaft.

Die volkswirtschaftliche Gesamtleistung eines Landes hat einen Namen: Man nennt sie ‚Bruttoinlandsprodukt', kurz ‚BIP'. Das ist die wichtigste Kennzahl einer Volkswirtschaft, an der sich alle orientieren: Wirtschaftswissenschaft, Politik und auch die Medien. Sie alle greifen immer dann auf das Bruttoinlandsprodukt zurück, wenn es um die Leistung unserer Volkswirtschaft geht. Zum Beispiel dann, wenn wir wissen wollen, in welchem Maße die deutsche Wirtschaft gewachsen oder auch geschrumpft ist. Oder dann, wenn es um internationale Vergleiche geht. Und auch dann, wenn es um die Frage geht, wie es um unseren Wohlstand bestellt ist. Ich sag mal so: Das Bruttoinlandsprodukt eines Landes ist wie die PS-Leistung eines Sportwagens – danach wird gefragt.

In diesem Kapitel beantworten wir die wichtigsten Fragen, die sich rund um das Bruttoinlandsprodukt stellen: Wie rechnet man das aus und wie setzt es sich zusammen? Wie hat es sich im Zeitablauf entwickelt und wie hoch ist es heute? Wie stehen wir im internationalen Vergleich da? Und taugt es überhaupt als Maßstab für unseren Wohlstand? Denn als Wohlstandsindikator ist es durchaus umstritten."

1 Entstehung, Verwendung und Verteilung des BIP

Im Bundeswirtschaftsministerium (BMWi) ist für Montag der Folgewoche ein Workshop mit Vertreterinnen und Vertretern anderer Bundesministerien geplant. Alle Teilnehmerinnen und Teilnehmer des Workshops sollen ein übersichtliches Handout (Tischvorlage) mit der Struktur der Entstehung, Verwendung und Verteilung des deutschen Bruttoinlandsprodukts (BIP) des Jahres 2022 erhalten, um sich rasch orientieren zu können.

ARBEITSAUFTRAG

Gestalten Sie mithilfe des nachfolgenden Infotextes und der Methodenbox im Anhang ein übersichtliches und aussagefähiges Handout (3 Seiten) zum Thema „Struktur der Entstehung, Verwendung und Verteilung des deutschen Bruttoinlandsprodukts (BIP) des Jahres 2022“. Gehen Sie dazu folgendermaßen vor:

1. Skizzieren Sie auf den Folgeseiten die drei Kreisdiagramme und weisen Sie folgenden Anteile aus:
   - **Entstehungsseite:** Anteile der einzelnen Wirtschaftsbereiche an der Bruttowertschöpfung in Prozent (die Position „Gütersteuern abzüglich Subventionen“ bleibt hier unberücksichtigt).
   - **Verwendungsseite:** Anteile der privaten Konsumausgaben, der Konsumausgaben des Staates, der Bruttoinvestitionen und des Außenbeitrags am BIP in Prozent.
   - **Verteilungsseite:** Anteil des Arbeitnehmerentgelts und Anteil des Unternehmens- und Vermögenseinkommens am Volkseinkommen in Prozent (die anderen Positionen bleiben hier unberücksichtigt).
2. Notieren Sie stichwortartig die Hauptaussagen der drei Diagramme. Stellen Sie bei der Entstehungsseite einen Zusammenhang zu den drei Sektoren (primärer, sekundärer und tertiärer Sektor) her.
3. Erstellen Sie auf Grundlage Ihrer Skizzen und Stichworte ein gut nachvollziehbares und optisch ansprechendes Handout (Tischvorlage) als PDF. Nutzen Sie die Vorlage im Buch+Web. Web

Skizzen und Notizen

Teilnehmerunterlage (Handout)			
Name:		Datum:	
Anlass:		Zielgruppe:	
Thema:			
Gliederung:			
1 Entstehungsseite des BIP			

2 Verwendungsseite des BIP

3 Verteilungsseite des BIP

Infotext: Bruttoinlandsprodukt

Definition und Bedeutung

Das Statistische Bundesamt ermittelt und veröffentlicht jedes Quartal und jedes Jahr das deutsche Bruttoinlandsprodukt (BIP). Dieses ist wie folgt definiert:

„Das Bruttoinlandsprodukt (BIP) ist ein Maß für die wirtschaftliche Leistung einer Volkswirtschaft in einem bestimmten Zeitraum. Es misst den Wert der im Inland hergestellten Waren und Dienstleistungen (Wertschöpfung), soweit diese nicht als Vorleistungen für die Produktion anderer Waren und Dienstleistungen verwendet werden.“[1]

Das BIP liegt der Berechnung des Wirtschaftswachstums im Zeitablauf zugrunde und dient auch als nationaler Wohlstandsindikator. Darüber hinaus ist das BIP eine wichtige Kennzahl für internationale Leistungsvergleiche. 2022 betrug das deutsche BIP 3.869,9 Milliarden (3,87 Billionen) Euro. Das entspricht rund den 4.500-fachen Baukosten des Kreuzfahrtschiffes Queen Mary 2. Grundsätzlich sind drei Ansätze zur Berechnung des BIP zu unterscheiden: Die Entstehungs-, die Verwendungs- und die Verteilungsrechnung.

Entstehungsrechnung

Die Entstehungsrechnung zeigt, welcher Wirtschaftsbereich welchen Beitrag zur Entstehung des BIP geleistet hat. Die Leitfrage lautet: *Wo wurde das BIP erwirtschaftet?*

Entstehung des BIP 2022 (Mrd. €)	
Land- und Forstwirtschaft, Fischerei	41,8
+ Produzierendes Gewerbe (ohne Baugewerbe)	821,3
+ Baugewerbe	211,3
+ Handel, Verkehr, Gastgewerbe	596,2
+ Information und Kommunikation	169,5
+ Finanz- und Versicherungsdienstleister	124,8
+ Grundstücks- und Wohnungswesen (Verkauf, Vermietung, Vermittlung, Verwaltung usw.)	350,3
+ Unternehmensdienstleister (z. B. Unternehmensberatungen, Personaldienstleistungen)	404,3
+ Öffentliche Dienstleister, Erziehung, Gesundheit	657,1
+ Sonstige Dienstleister	125,6
= Bruttowertschöpfung	**3.502,2**
+ Gütersteuern abzüglich Subventionen	367,7
= Bruttoinlandsprodukt (BIP)	**3.869,9**

Die Bruttowertschöpfung umfasst den gesamten nationalen Produktionswert abzüglich aller Vorleistungen (z. B. Wert von Blech und Stahl in der Automobilindustrie). Die Vorleistungen wurden bereits abgezogen, um Doppelzählungen zu vermeiden. Die Bruttowertschöpfung erfasst also nur volkswirtschaftlichen Mehrwert. In diesem Zusammenhang bedeutet „Brutto“, dass die Abschreibungen (periodischer Wertverlust des volkswirtschaftlichen Anlagevermögens) noch nicht abgezogen wurden. Zieht man die Abschreibungen vom BIP ab, so erhält man das Nettoinlandsprodukt. Unter Gütersteuern versteht man mengen- und wertabhängige Steuern auf Produkte bzw. Dienstleistungen (z. B. Umsatz-, Energie- und Tabaksteuer, Zölle).

1 Quelle: Bundesministerium für Bildung und Forschung: BIP, www.datenportal.bmbf.de/portal/de/G64.html [19.01.2024]

Verwendungsrechnung

Die Verwendungsrechnung zeigt, wie die Güter und Dienstleistungen, die das BIP ausmachen, verwendet wurden. Die Leitfrage lautet: *Wofür wurde das erwirtschaftete Geld ausgegeben?*

Verwendung des BIP 2022 (Mrd. €)		
Konsumausgaben		**2.832,0**
Private Konsumausgaben	1.982,7	
Konsumausgaben des Staates	849,3	
+ Bruttoinvestitionen		**962,0**
Bruttoanlageinvestitionen	872,4	
Vorratsveränderungen	89,6	
+ Außenbeitrag		**75,9**
Exporte	1.954,6	
Importe	1.878,7	
= Bruttoinlandsprodukt (BIP)		**3.869,9**

Konsumausgaben des Staates sind Ausgaben des Staates für das Gemeinwohl (Unterrichtswesen, Gesundheitswesen, soziale Sicherung, Müllabfuhr, öffentlicher Nahverkehr, öffentliche Verwaltung, Verteidigung usw.). Unter *Bruttoanlageinvestitionen* versteht man die Differenz von Käufen und Verkäufen dauerhaft genutzter Produktionsmittel (Bauten, Maschinen, IT-Komponenten usw.). *Vorratsveränderungen* entsprechen der Differenz von Anfangs- und Endbeständen von Vorräten in den Vorratslagern der Unternehmen.

Verteilungsrechnung

Die Verteilungsseite zeigt, wie das erwirtschaftete Volkseinkommen auf die privaten Haushalte aufgeteilt wurde. Die Leitfrage lautet: *Wie wurde das erwirtschaftete Einkommen verteilt?*

Verteilung des BIP 2022 (Mrd. €)	
Arbeitnehmerentgelt	2.020,5
+ Unternehmens- und Vermögenseinkommen	840,0
= Volkseinkommen	**2.860,5**
+ Produktions- und Importabgaben an den Staat abzüglich Subventionen	347,7
= Nettonationaleinkommen (NNE)	**3.208,2**
+ Abschreibungen	792,6
= Bruttonationaleinkommen (BNE)	**4.000,8**
– Saldo der Primäreinkommen aus der übrigen Welt	130,9
= Bruttoinlandsprodukt (BIP)	**3.869,9**

Das *Volkseinkommen* setzt sich zusammen aus *Arbeitnehmerentgelt* (Bruttolöhne und -gehälter) und *Unternehmens- und Vermögenseinkommen* (Gewinne, Zinsen, Mieten, Pachten, Dividenden). *Produktions- und Importabgaben* sind indirekte Steuern (Umsatzsteuern, Verbrauchssteuern) und Abgaben für Importe (vor allem Zölle). Unter *Bruttonationaleinkommen* (BNE) versteht man die Summe der Einkommen aller Einwohner und Einwohnerinnen des betrachteten Landes, die innerhalb eines Jahres erwirtschaftet worden sind – auch dann, wenn sie im Ausland erzielt wurden (Inländerprinzip). Im Unterschied dazu erfasst das BIP alle im Inland erwirtschafteten Einkommen, auch wenn diese von Ausländerinnen und Ausländern erzielt wurden (Inlandsprinzip). Der *Saldo der Primäreinkommen aus der übrigen Welt* ist die Differenz aus Primäreinkommen, die Inländer und Inländerinnen aus dem Ausland beziehen und dem Primäreinkommen, das Ausländerinnen und Ausländer aus dem Inland beziehen. *Primäreinkommen* sind Einkommen aus Erwerbstätigkeit und Vermögen zuzüglich Produktions- und Importabgaben an den Staat abzüglich Subventionen. Eine eigenständige Ermittlung des BIP über die Verteilungsseite ist in Deutschland mangels Daten nicht möglich.

2 Nominales und reales BIP

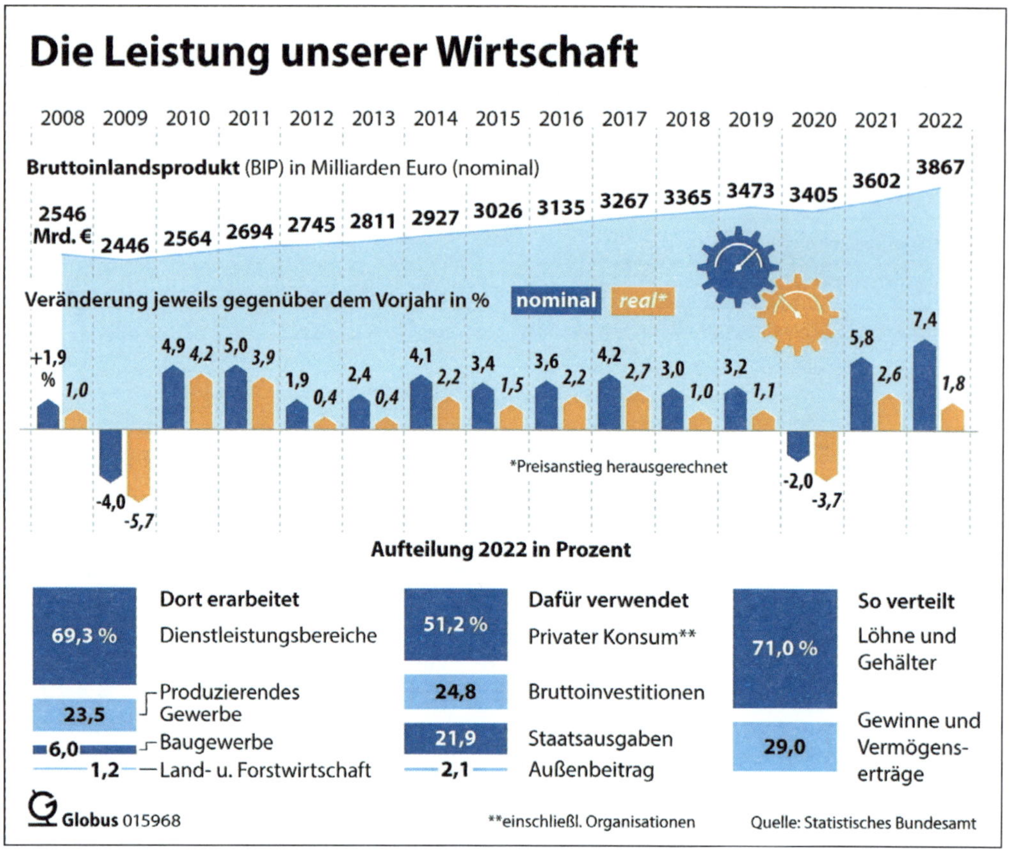

ARBEITSAUFTRÄGE

Bearbeiten Sie nachfolgende Aufträge mithilfe des nachfolgenden Infotextes.

1. Prüfen Sie, welche der Aussagen zur obigen Grafik zutreffend sind:
   a) Im betrachteten Zeitraum ist das nominale BIP durchgehend angestiegen.
   b) Von 2008 bis 2022 ist das nominale BIP von +1,9 % auf +7,4 % angestiegen.
   c) Im Jahr 2022 betrug das nominale BIP 3,867 Billionen Euro.
   d) Im Jahr 2012 ist die deutsche Gesamtwirtschaft gegenüber dem Vorjahr geschrumpft.
   e) Im Jahr 2009 ist das reale BIP stärker gesunken als das nominale BIP.
   f) Im Jahr 2022 betrug die Inflation 1,8 %.
   g) Im Jahr 2021 betrug die Inflation 3,2 %.
   h) Im Jahr 2020 fiel das reale BIP auf 3.405 Mrd. Euro.
   i) Im Jahr 2022 betrugen die Bruttoinvestitionen 24,8 Mrd. Euro.
   j) Im Jahr 2022 wurden Güter im Wert von 2,1 % des BIP in das Ausland exportiert.
   k) Im Jahr 2022 erwirtschaftete das Dienstleistungsgewerbe 2.679,8 Mrd. Euro.
2. Formulieren Sie zwei eigene zutreffende Aussagen zur obigen Grafik.

Infotext: Nominales und reales Bruttoinlandsprodukt

Nominales BIP

Das Bruttoinlandsprodukt (BIP), das in den vorherigen Teilkapiteln betrachtet wurde, wird auch als nominales Bruttoinlandsprodukt (BIP_{nom}) bezeichnet, weil es zu Marktpreisen bewertet wird, also zu den aktuellen Preisen am Markt. Es wird im Rahmen der Entstehungs- und der Verwendungsrechnung ermittelt und liegt auch der Verteilungsrechnung zugrunde. Das nominale BIP ermöglicht den Vergleich der Wirtschaftsleistung unterschiedlicher Volkswirtschaften. Darüber hinaus wird es auch für die Berechnung gesamtwirtschaftlicher Kennzahlen herangezogen, wie zum Beispiel:

- BIP je Einwohner/-in (pro Kopf)
- BIP je erwerbstätige Person
- Exportquote (Anteil der Exporte am BIP)

Reales BIP

Das nominale BIP eignet sich jedoch nicht, um das Wirtschaftswachstum, also die Entwicklung der Wirtschaftsleistung im Zeitablauf, zu messen, und zwar aus folgendem Grund: Gewöhnlich steigen die Marktpreise für Waren und Dienstleistungen in jedem Jahr leicht an. Dieser Preisanstieg (Inflation) hat ganz unterschiedliche Ursachen wie zum Beispiel steigende Personalkosten oder steigende Rohstoffpreise (siehe *Kapitel E 1 Wirtschaftspolitische Problemfelder*). Wenn nun aber die Preise laufend steigen, so lässt sich an einem Anstieg des nominalen Bruttoinlandsprodukts nicht ablesen, in welchem Maße dieser auf ein reales (= tatsächliches) Wirtschaftswachstum oder nur auf steigende Preise zurückzuführen ist.

Beispiel: Ist das nominale BIP eines Landes in einem Jahr um 5 % gewachsen und betrug der Preisanstieg in diesem Jahr 2 %, so ist die Wirtschaft real (= tatsächlich) nur um 3 % gewachsen.

Aus diesem Grunde ermittelt das Statistische Bundesamt neben dem nominalen BIP zugleich auch immer das reale BIP, welches um die Inflation bereinigt ist. Das reale BIP liegt der Ermittlung des Wirtschaftswachstums (Veränderung des BIP gegenüber dem Vorjahr) zugrunde.

Exkurs: Messung der Inflationsrate

Das Statistische Bundesamt ermittelt die Inflationsrate in Deutschland in zwei Schritten:

Schritt 1: Ermittlung des Verbraucherpreisindex (VPI)

In einem ersten Schritt wird der Verbraucherpreis (VPI) ermittelt, das ist die Messgröße für das Preisniveau von Konsumgütern in Deutschland. Zu diesem Zweck wird ein repräsentativer Warenkorb von rund 650 Konsumartikeln (Güter und Dienstleistungen, z. B. Lebensmittel, Haushaltsgeräte, Versicherungen) zusammengestellt. Die Preise dieser Güter werden durch Befragungen in rund 22.000 Einzelhandels- und Dienstleistungsbetrieben bundesweit erhoben. Anschließend werden die Preise gemäß der durchschnittlichen Verbrauchsmengen gewichtet und dann ein Gesamtwert des Warenkorbs berechnet. Diesem Gesamtwert wird in einem festgelegten Basisjahr ein Indexwert von 100 zugeordnet, der Verbraucherpreisindex (= Preisniveau) des Basisjahres beträgt also 100.

Schritt 2: Ermittlung der Inflationsrate

Jahr für Jahr wird der Gesamtwert dieses Warenkorbs gemessen und ein aktueller Indexwert berechnet. Dabei bleiben die Verbrauchsmengen unverändert. Steigt oder sinkt der Index im Folgejahr, so ist das Preisniveau entsprechend gestiegen bzw. gesunken. Die prozentuale Steigerung des Verbraucherpreisindex (= des Preisniveaus) gegenüber dem Vorjahr ist die Inflationsrate.

Beispiel: Beträgt der Verbraucherpreisindex im Basisjahr 100 und im Folgejahr 103,5, so sind die Preise gegenüber dem Basisjahr um 3,5 % gestiegen, die Inflationsrate beträgt also 3,5 %.

3 Das BIP im internationalen Vergleich

Nominales BIP und Einwohnerzahl ausgewählter Länder 2022					
Land	**BIP (Mrd. US-$)**	**Einwohner (Mio.)**	**Land**	**BIP (Mrd. US-$)**	**Einwohner (Mio.)**
China	17.886	1.425,9	Japan	4.238	123,6
Deutschland	4.086	83,3	Norwegen	579	5,5
Frankreich	2.780	64,7	Russland	2.244	144,7
Griechenland	219	10,4	Spanien	1.419	47,5
Großbritannien	3.082	67,6	Türkei	906	85,6
Indien	3.390	1.426,0	USA	25.463	339,1

ARBEITSAUFTRAG

Stellen Sie für alle 12 Länder das BIP und das BIP pro Kopf in absteigender Reihenfolge in Form eines Balkendiagramms dar (siehe Anleitung zur Diagrammerstellung in der Methodenbox).

BIP (Mrd. US-$)

BIP pro Kopf (US-$)

4 Das BIP als Wohlstandsindikator

ARBEITSAUFTRAG

Arbeiten Sie aus dem Zeitungsartikel auf der Folgeseite generelle Pro- und Kontraargumente (ohne Beispiele) heraus und ziehen Sie ein begründetes Fazit.

Pro-und-Kontra-Diskussion: BIP als Wohlstandsindikator	
Pro	**Kontra**

Fazit

BREMER KURIER

Taugt das BIP noch als Wohlstandsindikator?

Eine Kennzahl in der Kritik

Kritiker sind der Meinung, das BIP sei kaum noch aussagefähig und fordern alternative Wohlstandsindikatoren. Doch diese wollen sich nicht recht durchsetzen. Eine Bestandsaufnahme.

Wenn Politik, Wissenschaft oder die Medien wissen wollen, wie es um den Wohlstand Deutschlands bestellt ist, greifen Sie gerne auf das Bruttoinlandsprodukt (BIP) zurück, welches den Gesamtwert aller Güter und Dienstleistungen unserer Volkswirtschaft misst. Das BIP ist ein objektiver Maßstab für den materiellen Wohlstand eines Landes und es erlaubt periodenübergreifende und internationale Vergleiche, denn es wird seit Jahrzehnten für nahezu alle Länder dieser Erde ermittelt und veröffentlicht.

Dennoch steht das BIP wegen seiner Schwächen immer wieder in der Kritik. Kommt es beispielsweise auf der A1 zu einem schweren Auffahrunfall mit vielen Toten, Verletzten und hohem Sachschaden, so wird laut BIP der nationale Wohlstand steigen. Denn der Einsatz von Rettungshubschraubern, Klinikpersonal, Abschleppdiensten und Rechtsberatungen wie auch die anschließenden Käufe erforderlicher Ersatzfahrzeuge gehen durch die Bücher und erhöhen entsprechend das BIP.

Wenn sich aber Tausende von Freiwilligen ehrenamtlich für hilfsbedürftige Menschen engagieren und sich um deren Wohlergehen kümmern, so weist das BIP keinerlei Wohlstandszuwachs aus, denn diese Tätigkeiten werden nicht abgerechnet. Das gleiche gilt für häusliche Eigenleistungen wie etwa die Reinigung des eigenen Haushalts oder die Pflege von Angehörigen. Auch die Ergebnisse von Schwarzarbeit und Nachbarschaftshilfe lässt das BIP unberücksichtigt.

Hinzu kommt, dass das BIP nichts über den Zustand der Umwelt aussagt, welche zunehmend unter den Industriegesellschaften zu leiden hat. Plastiktüten und Mikroplastik im Meer, Gifte im Grundwasser und CO_2-Emissionen werden vom BIP schlicht ignoriert.

Eine weitere Schwäche des BIP wird deutlich, wenn man einen Blick in die Glücksforschung wirft: So haben internationale Studien ergeben, dass die Zufriedenheit der Menschen oberhalb der Befriedigung der Existenzbedürfnisse weniger von der Höhe des Einkommens abhängt, als vielmehr von der Gerechtigkeit seiner Verteilung. Doch diese weist das BIP nicht aus. Ebenso liefert es keine Hinweise zu Freizeit, Bildung oder Gesundheit der Bevölkerung.

Schließlich bemängelt der Ökonom Thomas Straubhaar von der Universität Hamburg, dass das BIP neben den oben aufgeführten „klassischen“ Schwächen in Zeiten des Internets und der Digitalisierung noch weiter an Aussagekraft verloren hat. So biete das Internet Millionen Nutzerinnen und Nutzern kostenlose Onlinedienste wie das Lexikon Wikipedia, Nachrichtenportale oder Streaming-Dienste wie Youtube mit Medien zur Unterhaltung und auch zur Weiterbildung. Doch diese Dienste bleiben in der amtlichen Statistik unerwähnt. Sie führen sogar zu einem offiziellen Rückgang des BIP – etwa dann, wenn wegen der Nutzung digitaler Dienste die Umsätze von Verlagen, Kinos oder gewerblicher Weiterbildungsinstitute sinken.

Vor diesem Hintergrund haben im Laufe der Jahre hochkarätige Expertengremien zahlreiche Vorschläge dazu erarbeitet, wie das BIP durch aussagefähigere Wohlfahrtsindikatoren ersetzt werden könne. So wurden der OECD Better Life Index, der Human Development Index, der Nationale Wohlfartsindex, der Happy Planet Index und viele andere Indikatoren entwickelt und in umfangreichen Abschlussberichten der Öffentlichkeit feierlich präsentiert. Doch sie alle konnten dem BIP bis heute nichts anhaben, denn am Ende greifen alle Beteiligten dann doch lieber auf das handliche BIP zurück.

Der scharfen Kritik am BIP tritt Professor Heinemann vom Zentrum für Europäische Wirtschaftsforschung (ZEW) in Mannheim entgegen: Die volkswirtschaftliche Beschäftigung hänge nachweislich am Wirtschaftswachstum und fördere damit sehr wohl die Zufriedenheit der Menschen, zu viel Freizeit mache Arbeitslose eher unglücklich. Darüber hinaus liefere das BIP die nötigen Mittel für staatliche Infrastruktur, Bildung und erforderliche Sozialausgaben, was wiederum die Kriminalitätsrate senke. Aus diesen Gründen sei das BIP als indirekter Indikator eben doch aussagefähig.

Kompaktwissen

- **Bruttoinlandsprodukt (BIP)**
  - Entstehungsrechnung
  - Verwendungsrechnung
  - Verteilungsrechnung

- **Arten und Einsatzgebiete des BIP**
  - Nominales BIP (in jeweiligen Preisen)
    - Entstehungs-, Verteilungs- und Verwendungsrechnung
    - Gesamtwirtschaftliche Kennzahlen
    - Internationale Vergleiche
  - Reales BIP (preisbereinigte Indexwerte)
    - Messung des Wirtschaftswachstums im Zeitablauf (Periodenvergleich)

- **Wohlstandsindikatoren**
  - Bruttoinlandsprodukt (BIP)
  - Big-Mac-Index
  - Nationaler Wohlfahrtsindex (NWI)
  - Human Develoment Index (HDI)
  - OECD Better Life Index
  - Happy Planet Index (HPI)

Formelkasten	
Entstehungsrechnung	
Produktionswert	Summe der produzierten Produkte und Dienstleistungen
Bruttowertschöpfung	Produktionswert – Vorleistungen
Bruttoinlandsprodukt (BIP)	Bruttowertschöpfung + Gütersteuern – Subventionen
Verwendungsrechnung	
Konsumausgaben	Private Konsumausgaben + Konsumausgaben des Staates
Bruttoinvestitionen	Bruttoanlageinvestitionen + Vorratsveränderungen
Außenbeitrag	Exporte – Importe (von Waren und Dienstleistungen)
Bruttoinlandsprodukt (BIP)	Konsumausgaben + Bruttoinvestitionen + Außenbeitrag
Verteilungsrechnung	
Volkseinkommen (VE)	Arbeitnehmerentgelt + Unternehmens- und Vermögenseinkommen
Nettonationaleinkommen (NNE)	VE + (Produktions- und Importabgaben an den Staat – Subventionen)
Bruttonationaleinkommen (BNE)	NNE + Abschreibungen
Bruttoinlandsprodukt (BIP)	BNE – Saldo Primäreinkommen aus der übrigen Welt
Lohnquote	Arbeitnehmerentgelt · 100 / Volkseinkommen
Gewinnquote	Unternehmens- und Vermögenseinkommen · 100 / Volkseinkommen

Vertiefungsaufgaben

1. In welchen der folgenden Fälle erhöht sich das Bruttoinlandsprodukt (BIP)?
   a) Eine Auszubildende hilft einem Freund bei der Reparatur seines Autos.
   b) Eine Ärztin legt einem Patienten einen Verband an.
   c) Eine Umweltschutzorganisation beseitigt Plastikmüll am Nordseestrand.
   d) Ein Hotel informiert auf seiner Website über Sehenswürdigkeiten in der Region.
   e) Ein Schüler kauft im Supermarkt einen Energydrink.
   f) Ein Maschinenhersteller kauft technische Module bei einem Zulieferer ein.

2. Ihnen liegen folgende Angaben aus der volkswirtschaftlichen Gesamtrechnung vor: Private Konsumausgaben: 1.743,7 Mrd. €, Exporte: 1.585,8 Mrd. €, Bruttoanlageinvestitionen: 707,7 Mrd. €, Konsumausgaben des Staates: 665,6 Mrd. €, Importe: 1.379,7 Mrd. €, Vorratsveränderungen: 21,3 Mrd. €.
   a) Welcher Art der Berechnung sind die Zahlen entnommen?
   b) Ermitteln Sie das Bruttoinlandsprodukt (BIP).

3 Ihnen liegen folgende Angaben aus der volkswirtschaftlichen Gesamtrechnung vor: Arbeitnehmerentgelt: 1.771,3 Mrd. €, Unternehmens- und Vermögenseinkommen: 731,8 Mrd. €, Abschreibungen: 608,7 Mrd. €, Saldo der Primäreinkommen aus der übrigen Welt: 93,5 Mrd. €, Bruttoinlandsprodukt zu Marktpreisen: 3.344,4 Mrd. €.
   a) Welcher Art der Berechnung sind die Zahlen entnommen?
   b) Ermitteln Sie das Bruttonationaleinkommen (BNE).
   c) Ermitteln Sie die Produktions- und Importabgaben an den Staat abzüglich Subventionen.

4. Ihnen liegen unvollständige Angaben einer zurückliegenden Periode vor:

Position	Mrd. €	E	Vw	Vt
Private Konsumausgaben	1.604,3			
Land- und Forstwirtschaft, Fischerei	19,6			
Arbeitnehmerentgelt	1.482,0			
Exporte	1.325,0			
Produzierendes Gewerbe (ohne Baugewerbe)	677,1			
Nettonationaleinkommen	2.468,8			
Gütersteuern abzüglich Subventionen	292,5			
Konsumausgaben des Staates	562,3			
Bruttonationaleinkommen	2.981,8			
Grundstücks- und Wohnungswesen	290,2			
Importe	1.138,5			
Unternehmens- und Vermögenseinkommen	699,4			
Handel, Verkehr, Gastgewerbe	404,1			
Bruttoinvestitionen	550,7			
Baugewerbe	124,4			

   a) Kreuzen Sie an, ob es sich um eine Position der Entstehungsrechnung (E), der Verwendungsrechnung (Vw) oder der Verteilungsrechnung (Vt) handelt.
   b) Ermitteln Sie
      ba) die gesamtwirtschaftlichen Konsumausgaben
      bb) das Volkseinkommen
      bc) den Außenbeitrag
      bd) das BIP
      be) die Anteile des primären, sekundären und tertiären Sektors am BIP in Prozent
      bf) die Lohn- und die Gewinnquote
      bg) die Abschreibungen
      bh) die Bruttowertschöpfung

D Markt und Preis

Erarbeitung

„Nun kennen wir den Wirtschaftskreislauf, den Staatshaushalt und das BIP - also das große Ganze. Doch was steckt dahinter? Was treibt uns an? Warum stehen wir morgens auf und machen unseren Job? Dazu ein kleiner Ausflug in die Psychologie: Jeder Mensch hat von Natur aus viele Bedürfnisse. Psychologen verstehen unter Bedürfnissen das *Erleben eines Mangels sowie den Wunsch, diesen Mangel zu beseitigen*. Beispiele für Bedürfnisse sind Hunger, Durst, das Bedürfnis nach einem Dach über dem Kopf und nach Sicherheit oder auch das Bedürfnis nach Anerkennung in seinem sozialen Umfeld. Bedürfnisse gelten ganz grundsätzlich als Triebfeder bzw. als Beweggrund menschlichen Handelns. Wenn dann Bedürfnisse zu einem Kaufentschluss reifen und der Mensch auch über die nötigen Mittel (Kaufkraft) verfügt, werden sie zur *Nachfrage*. Und wenn diese Nachfrage auf ein entsprechendes *Angebot* trifft und sich ein Preis bildet, sind wir auf einem Markt.

Märkte haben in allen Kulturen eine lange Tradition: Seit Jahrtausenden werden Güter auf ganz unterschiedlichen Märkten angeboten und nachgefragt. Und immer dann, wenn sich Käufer und Verkäufer auf einen Preis einigen können, geht die Ware über den Tisch. Für Volkswirte sind Märkte der Motor unserer Wirtschaft: Hier wird ganz automatisch, getrieben durch die Bedürfnisse des Einzelnen, wirtschaftlicher Wohlstand geschaffen.

In diesem Kapitel werden wir uns mit verschiedenen Arten von Märkten beschäftigen. Der bekannteste Markt ist der Konsumgütermarkt, denn Konsumgüter kaufen wir täglich ein. Wir werden aber sehen, dass es noch ganz andere Arten von Märkten gibt, wie zum Beispiel den Arbeitsmarkt, den Immobilienmarkt oder den Aktienmarkt. Dabei interessieren wir uns in der Volkswirtschaftslehre in erster Linie dafür, wie sich die Preise auf diesen Märkten bilden, denn Preise übernehmen wichtige Aufgaben in unserer Volkswirtschaft. Und das Gute daran: Alle Märkte funktionieren nach demselben Grundprinzip, das bedeutet, kennst du einen, kennst du alle."

1 Marktbegriff, Marktarten und Marktformen

1.1 Marktbegriff und Marktarten

ARBEITSAUFTRÄGE

1. Geben Sie mithilfe des nachfolgenden Infotextes für jeden der folgenden Fälle an, um welche Art von Markt (nach Art der gehandelten Güter) es sich handelt und wie dort Anbieter, Nachfrager und der Preis generell bezeichnet werden. Beispiel: Marktart: Konsumgütermarkt, Bezeichnung der Anbieter: Verkäufer, Bezeichnung der Nachfrager: Käufer, Bezeichnung des Preises: Preis.

   a) Die Seidel GmbH mietet mehrere Büroräume an.

   b) Herr Brause sucht einen Job als Monteur in einem Industriebetrieb.

   c) Bauunternehmer Graue erwirbt eine Planierraupe für sein Unternehmen.

   d) Die Salifax AG gibt neue Aktien aus, um an mehr Kapital zu gelangen.

   e) Unternehmer Freese nimmt ein Darlehen auf.

   f) Frau Sauer sucht ein gebrauchtes Motorrad für ihre Urlaubsreise.

   g) Die Lufthansa weist ihre Hausbank an, 90 Mio. € ihres Guthabens in US-Dollar umzutauschen, um ein neues Flugzeug des Lieferanten Boeing aus den USA bezahlen zu können.

   h) Das Hotel „Europa“ in München erwirbt eine neue Spülmaschine.

   i) Frau Siebertz versichert ihr Auto bei der Allonia Versicherung.

   j) Der Facharbeiter Ben Schmidt schließt einen Arbeitsvertrag mit einem Industriebetrieb.

	Marktart	Bezeichnung der Anbieter	Bezeichnung der Nachfrager	Bezeichnung des Preises
a)				
b)				
c)				
d)				
e)				
f)				
g)				
h)				
i)				
j)				

2. Nennen Sie die Bedingungen, die auf einem vollkommenen Markt erfüllt sein müssen.

Infotext: Marktbegriff und Marktarten

Marktbegriff

Seit jeher handeln Menschen in allen Kulturen mit Gütern und Leistungen und einigen sich dabei auf einen Preis. In der Volkswirtschaft wird der Begriff „Markt“ folgendermaßen definiert:

Definition Markt: Ein Markt ist der Ort, an dem sich durch das Zusammentreffen von Angebot und Nachfrage die Preisbildung vollzieht.

Marktabgrenzung

Zur Präzisierung sollte der betrachtete Markt auf drei Ebenen abgegrenzt werden:
- **sachliche Abgrenzung:** Der Markt ist hinsichtlich der gehandelten Güter bzw. Dienstleistungen abzugrenzen (z. B. Markt für Fahrzeuge, Markt für Kraftfahrzeuge, Markt für Personenkraftwagen, Markt für Kleinwagen).
- **räumliche Abgrenzung:** Der Markt ist lokal, regional, national oder auch international abzugrenzen (z. B. Markt für Kleinwagen in Deutschland). Dabei können auf diesem Markt auch Hersteller aus anderen Regionen bzw. aus anderen Ländern auftreten.
- **zeitliche Abgrenzung:** Der Zeitraum der Betrachtung ist abzugrenzen (z. B. Monat, Quartal, Jahr). Sofern kein Zeitraum angegeben ist, beziehen sich die Angaben auf ein Jahr.

Marktarten

Marktarten nach Art der gehandelten Güter

Es gibt eine Vielzahl von Marktarten, von denen hier nur die wichtigsten vorgestellt werden:
- **Konsumgütermarkt (Business-to-Customer, B2C):** Markt für bewegliche Güter für Endverbraucherinnen und Endverbraucher, welche diese für private Zwecke verwenden
- **Investitionsgütermarkt (Business-to-Business, B2B):** Markt für bewegliche Güter für Unternehmen, welche für die Produktion oder die Erbringung sonstiger gewerblicher Leistungen benötigt werden, vor allem Werkstoffe und Produktionsmittel (Maschinen, Werkzeuge usw.)
- **Immobilienmarkt:** Markt für Grundstücke und Bauten für die Eigennutzung sowie die gewerbliche Nutzung. Diese können gekauft, gemietet oder gepachtet werden.[1]
- **Arbeitsmarkt:** Markt für Arbeitsleistung, der Preis für die Arbeitsleistung ist der Lohn bzw. das Gehalt bei Angestellten. Auf diesem Markt bieten Arbeitskräfte Arbeit an und Unternehmen fragen Arbeit nach.
- **Kreditmarkt:** Markt für Kredite, welche die Kreditgeber (z. B. Banken) gegen Entrichtung eines entsprechenden Zinses an Kreditnehmer für eine bestimmte Frist gewähren
- **Aktienmarkt:** Markt für Aktien (Unternehmensanteile von Aktiengesellschaften). Auf diese Weise können sich die Unternehmen (Emittenten) das für ihren Betriebszweck erforderliche Kapital von interessierten Anlegern beschaffen (Beteiligungsfinanzierung).
- **Versicherungsmarkt:** Markt für Versicherungsdienstleistungen, wobei der Preis (Prämie, Versicherungsbeitrag) vom Versicherungsnehmer regelmäßig an den Versicherungsgeber zu entrichten ist
- **Devisenmarkt:** Markt für ausländische Währungen (US-Dollar, britisches Pfund, Schweizer Franken, japanischer Yen usw.), welche Devisenkäufer bei Devisenhändlern erwerben

1 Bei der Verpachtung darf der Pächter die „Früchte“ ziehen (z. B. Ernte von Obst und Gemüse in der Landwirtschaft oder Nutzung eines eingerichteten Gastronomiebetriebes).

Marktarten nach Grad der Organisation

- **Organisierter Markt:** Der Markt ist hinsichtlich des Ortes und/oder der Zeit und/oder bestimmter Regeln organisiert, z. B. Wochenmärkte in vielen Städten oder der Fischmarkt in Hamburg.
- **Unorganisierter Markt:** Der Markt ist nicht organisiert, die Produkte bzw. Dienstleistungen können überall und jederzeit gehandelt werden (z. B. Markt für Textilien).

Marktarten nach Marktzutritt

- **Freier Markt:** Alle Anbieter und Nachfrager haben freien Marktzugang.
- **Beschränkter Markt:** Der Marktzugang ist an bestimmte Bedingungen geknüpft (z. B. Vorliegen einer Banklizenz für bestimmte Kreditinstitute).
- **Geschlossener Markt:** Der Marktzugang ist nur ganz bestimmten Anbietern und/oder Nachfragern möglich (z. B. der Betreiber einer Verkaufsplattform lässt nur bestimmte Händler zu).

Marktarten nach Verhandlungsposition

- **Verkäufermarkt:** Einem geringen Angebot steht eine große Nachfrage gegenüber, die Verkäufer haben die bessere Verhandlungsposition.
- **Käufermarkt:** Einer geringen Nachfrage steht ein großes Angebot gegenüber, die Käufer haben die bessere Verhandlungsposition.

Marktarten nach Grad der Vollkommenheit des Marktes

- **Unvollkommener Markt:** Markt, auf dem sich für ein bestimmtes Gut mehrere Preise bilden können. Das ist auf den meisten Märkten in der Realität der Fall. So kann ein und dieselbe Jeans in einem Einzelhandelsgeschäft 59,00 € und in einem anderen Geschäft 79,00 € kosten.
- **Vollkommener Markt:** Markt, auf dem sich für ein bestimmtes Gut nur ein einziger Preis bilden kann. Der vollkommene Markt ist ein theoretisches Modell, das folgende Bedingungen erfüllt:
  - **Homogenität der Güter:** Die gehandelten Güter sind gleichartig.
  - **Keine Präferenzen:** Keiner der Nachfrager bevorzugt bestimmte Verkaufsorte bzw. Verkäufer, weil diese ihm besonders sympathisch oder gut erreichbar sind.
  - **Vollständige Markttransparenz:** Alle Marktteilnehmer haben die völlige Marktübersicht.
  - **Sofortige Reaktion:** Alle Marktteilnehmer reagieren sofort auf Marktveränderungen.

  Volkswirte können mithilfe dieses Modells kausale Zusammenhänge (Ursache-Wirkungs-Zusammenhänge) der Preisbildung erforschen, ohne irrelevante Störgrößen herausrechnen zu müssen. In der Realität kommt der Aktienmarkt dem vollkommenen Markt sehr nahe. Aber auch andere Märkte nähern sich durch die Möglichkeiten des Internets dem Modell des vollkommenen Marktes immer weiter an.

Hinweis: Im Folgenden wird unterstellt, dass die betrachteten Märkte vollkommen sind.

1.2 Marktformen

ARBEITSAUFTRAG

Tragen Sie mithilfe des nachfolgenden Infotextes die entsprechende Marktform ein.

Fall	Marktform
1 Händler von Computerzubehör bieten ihre Produkte online für Verbraucher an.	
2 Huawei bringt ein Smartphone mit einer völlig neuartigen Kamera auf den Markt.	
3 Mineralölgesellschaften beauftragen spezialisierte Werften mit dem Bau von Schiffen.	
4 Die Bundeswehr vergleicht Angebote für 500 Pkw mit Tarnfarbe bei unterschiedlichen Herstellern.	
5 Vier große Energieversorger beherrschen den Strommarkt in Deutschland.	
6 Ein Zulieferer der deutschen Automobilindustrie hat sich als Einziger auf eine besondere Form der Verkabelung von Antrieben spezialisiert.	
7 Ein konkurrenzloser Hersteller von Weichen beliefert die DB Netz, welche die Eisenbahninfrastruktur in ganz Deutschland bereitstellt.	
8 Kleine und mittelgroße Schlossereibetriebe aus unterschiedlichen Bundesländern beliefern Raffinerien der Mineralölgesellschaften mit einfachen Maschinenteilen.	

Infotext: Marktformen

Abhängig davon, wie viele Anbieter und wie viele Nachfrager auf einem Markt auftreten, lassen sich theoretisch neun Marktformen unterscheiden:

Anbieter / Nachfrager	viele	wenige	einer
viele	zweiseitiges Polypol	Angebotsoligopol	Angebotsmonopol
wenige	Nachfrageoligopol	zweiseitiges Oligopol	beschränktes Angebotsmonopol
einer	Nachfragemonopol	beschränktes Nachfragemonopol	zweiseitiges Monopol

In aller Regel jedoch werden nur die Marktformen der ersten Zeile betrachtet und vereinfachend als Polypol, Oligopol und als Monopol bezeichnet. Wenn nichts anderes angegeben ist, gilt daher im Folgenden folgende Kurzschreibweise:

- **Polypol** = zweiseitiges Polypol
- **Oligopol** = Angebotsoligopol
- **Monopol** = Angebotsmonopol

Hinweis: Im Folgenden wird unterstellt, dass die betrachteten Märkte (zweiseitige) Polypole sind.

2 Nachfrage

2.1 Bestimmungsfaktoren der Nachfrage

ARBEITSAUFTRAG

Wir betrachten den Markt für Mountainbikes in Deutschland. Tragen Sie mithilfe des nachfolgenden Infotextes für jeden Fall den betreffenden Bestimmungsfaktor der Nachfrage ein und geben Sie an, ob die Nachfrage jeweils steigt (↑) oder sinkt (↓).

Fall	Bestimmungsfaktor	Nachfrage ↑↓
1 Eine Fitnesskampagne des Bundesministeriums für Gesundheit motiviert die Menschen, sich mehr zu bewegen.		
2 Der Fachhandel organisiert überregionale Sonderpreisaktionen für Mountainbikes.		
3 Aufgrund einer rückläufigen Konjunktur (Rezession) steht vielen privaten Haushalten weniger Geld für Konsumzwecke zur Verfügung.		
4 Die Preise für Trekkingbikes steigen.		
5 Die Agentur für Arbeit prognostiziert eine Zunahme der Arbeitslosigkeit.		
6 Asiatische Textilhersteller überschwemmen den Markt mit preiswerter Fahrradbekleidung.		
7 In Süddeutschland werden neuerdings auch Schulen mit Mountainbikes ausgestattet.		
8 Erfolgreiche Tarifverhandlungen der Gewerkschaft Verdi haben seit Monaten die landesweite Kaufkraft deutlich gestärkt.		

Infotext: Bestimmungsfaktoren der Nachfrage

Bestimmungsfaktor Nr. 1: Preis des Gutes

Ein wichtiger Bestimmungsfaktor der Nachfrage ist der Preis des Gutes. Da die Nachfrager nur über ein begrenztes Budget verfügen und ihren persönlichen Nutzen maximieren wollen, gilt: Je höher der Preis, desto geringer die nachgefragte Menge bzw. je geringer der Preis, desto höher die nachgefragte Menge. Dieser Zusammenhang wird als Nachfragegesetz bezeichnet und im nachfolgenden Kapitel ausführlich behandelt.

Bestimmungsfaktor Nr. 2: Preis von Substitutions- und Komplementärgütern

Die Nachfragemenge nach einem Gut ist auch abhängig vom Preis der entsprechenden Substitutions- und Komplementärgüter:

- **Substitutionsgüter:** Je höher der Preis für Substitutionsgüter, desto höher ist die Nachfrage nach dem betrachteten Gut (z. B. Butter und Margarine).
- **Komplementärgüter:** Je höher der Preis für Komplementärgüter, desto geringer ist die Nachfrage nach dem betrachteten Gut (z. B. Laserdrucker und Toner).

Bestimmungsfaktor Nr. 3: verfügbares Einkommen

Das verfügbare Einkommen der privaten Haushalte ist ein weiterer wichtiger Bestimmungsfaktor der Nachfrage. Das verfügbare Einkommen ist der Geldbetrag, der den Haushalten nach Abzug von Steuern und Sozialabgaben für Konsumzwecke zur Verfügung steht.

Bestimmungsfaktor Nr. 4: Bedürfnis- und Nutzenstruktur der Nachfrager

Menschliche **Bedürfnisse** wurden von dem US-amerikanischen Psychologen Abraham Maslow umfassend erforscht, seine Bedürfnispyramide gilt bis heute als wichtiges Erklärungsmodell für menschliche Bedürfnisse und daraus folgendem Handeln.

Maslow teilte alle menschlichen Bedürfnisse in fünf Gruppen ein, die er in einer Pyramide hierarchisch anordnete. Dabei ging er davon aus, dass der Mensch zuerst die Bedürfnisse unten in der Pyramide befriedigt, dann die Bedürfnisse der nächsthöheren Ebene usw.

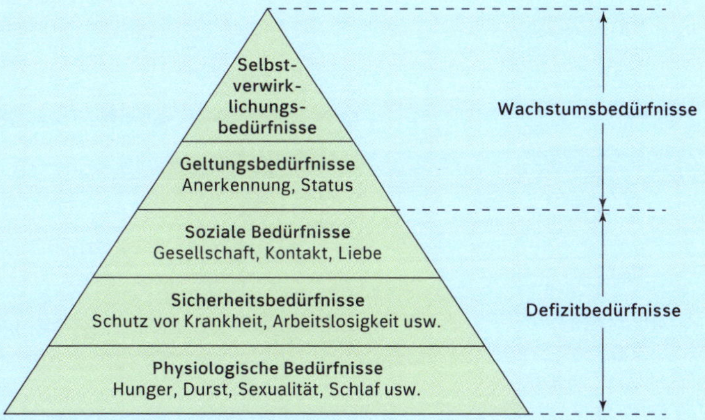

Zum **Nutzen** eines Konsumgutes formulierte der deutsche Volkswirt Hermann Heinrich Gossen zwei Gesetze („Gossensche Gesetze“), welche das Nachfrageverhalten privater Haushalte erklären:

- **Gesetz vom abnehmenden Grenznutzen:** Mit zunehmender Menge eines konsumierten Gutes nimmt der Nutzen jeder weiter konsumierten Einheit ab. So stiftet die erste eisgekühlte Flasche Cola an einem heißen Sommertag einen höheren Nutzen als die zweite, diese stiftet wiederum einen höheren Nutzen als die dritte usw.
- **Grenznutzenausgleichsregel:** Jeder Haushalt verteilt sein Einkommen auf die unterschiedlichen Güter derart, dass sein Gesamtnutzen am höchsten ist.

Bestimmungsfaktor Nr. 5: Einkommenserwartungen der Nachfrager

Gehen die Nachfrager davon aus, dass sich ihre Einkommenssituation in der Zukunft verbessern wird, so werden sie mehr Güter nachfragen – und andersherum.

Bestimmungsfaktor Nr. 6: Gesamtzahl potenzieller Nachfrager

Je größer die Gesamtzahl möglicher Nachfrager am Markt, desto höher ist die Nachfrage.

2.2 Entstehung der Nachfragekurve

Wir wollen die Nachfragekurve auf dem Markt für Mountainbikes in Deutschland grafisch darstellen und analysieren. Folgende Angaben liegen dazu vor:

Markt für Mountainbikes in Deutschland												
Preis (€)	**0**	**100**	**200**	**300**	**400**	**500**	**600**	**700**	**800**	**900**	**1000**	**1100**
Nachfragemenge (Tsd. Stück)	550	500	450	400	350	300	250	200	150	100	50	0

ARBEITSAUFTRÄGE

Bearbeiten Sie die Arbeitsaufträge mithilfe des nachfolgenden Infotextes.

1. Zeichnen Sie die Nachfragekurve in das Preis-Mengen-Diagramm ein.

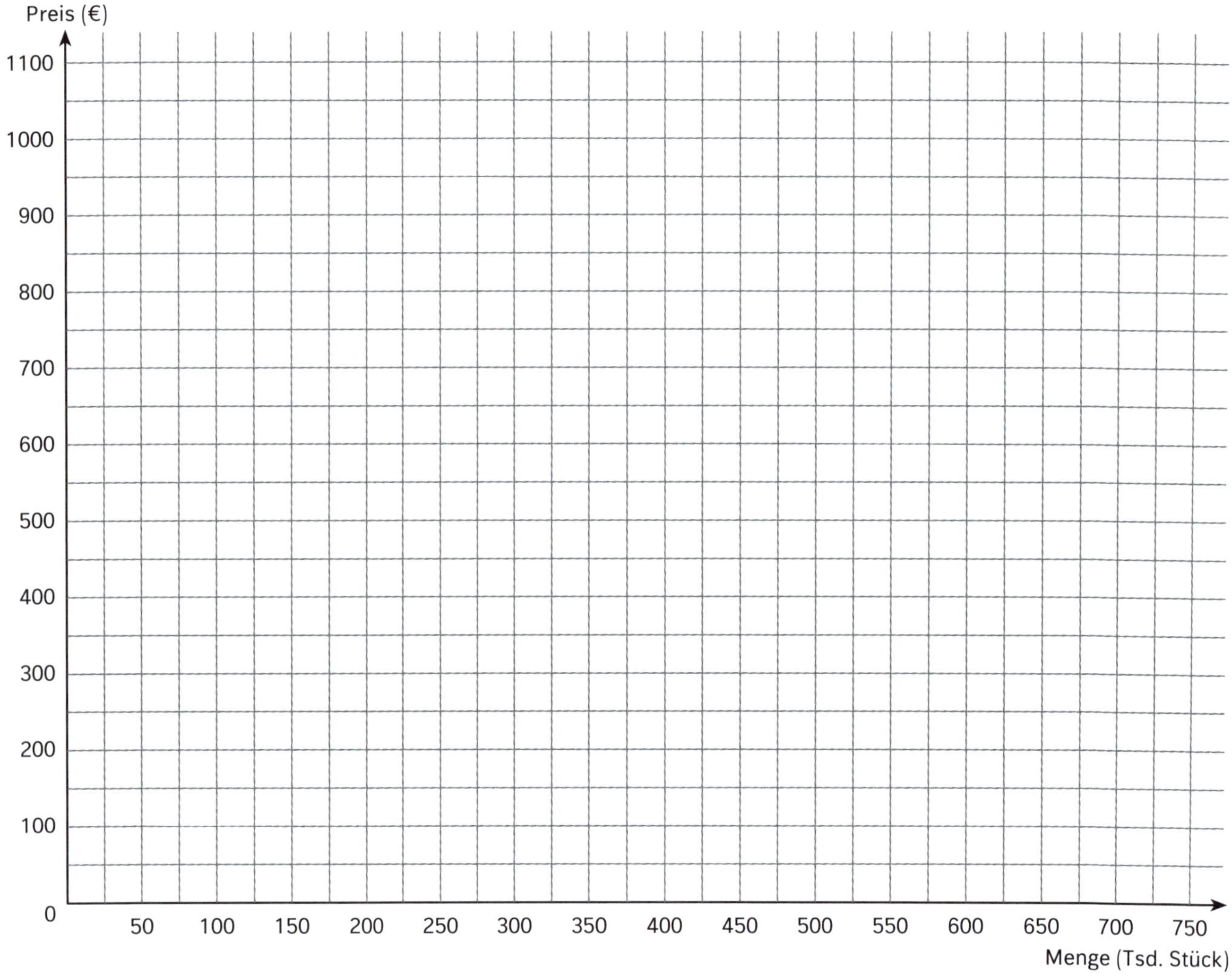

2. Ermitteln Sie die Nachfragemenge bei einem Marktpreis in Höhe von:

   a) 250,00 € ______________________

   b) 450,00 € ______________________

   c) 750,00 € ______________________

3. Beschreiben und begründen Sie die Steigung (Verlauf) der Nachfragekurve.

4. Bestimmen Sie die Höhe des Prohibitivpreises und erläutern Sie seine Bedeutung.

5. Bestimmen Sie die Höhe der Sättigungsmenge und erläutern Sie ihre Bedeutung.

6. Welche Bestimmungsfaktoren der Nachfrage wurden bei dieser Analyse gemäß der Ceteris-Paribus-Klausel konstant gehalten und warum?

Infotext: Nachfragegesetz und Nachfragekurve

Nachfragegesetz

Der Zusammenhang zwischen dem Preis und der nachgefragten Menge eines bestimmten Gutes am Markt wird durch das Nachfragegesetz ausgedrückt:

- Je höher der Preis eines Gutes am Markt, desto geringer ist die nachgefragte Menge nach diesem Gut. Oder:
- Je geringer der Preis eines Gutes am Markt, desto höher ist die nachgefragte Menge nach diesem Gut.

Dieses Gesetz wird niemanden überraschen: So wird der einzelne Haushalt umso mehr von einem Gut nachfragen, je günstiger dieses ist (Individualnachfrage), etwa bei Sonderangeboten im Supermarkt. Ebenso wird die Gesamtzahl der Nachfrager auf dem Markt (Gesamtnachfrage) zunehmen, je preiswerter das Gut am Markt angeboten wird. Schließlich ist das verfügbare Einkommen der privaten Haushalte begrenzt.

Nachfragekurve im Preis-Mengen-Diagramm

Das Nachfragegesetz wird im Preis-Mengen-Diagramm durch die Nachfragekurve (Nachfragefunktion) grafisch dargestellt. Diese beginnt bei dem Preis, den kein Nachfrager zu zahlen bereit ist (Prohibitivpreis) und fällt dann so lange, bis der Markt vollständig gesättigt ist (Sättigungsmenge). Wollen wir die Abhängigkeit der Nachfragemenge vom Marktpreis untersuchen, so bewegen wir uns einfach auf der Nachfragekurve hin und her (Bewegung auf der Kurve) und können die nachgefragte Menge auf der Mengenachse ablesen. Aus Gründen der Vereinfachung werden alle Nachfragekurven im Folgenden als Gerade dargestellt.

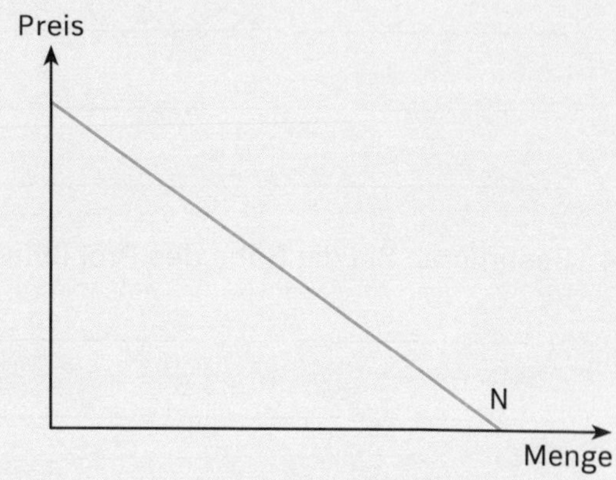

Nachfrager als Mengenanpasser

Im Polypol (hier unterstellt) ist der Preis die unabhängige Variable, weil dieser vom Markt vorgegeben wird. Der einzelne Nachfrager kann den Preis im Polypol nicht beeinflussen; er gilt als „Mengenanpasser", das bedeutet, er passt seine nachgefragte Menge an den Marktpreis an. Anders als in der Mathematik wird in der Volkswirtschaftslehre die unabhängige Variable (Preis) an der senkrechten Achse und die abhängige Variable (nachgefragte Menge) an der waagerechten Achse abgetragen.

Ceteris-Paribus-Klausel

In der Volkswirtschaftslehre legt man die Ceteris-Paribus-Klausel zugrunde, welche bei Experimenten üblich ist und besagt, dass sich nur die betrachteten Variablen (hier: Preis und Menge) verändern dürfen und alle weiteren Bedingungen (hier: weitere Bestimmungsfaktoren der Nachfrage) unverändert bleiben müssen. Würden diese gleichzeitig mit verändert, wäre es nicht möglich, die Abhängigkeit der Nachfrage vom Preis zu untersuchen.

Ausnahmen

Wie überall im Leben, so gilt auch hier: Ausnahmen bestätigen die Regel. In folgenden Fällen gilt das Nachfragesetz nicht:

- **Veblen-Effekt:** Haushalte, die nach gesellschaftlichem Ansehen und Wohlstand streben, fragen bestimmte Güter umso mehr nach, je höher ihr Preis ist.
- **Snob-Effekt:** Snobs (engl.: Wichtigtuer/-innen) wollen sich mit exklusiven Gütern von der Masse abheben und kaufen von bestimmten Gütern umso mehr (weniger), je weniger (mehr) die anderen Haushalte davon nachfragen.
- **Giffen-Effekt:** Haushalte mit geringem Einkommen fragen ein Gut vermehrt nach, wenn sein Preis steigt. Giffen fand bereits im 19. Jahrhundert heraus, dass Haushalte in Londoner Armenvierteln bei steigenden Brotpreisen mehr Brot nachfragten. Der Grund lag darin, dass diese Haushalte wegen des gestiegenen Brotpreises zunehmend auf Fleisch und Fisch verzichten mussten und mit dem eingesparten Geld nun noch mehr Brot einkauften.

2.3 Preisempfindlichkeit und Preiselastizität der Nachfrage

Nun sollen die Auswirkungen einer Änderung des Preises am Markt auf die Nachfragemenge und den Marktumsatz untersucht werden. Diese Untersuchung soll am Markt für Mountainbikes und auch für Hollandräder in Deutschland vorgenommen werden. Folgende Daten liegen dazu vor:

Markt für Mountainbikes in Deutschland												
Preis (€)	**0**	**100**	**200**	**300**	**400**	**500**	**600**	**700**	**800**	**900**	**1.000**	**1.100**
Nachfragemenge (Tsd. Stück)	550	500	450	400	350	300	250	200	150	100	50	0

Markt für Hollandräder in Deutschland												
Preis (€)	**0**	**100**	**200**	**300**	**400**	**500**	**600**	**700**	**800**	**900**	**1.000**	**1.100**
Nachfragemenge (Tsd. Stück)	250	225	200	175	150	125	100	75	50	25	0	0

ARBEITSAUFTRÄGE

Bearbeiten Sie die Arbeitsaufträge mithilfe des nachfolgenden Infotextes.

1. Zeichnen Sie auf der Folgeseite die Nachfragekurven beider Märkte ein.

2. Vergleichen Sie die Preisempfindlichkeit der Nachfrage nach beiden Produkten.

3. Ermitteln Sie für folgende Preisänderungen die Preiselastizität der Nachfrage und die entsprechenden Umsatzänderungen.

Mountainbikes					
Preisänderung (€) von	**Preisänderung in %**	**Mengenänderung (Tsd. Stück)**	**Mengenänderung in %**	**Elastizität**	**Umsatzänderung (Tsd. €)**
200 auf 300					
200 auf 100					
800 auf 900					
800 auf 700					

Hollandräder					
Preisänderung (€) von	**Preisänderung in %**	**Mengenänderung (Tsd. Stück)**	**Mengenänderung in %**	**Elastizität**	**Umsatzänderung (Tsd. €)**
200 auf 300					
200 auf 100					
800 auf 900					
800 auf 700					

Markt für Mountainbikes in Deutschland

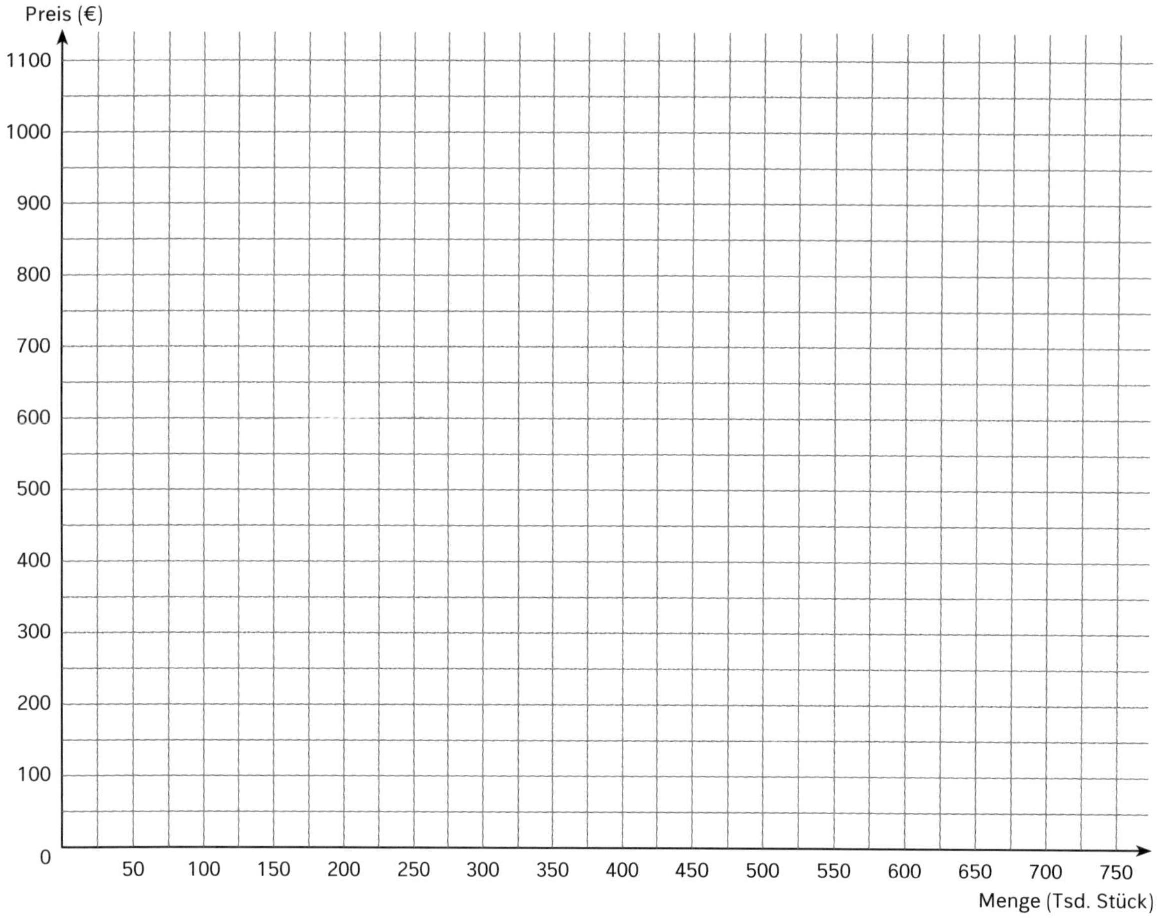

Markt für Hollandräder in Deutschland

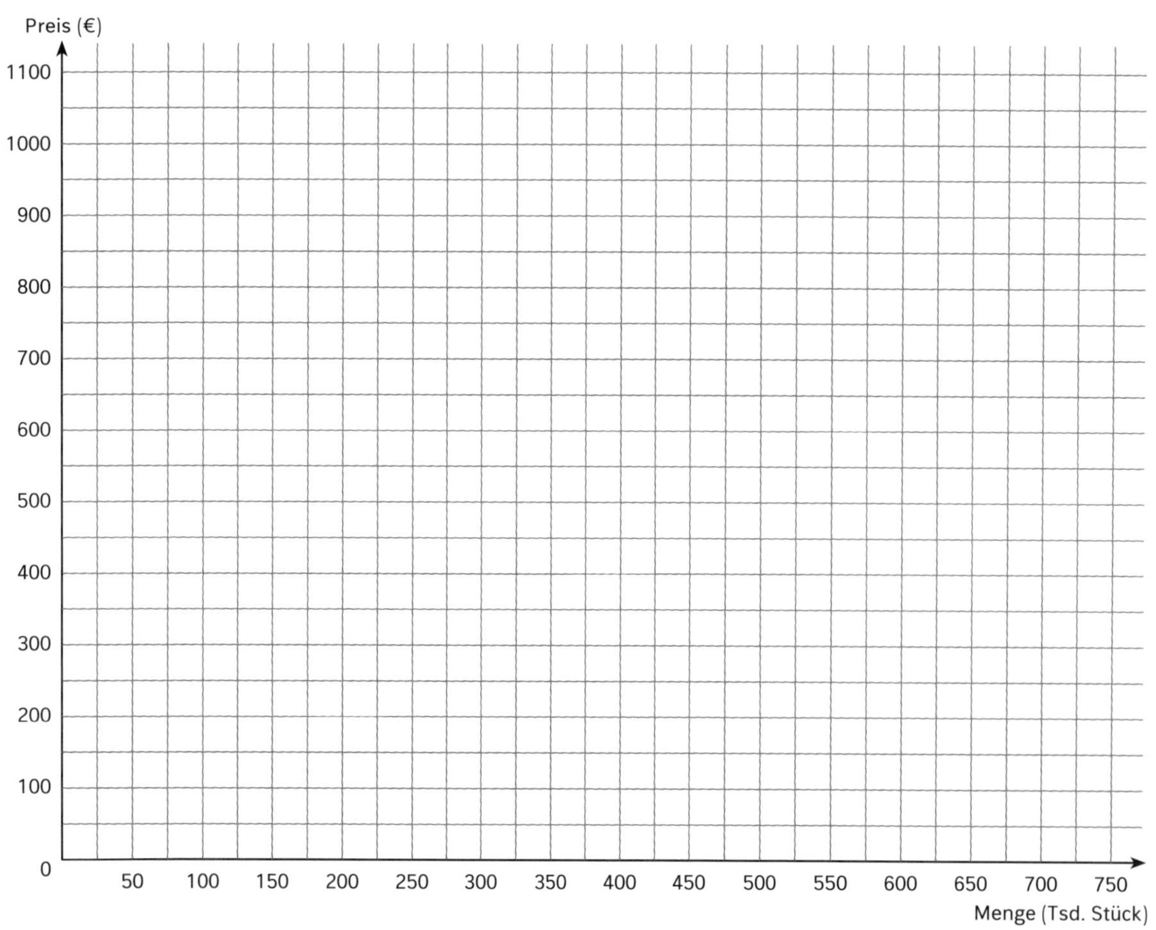

Infotext: Preisempfindlichkeit und Elastizität der Nachfrage

Preisempfindlichkeit der Nachfrage

Die Preisempfindlichkeit der Nachfrage drückt aus, wie empfindlich die Nachfrage auf Preisänderungen reagiert: So führt eine Preisänderung bei einer empfindlichen Nachfrage zu einer großen Änderung und bei einer unempfindlichen Nachfrage zu einer geringen Änderung der nachgefragten Menge. Die Preisempfindlichkeit der Nachfrage kommt in der Steigung der Nachfragekurve zum Ausdruck: Je flacher (steiler) die Nachfragekurve, desto empfindlicher (unempfindlicher) ist die Reaktion der Nachfrager auf eine Preisänderung. Mit anderen Worten: Ein- und dieselbe Preisänderung führt bei einer empfindlichen Nachfrage zu einer großen Änderung und bei einer unempfindlichen Nachfrage zu einer geringen Änderung der nachgefragten Menge (siehe Grafik).

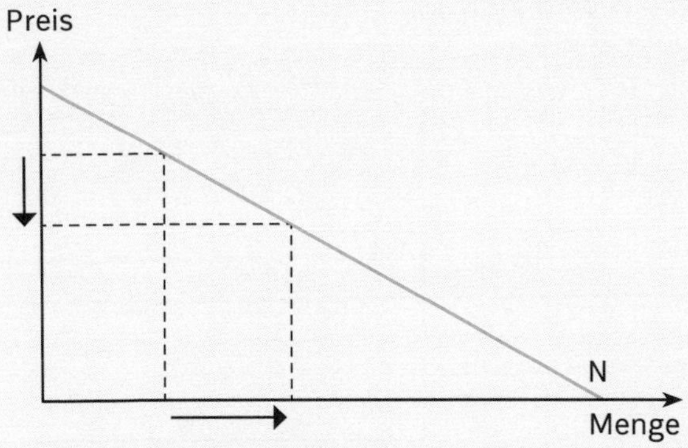

preisempfindliche Nachfragekurve

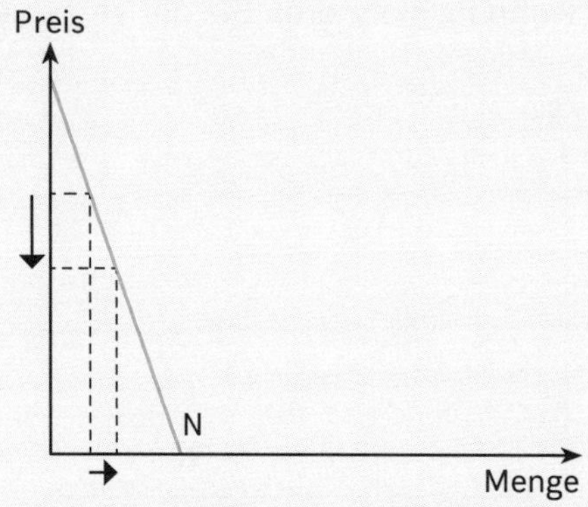

preisunempfindliche Nachfragekurve

Preiselastizität der Nachfrage

Die Preiselastizität der Nachfrage ist definiert als das Verhältnis von prozentualer Änderung der nachgefragten Menge eines Gutes zur prozentualen Änderung des Preises dieses Gutes. Sie gibt also an, um wie viel Prozent sich die nachgefragte Menge nach einem Gut ändert, wenn sich der Preis des Gutes um ein Prozent ändert:

$$\text{Preiselastizität der Nachfrage} = \frac{\text{prozentuale Mengenänderung} \cdot (-1)}{\text{prozentuale Preisänderung}}$$

Auf jeder linearen Nachfragekurve ändert sich die Preiselastizität der Nachfrage im Verlauf der Kurve unabhängig vom Grad ihrer Steigung. Allgemein gilt: Im oberen Bereich ist sie elastisch (e > 1), im unteren Bereich ist sie unelastisch (e < 1) und dazwischen neutral (e = 1).

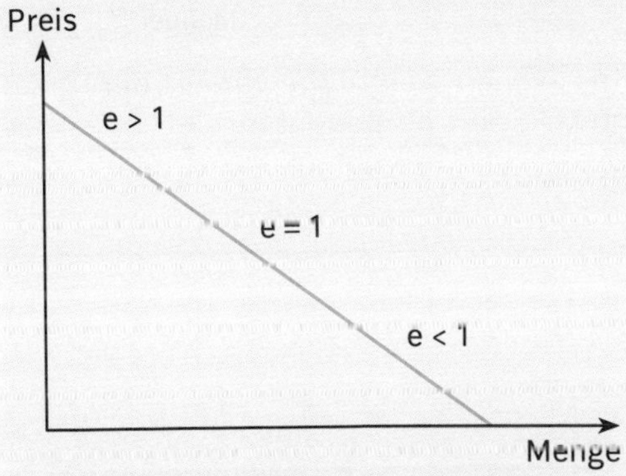

Beispiel: Führt eine Preissenkung bei Kameras von 100,00 € auf 95,00 € (- 5 %) zu einer Nachfragemengenänderung von 1.000 Stück auf 1.100 Stück (+ 10 %), so beträgt die Elastizität 2 (oberer Bereich auf der Kurve). Eine Preissenkung bewirkt also eine Umsatzsteigerung (von 100.000,00 € auf 104.500,00 €).

	e > 1	e = 1	e < 1
Preiserhöhung:	Umsatz sinkt	Umsatz konstant	Umsatz steigt
Preissenkung:	Umsatz steigt	Umsatz konstant	Umsatz sinkt

2.4 Verschiebung der Nachfragekurve

Nun wollen wir untersuchen, wie sich Veränderungen unterschiedlicher Bestimmungsfaktoren der Nachfrage auf die Nachfrage auf dem Markt für Mountainbikes in Deutschland auswirken.

ARBEITSAUFTRÄGE

Bearbeiten Sie die Arbeitsaufträge mithilfe des nachfolgenden Infotextes.

1. Tragen Sie den betreffenden Bestimmungsfaktor der Nachfrage ein.
2. Prüfen Sie, ob die Veränderung des betreffenden Bestimmungsfaktors zur Verschiebung der Nachfragekurve führt, und wenn ja, skizzieren Sie die Verschiebung (N wird zu N').

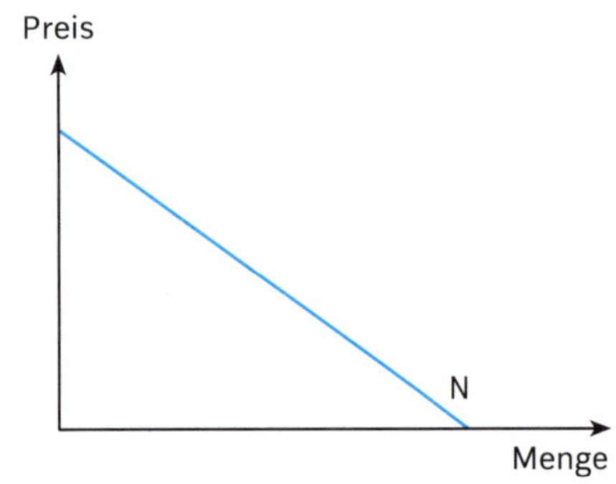

a) Der Staat erhöht die Einkommensteuer.

Bestimmungsfaktor:

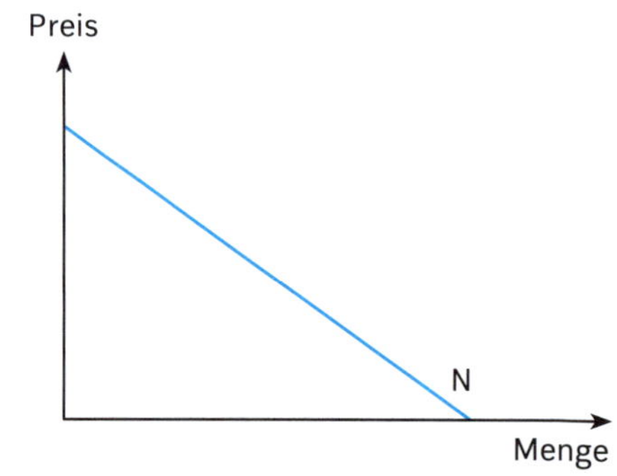

b) Prognosen großer Wirtschaftsinstitute stimmen die privaten Haushalte optimistisch.

Bestimmungsfaktor:

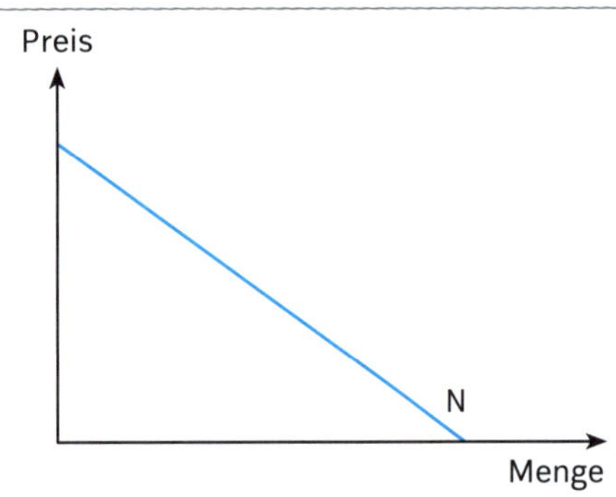

c) Der Fachhandel organisiert bundesweite Sonderpreisaktionen für Trekkingbikes.

Bestimmungsfaktor:

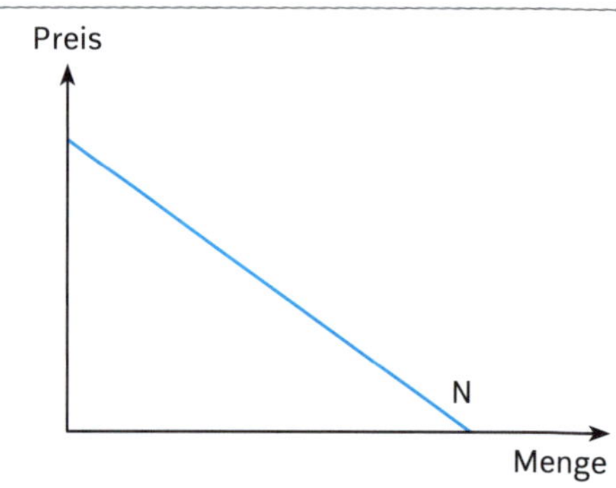

d) Bei der klassischen Zielgruppe verliert der Mountainbike-Sport an Bedeutung.

Bestimmungsfaktor:

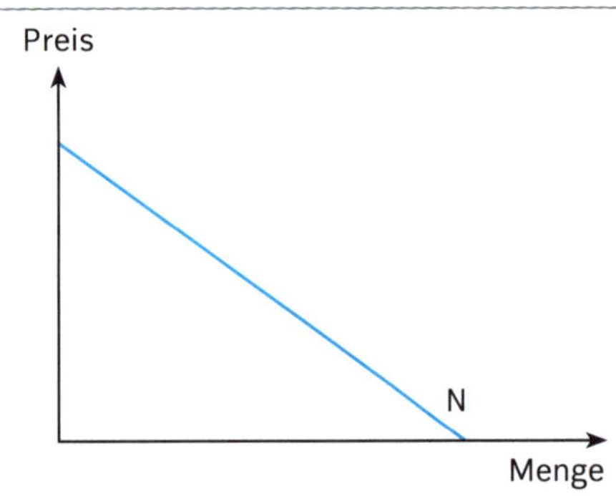

e) Mountainbikes werden teurer.

Bestimmungsfaktor:

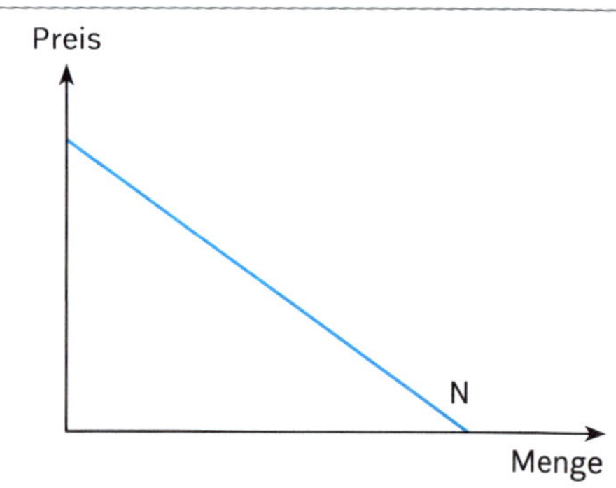

f) Immer mehr Jugendliche studieren an ausländischen Universitäten.

Bestimmungsfaktor:

Infotext: Verschiebung der Nachfragekurve

Abgrenzung

In den vorherigen Kapiteln wurde ausschließlich der Bestimmungsfaktor „Preis des Gutes“ untersucht: Änderte sich der Preis, mussten wir uns auf der Nachfragekurve bewegen, um die jeweilige Nachfragemenge zu ermitteln („Bewegung auf der Kurve“).

Nun aber soll untersucht werden, wie die Nachfragekurve auf Veränderungen der anderen Bestimmungsfaktoren reagiert. Bei Veränderung aller anderen Bestimmungsfaktoren bewegen wir uns nun nicht mehr auf der Kurve, sondern es kommt zur Verschiebung der gesamten Nachfragekurve.

Rechts- und Linksverschiebung der Nachfragekurve

In folgenden Fällen nimmt die Nachfrage zu, die Nachfragekurve verschiebt sich nach rechts:

- Preise von Substitutionsgütern steigen.
- Preise von Komplementärgütern sinken.
- Das verfügbare Einkommen nimmt zu.
- Das Gut stiftet mehr Nutzen bzw. leistet einen höheren Beitrag zur Bedürfnisbefriedigung.
- Die Nachfrager erwarten wirtschaftlich bessere Zeiten.
- Die Anzahl der Nachfrager steigt.

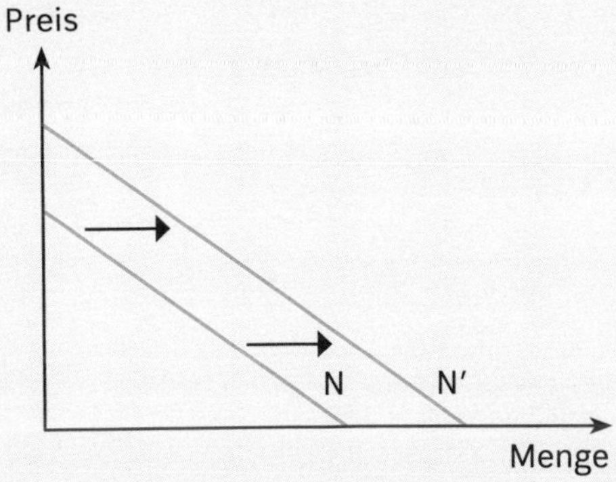

In folgenden Fällen nimmt die Nachfrage ab, die Nachfragekurve verschiebt sich nach links:

- Preise von Substitutionsgütern sinken.
- Preise von Komplementärgütern steigen.
- Das verfügbare Einkommen nimmt ab.
- Das Gut stiftet weniger Nutzen bzw. leistet einen geringeren Beitrag zur Bedürfnisbefriedigung.
- Die Nachfrager erwarten wirtschaftlich schlechtere Zeiten.
- Die Anzahl der Nachfrager sinkt.

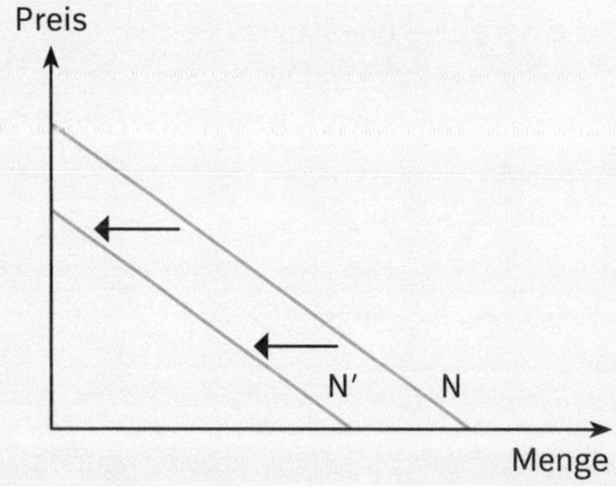

Die ursprüngliche Nachfragekurve wird als N und die neue Nachfragekurve nach der Kurvenverschiebung als N' (sprich: N-Strich) bezeichnet. Aus Gründen der Vereinfachung werden alle Kurvenverschiebungen als Parallelverschiebung dargestellt.

Merke: Ändert sich der Bestimmungsfaktor „Preis des Gutes“, bewegt man sich auf der Kurve. Ändert sich ein anderer Bestimmungsfaktor, verschiebt sich die gesamte Kurve.

3 Angebot

3.1 Bestimmungsfaktoren des Angebots

ARBEITSAUFTRAG

Wir betrachten weiterhin den Markt für Mountainbikes in Deutschland. Tragen Sie mithilfe des nachfolgenden Infotextes für jeden Fall den betreffenden Bestimmungsfaktor des Angebots ein und geben Sie an, ob das Angebot jeweils steigt (↑) oder sinkt (↓).

Fall	Bestimmungsfaktor	Angebot ↑↓
1 Die Leistungsfähigkeit der Produktionsanlagen nimmt stetig zu.		
2 Die Tarifparteien vereinbaren eine Anhebung der Tariflöhne.		
3 Die Preise für Mountainbikes steigen.		
4 Die Gesellschaft für Konsumforschung (GFK) prognostiziert eine sinkende Nachfrage auf den Konsumgütermärkten.		
5 US-amerikanische Hersteller drängen mit neuen Mountainbike-Modellen auf den Markt.		
6 Transportprobleme von Zulieferern verzögern die Anlieferung von Kettenschaltungen.		
7 Der Staat senkt die Körperschaftssteuer.		
8 Wegen der Coronapandemie sollen die Arbeiter/-innen mehrere Wochen zu Hause bleiben.		

Infotext: Bestimmungsfaktoren des Angebots

Bestimmungsfaktor Nr. 1: Preis des Gutes

Während die Nachfrager ihren Nutzen maximieren wollen, so wollen die Anbieter in aller Regel ihren Gewinn maximieren. Daher gilt: Je höher der am Markt erzielbare Preis eines Gutes ist, desto höher ist der erzielbare Gewinn, denn der Stückgewinn ist nichts anderes als die Differenz aus Preis und Stückkosten. Entsprechend ist der Gesamtgewinn die Differenz aus Gesamterlös und Gesamtkosten. Die Unternehmen dehnen ihr Angebot daher so lange aus, bis sie ihr Gewinnmaximum erreichen.

Bestimmungsfaktor Nr. 2: Kosten

Je höher die Kosten der Anbieter, desto geringer sind der verbleibende Gewinn und damit auch das Angebot am Markt. Anbieter, die ihre Kosten nicht mehr decken können, scheiden aus dem Markt aus. Beispiele für Kosten sind Materialkosten, Personal- und Personalnebenkosten, Abschreibungen (Wertverlust von betrieblichem Anlagevermögen, z. B. Maschinen oder Fahrzeugen), Leasingkosten, Kreditzinsen usw. Die langfristige Preisuntergrenze entspricht den Gesamtkosten (Selbstkosten) des Unternehmens.

Kleine Formelsammlung für Unternehmer		
Gesuchte Größe	**Formel**	**in Worten**
Erlöse	$E = p \cdot x$	Preis · Menge
(Gesamt-)Gewinn	$G = E - K$	Erlöse – Kosten
(Gesamt-)Kosten	$K = K_f + K_v$	fixe Kosten + variable Kosten
Stückgewinn	$g = p - k$	Preis – Stückkosten
Stückkosten	$k = k_f + k_v$	fixe Stückkosten + variable Stückkosten
Gesamtdeckungsbeitrag	$DB = E - K_v$	Gesamterlöse – variable Gesamtkosten
Stückdeckungsbeitrag	$db = p - k_v$	Preis – variable Stückkosten
Break-Even-Point	$BEP = K_f : db$	Fixkosten : Stückdeckungsbeitrag

Bestimmungsfaktor Nr. 3: Unternehmenssteuern

Der Staat belastet die Unternehmen mit Steuern (z. B. Körperschaftssteuer, Gewerbesteuer), welche diese an ihre Kunden weitergeben („auf die Preise aufschlagen"). Je höher die Steuern, desto geringer das Angebot.

Bestimmungsfaktor Nr. 4: Produktivität

Zur Erinnerung: Produktivität ist das Verhältnis von Output zu Input: Je produktiver ein Betrieb ist, desto mehr Produkte kann er mit ein und demselben Input produzieren. Die Produktivität ist abhängig von der Qualität der betrieblichen Produktionsfaktoren (z. B. Hard- und Software, Know-how des Personals).

Bestimmungsfaktor Nr. 5: Absatz- und Gewinnerwartungen

Gehen die Anbieter davon aus, dass sich ihre Auftragslage und ihre Gewinne in der Zukunft verbessern könnten, so werden sie in ihr Unternehmen investieren und ihr Angebot am Markt erhöhen.

Bestimmungsfaktor Nr. 6: Gesamtzahl potenzieller Anbieter

Je größer die Gesamtzahl möglicher Anbieter am Markt, desto höher ist das Angebot.

Bestimmungsfaktor Nr. 7: Verfügbarkeit der Produktionsfaktoren

Die tatsächliche Verfügbarkeit der Produktionsfaktoren ist eine wichtige Voraussetzung des geplanten Angebots. Sind Produktionsfaktoren nur eingeschränkt verfügbar, nimmt das Angebot ab.

3.2 Entstehung der Angebotskurve

Nun wollen wir auch die Angebotskurve auf dem Markt für Mountainbikes in Deutschland darstellen und analysieren. Folgende Angaben liegen dazu vor:

Markt für Mountainbikes in Deutschland												
Preis (€)	**0**	**100**	**200**	**300**	**400**	**500**	**600**	**700**	**800**	**900**	**1.000**	**1.100**
Angebotsmenge (Tsd. Stück)	0	0	0	0	50	150	250	350	450	550	650	750

ARBEITSAUFTRÄGE

Bearbeiten Sie die Arbeitsaufträge mithilfe des nachfolgenden Infotextes.

1. Zeichnen Sie die Angebotskurve in das Preis-Mengen-Diagramm ein.

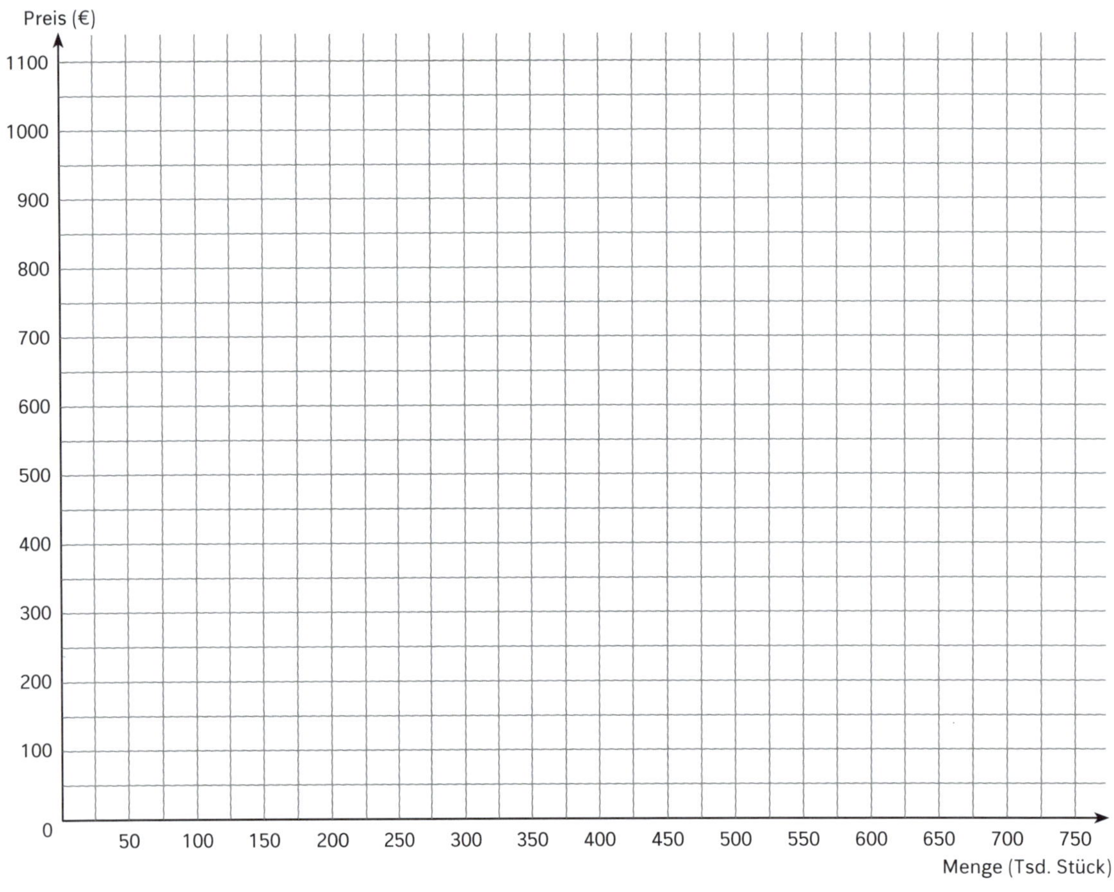

2. Wie groß ist das Angebot bei einem Preis von
   a) 250,00 € ____________________
   b) 450,00 € ____________________
   c) 750,00 € ____________________

3. Begründen Sie Lage und Steigung der Angebotskurve.

____

____

____

Infotext: Angebotsgesetz und Angebotskurve

Angebotsgesetz

Der Zusammenhang zwischen dem Preis und der angebotenen Menge eines bestimmten Gutes am Markt wird durch das Angebotsgesetz ausgedrückt:
- Je höher der Preis eines Gutes am Markt ist, desto größer ist die angebotene Menge dieses Gutes. Oder:
- Je geringer der Preis eines Gutes am Markt, desto geringer ist die angebotene Menge dieses Gutes.

So wird der einzelne Anbieter umso mehr von einem Gut anbieten, je höher der Preis ist, den er damit erzielen kann (Individualangebot). Ebenso wird die Gesamtzahl der Anbieter für ein Produkt auf dem Markt umso höher sein, je höher der erzielbare Preis dieses Produkts ist (Gesamtangebot). Schließlich wollen die Anbieter einen möglichst hohen Gewinn erwirtschaften.

Angebotskurve im Preis-Mengen-Diagramm

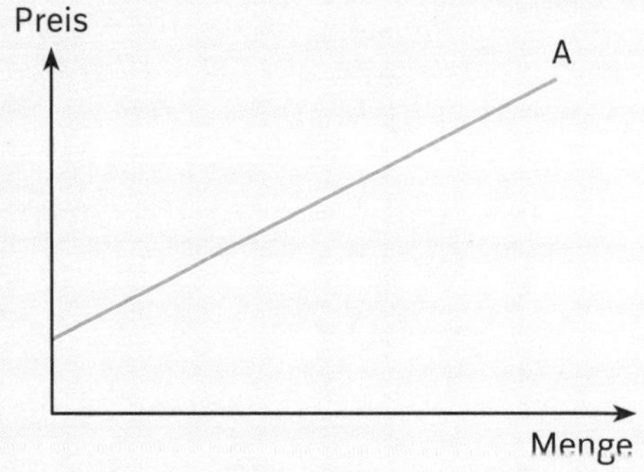

Das Angebotsgesetz wird im Preis-Mengen-Diagramm durch die Angebotskurve (Angebotsfunktion) dargestellt. Diese beginnt dort, wo der Anbieter mit den geringsten Kosten anzubieten bereit ist und steigt dann kontinuierlich an. Wollen wir die Abhängigkeit der Angebotsmenge vom Marktpreis untersuchen, so bewegen wir uns auf der Angebotskurve hin und her („Bewegung auf der Kurve") und können auf der Mengenachse die angebotene Menge ablesen. Aus Gründen der Vereinfachung werden alle Angebotskurven im Folgenden als Gerade dargestellt.

Anbieter als Mengenanpasser

Im Polypol (hier unterstellt) ist der Preis die unabhängige Variable, weil dieser vom Markt vorgegeben wird. Denn der einzelne Anbieter kann den Preis im Polypol nicht beeinflussen; er gilt als „Mengenanpasser", das bedeutet, er passt seine angebotene Menge an den Marktpreis an. Anders als in der Mathematik wird in der Volkswirtschaftslehre die unabhängige Variable (Preis) an der senkrechten Achse und die abhängige Variable (angebotene Menge) an der waagerechten Achse abgetragen.

Ceteris-Paribus-Klausel

In der Volkswirtschaftslehre legt man die Ceteris-Paribus-Klausel zugrunde, welche bei Experimenten üblich ist und besagt, dass sich nur die betrachteten Variablen (hier: Preis und Menge) verändern dürfen und alle weiteren Bedingungen (hier: weitere Bestimmungsfaktoren des Angebots) unverändert bleiben müssen. Würden diese gleichzeitig mit verändert, wäre es nicht möglich, die Abhängigkeit des Angebots vom Preis zu untersuchen.

3.3 Verschiebung der Angebotskurve

Nun wollen wir untersuchen, wie sich Veränderungen unterschiedlicher Bestimmungsfaktoren des Angebots auf das Angebot auf dem Markt für Mountainbikes in Deutschland auswirken.

ARBEITSAUFTRÄGE

Bearbeiten Sie die Arbeitsaufträge mithilfe des nachfolgenden Infotextes.

1. Tragen Sie den betreffenden Bestimmungsfaktor des Angebots ein.
2. Prüfen Sie, ob die Veränderung des betreffenden Bestimmungsfaktors zur Verschiebung der Angebotskurve führt und wenn ja, skizzieren Sie die Verschiebung (A wird zu A').

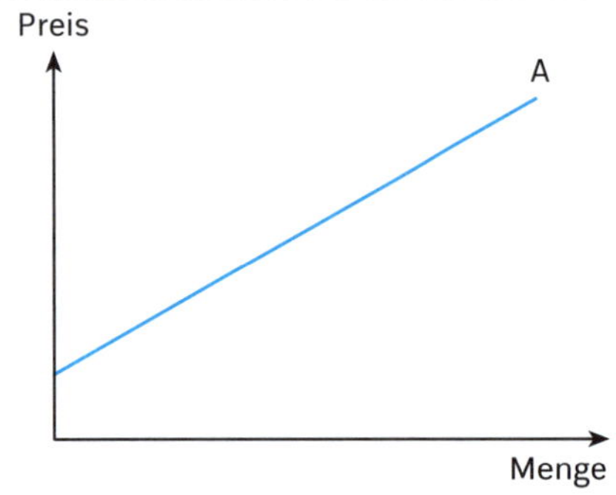

a) Die Aluminiumpreise auf dem Weltmarkt steigen deutlich an.

Bestimmungsfaktor:

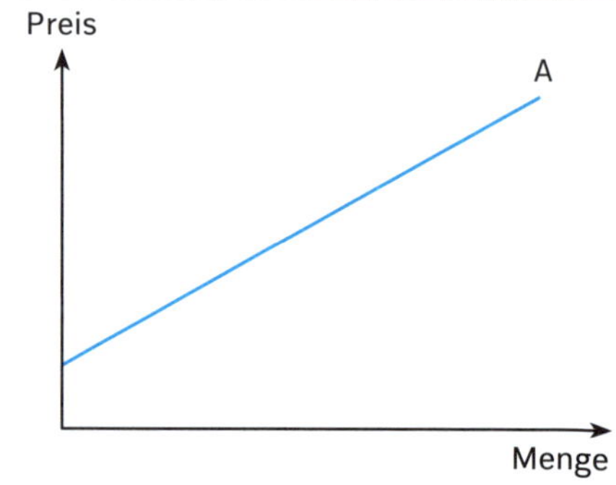

b) Immer mehr Tüftler gründen Unternehmen, welche Mountainbikes produzieren.

Bestimmungsfaktor:

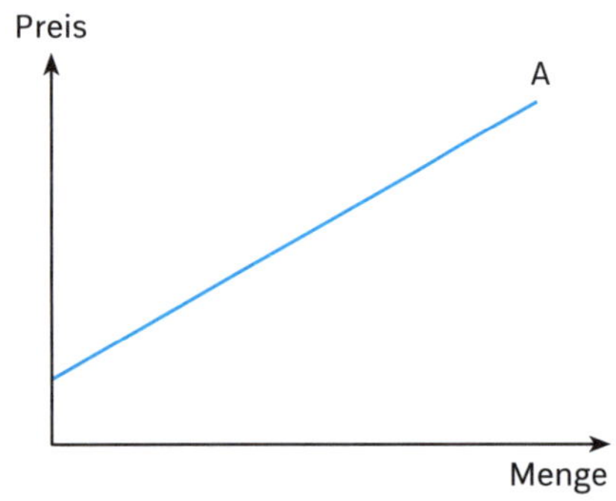

c) Der Staat erhöht die Umsatzsteuer.

Bestimmungsfaktor:

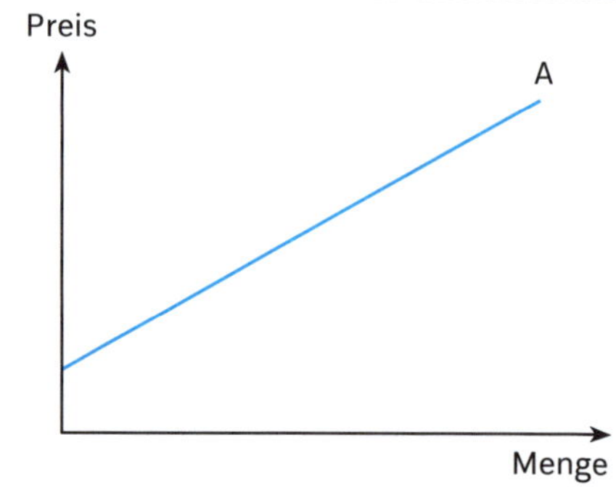

d) Die Preise für Mountainbikes fallen.

Bestimmungsfaktor:

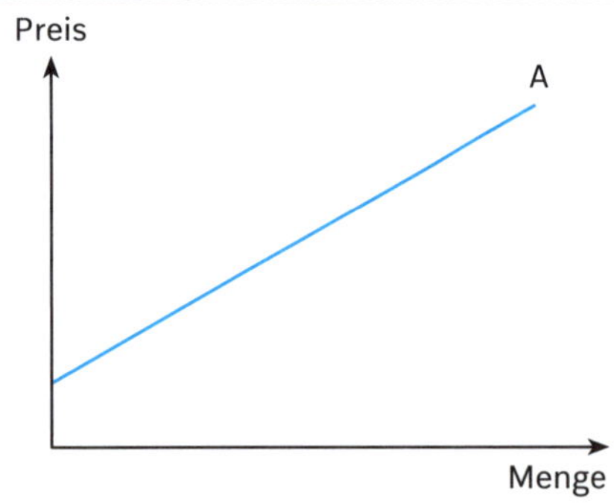

e) Viele Unternehmen der Branche optimieren ihre Fertigungsprozesse.

Bestimmungsfaktor:

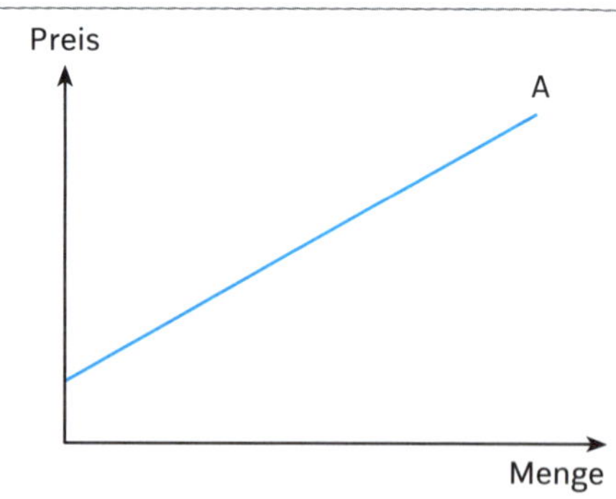

f) Der Deutsche Wetterdienst (DWD) sagt einen schönen Sommer voraus.

Bestimmungsfaktor:

Infotext: Verschiebung der Angebotskurve

Abgrenzung

In den vorherigen Kapiteln wurde ausschließlich der Bestimmungsfaktor „Preis des Gutes“ untersucht: Änderte sich der Preis, mussten wir uns auf der Angebotskurve bewegen, um die jeweilige Nachfragemenge zu ermitteln („Bewegung auf der Kurve“).

Nun aber soll untersucht werden, wie die Angebotskurve auf Veränderungen der anderen Bestimmungsfaktoren reagiert. Bei Veränderung aller anderen Bestimmungsfaktoren bewegen wir uns nun nicht mehr auf der Kurve, sondern es kommt zur Verschiebung der gesamten Angebotskurve.

Rechts- und Linksverschiebung der Angebotskurve

In folgenden Fällen nimmt das Angebot zu, die Angebotskurve verschiebt sich nach rechts:

- Die Kosten der Anbieter sinken.
- Unternehmenssteuern werden gesenkt.
- Die Produktivität nimmt zu.
- Die Unternehmer erwarten höhere Absätze bzw. Gewinne.
- Die Gesamtzahl der Anbieter nimmt zu.
- Die Verfügbarkeit von Produktionsfaktoren nimmt zu.

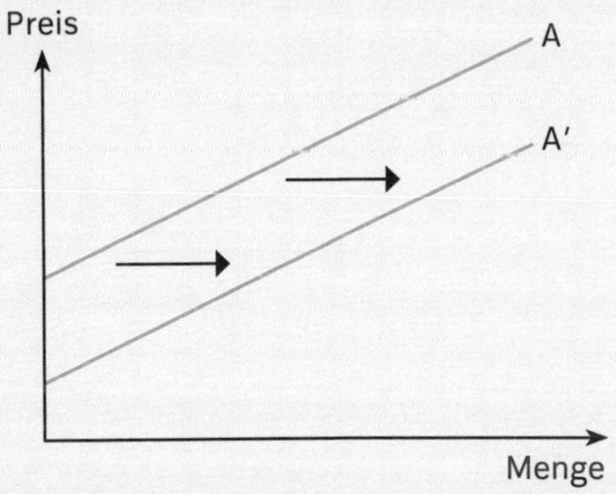

In folgenden Fällen nimmt das Angebot ab, die Angebotskurve verschiebt sich nach links:

- Die Kosten der Anbieter steigen.
- Unternehmenssteuern werden erhöht.
- Die Produktivität nimmt ab.
- Die Unternehmer erwarten geringere Absätze bzw. Gewinne.
- Die Gesamtzahl der Anbieter nimmt ab.
- Die Verfügbarkeit von Produktionsfaktoren nimmt ab.

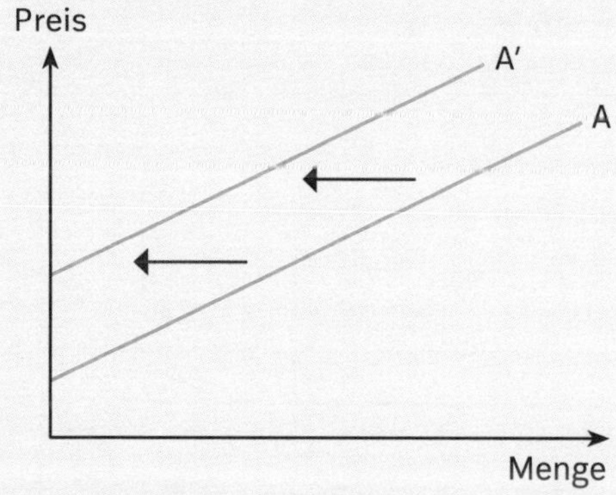

Die ursprüngliche Angebotskurve wird als A und die neue Angebotskurve nach der Kurvenverschiebung als A' (sprich: A-Strich) bezeichnet. Aus Gründen der Vereinfachung werden alle Kurvenverschiebungen als Parallelverschiebung dargestellt.

Merke: Ändert sich der Bestimmungsfaktor „Preis des Gutes“, bewegt man sich auf der Kurve. Ändert sich ein anderer Bestimmungsfaktor, verschiebt sich die gesamte Kurve.

4 Preisbildung

4.1 Der Preismechanismus

Nun können wir die Nachfrage und das Angebot zusammenführen und das Marktgleichgewicht auf dem Markt für Mountainbikes in Deutschland ermitteln. Hier noch einmal alle Werte auf einen Blick:

Markt für Mountainbikes in Deutschland												
Preis (€)	**0**	**100**	**200**	**300**	**400**	**500**	**600**	**700**	**800**	**900**	**1.000**	**1.100**
Nachfragemenge (Tsd. Stück)	550	500	450	400	350	300	250	200	150	100	50	0
Angebotsmenge (Tsd. Stück)	0	0	0	0	50	150	250	350	450	550	650	750

ARBEITSAUFTRÄGE

Bearbeiten Sie die Arbeitsaufträge mithilfe des nachfolgenden Infotextes.

1. Tragen Sie die Nachfrage- und die Angebotskurve in das Preis-Mengen-Diagramm ein und markieren Sie den Gleichgewichtspreis und die Gleichgewichtsmenge.

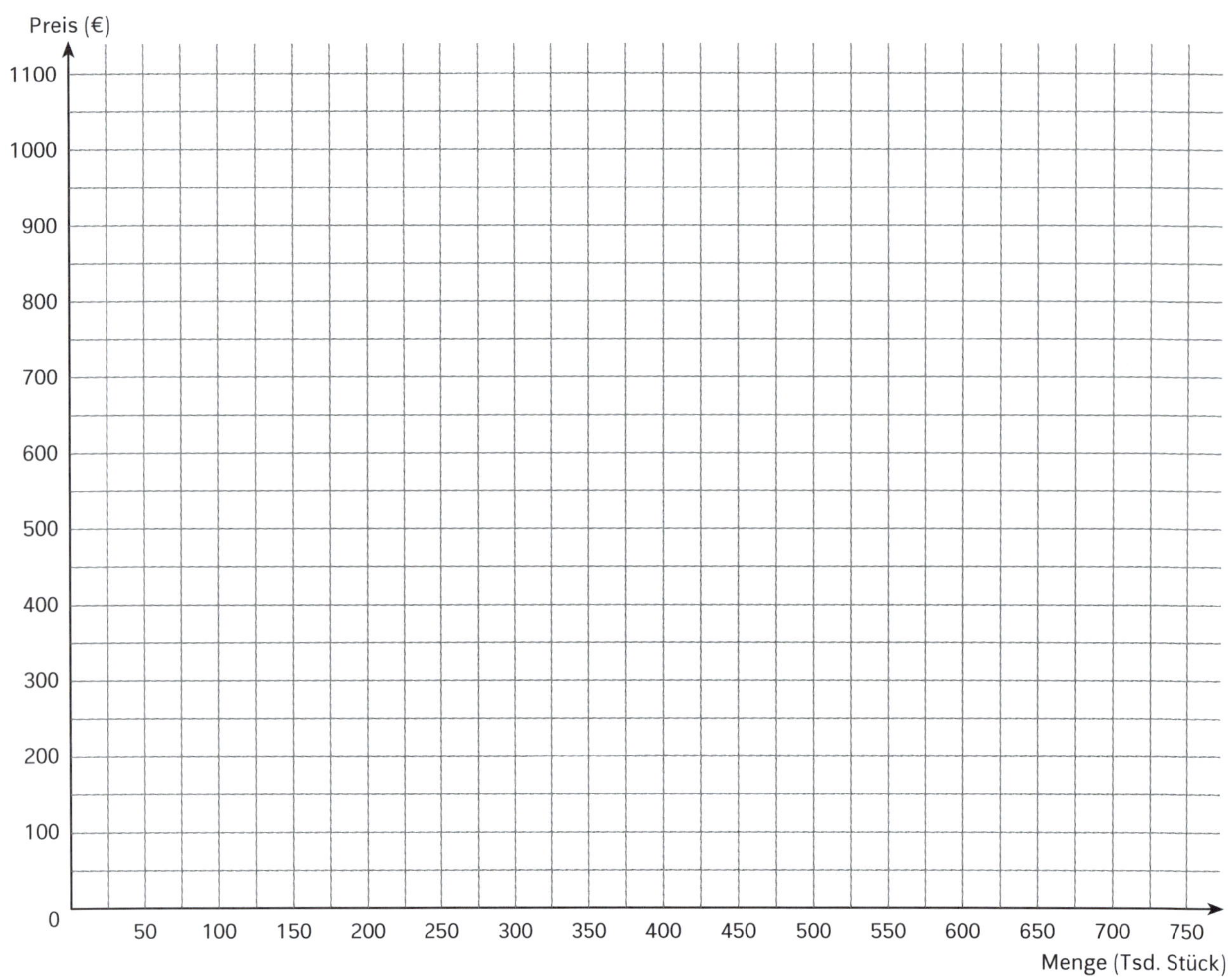

2. Erläutern Sie die Situation im Marktgleichgewicht.

____

____

____

3. Analysieren Sie mithilfe der Tabelle „Marktmechanismus“ die Marktsituationen bei den angegebenen Marktpreisen und erläutern Sie Ihre Ergebnisse.

Marktmechanismus							
Marktpreis (€)	**Nachfragemenge (Tsd. Stück)**	**Angebotsmenge (Tsd. Stück)**	**Angebotsüberhang (AÜ) oder Nachfrageüberhang (NÜ)?**	**Mengendifferenz (Tsd. Stück)**	**Anbieterkonkurrenz (AK) oder Nachfragerkonkurrenz (NK)?**	**Wer muss seine Preisvorstellung ändern: A oder N?**	**Preisreaktion: ↑ oder ↓ ?**
800,00							
700,00							
600,00							
500,00							
400,00							

____

____

____

____

____

____

4. Ermitteln Sie den

   a) Angebotsüberhang bei einem Marktpreis von 850,00 €: ________________

   b) Nachfrageüberhang bei einem Marktpreis von 450,00 €: ________________

5. Wie hoch ist

   a) die Konsumentenrente von Nachfragern, die bereit sind, 900,00 € für ein Mountainbike zu bezahlen?

   ____

   b) die Produzentenrente von Anbietern, die bereit sind, Mountainbikes ab 500,00 € anzubieten?

   ____

Infotext: Marktgleichgewicht und Marktmechanismus

Entstehung des Marktgleichgewichts

Bei gleichzeitiger Betrachtung von Nachfrage- und Angebotskurve im Preis-Mengen-Diagramm stellt der Schnittpunkt beider Kurven das Marktgleichgewicht dar. Hier ist die Nachfragemenge genauso groß, wie die Angebotsmenge. Im Marktgleichgewicht wird zum Gleichgewichtspreis die größtmögliche Menge (Gleichgewichtsmenge) auf dem Markt gehandelt.

Doch stellt sich dieses Marktgleichgewicht nicht von Anfang an ein, sondern erst im Laufe der Zeit. Bis dahin aber kann der Marktpreis über oder unter dem Gleichgewichtspreis liegen, was man als Marktungleichgewicht bezeichnet. Dabei sind zwei Fälle zu unterscheiden:

- **Angebotsüberhang (Nachfragelücke):** Der Marktpreis des betrachteten Gutes liegt über dem Gleichgewichtspreis, es wird mehr angeboten als nachgefragt (**Käufermarkt**). Die Anbieter, die einen höheren Preis als den Gleichgewichtspreis verlangen, treten miteinander in Konkurrenz und bleiben auf ihrer Ware sitzen. Aus diesem Grunde werden viele Anbieter ihre Preise senken, sodass der Marktpreis in Richtung Gleichgewichtspreis absinkt.
- **Nachfrageüberhang (Angebotslücke):** Der Marktpreis des betrachteten Gutes liegt unter dem Gleichgewichtspreis, es wird mehr nachgefragt als angeboten (**Verkäufermarkt**). Die Nachfrager treten miteinander in Konkurrenz und gelangen nicht alle in den Besitz des Gutes. Aus diesem Grunde werden viele Nachfrager bereit sein, mehr für das Produkt zu bezahlen, sodass der Marktpreis in Richtung Gleichgewichtspreis ansteigt.

Das bedeutet: Der Markt tendiert automatisch aus dem Zustand eines Ungleichgewichts in den Zustand eines Gleichgewichts (Marktgleichgewicht). Gleichgewichtspreis und Gleichgewichtsmenge pendeln sich also von selbst ein. Diesen Automatismus bezeichnet man als Marktmechanismus oder auch als Preismechanismus. Der britische Nationalökonom Adam Smith prägte in diesem Zusammenhang den Begriff der „unsichtbaren Hand" („invisible hand"), die stets das Gleichgewicht von Nachfrage und Angebot wiederherstellt.

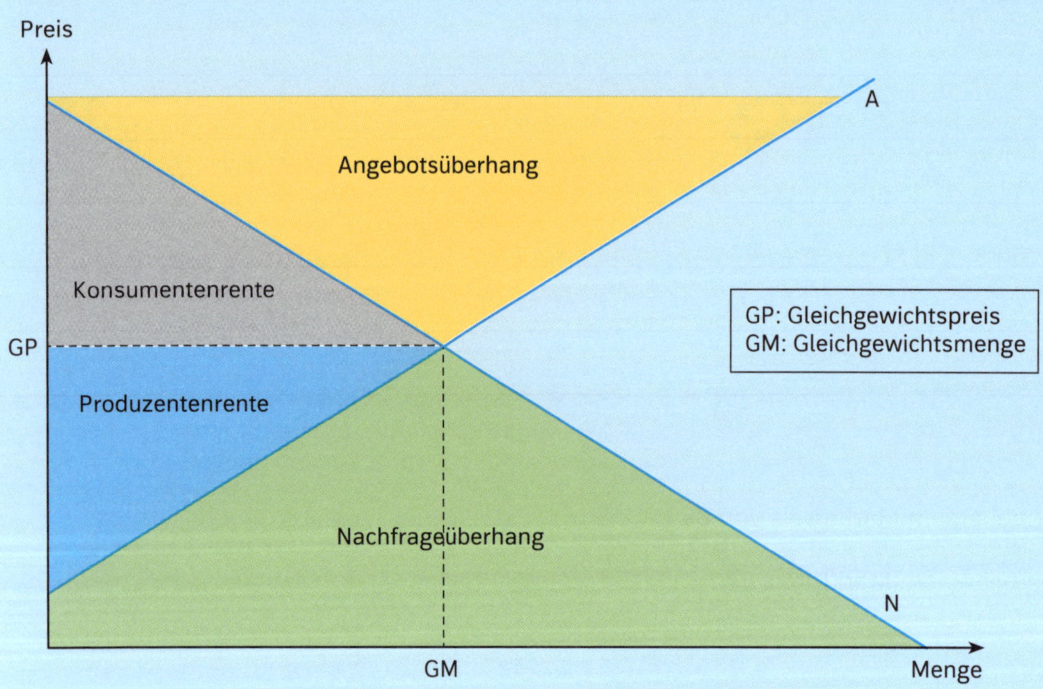

Dabei unterscheidet man zwei Arten von „gedanklichem Profit":

- **Konsumentenrente:** Differenz zwischen dem Gleichgewichtspreis und den darüber liegenden Preisen, den die Nachfrager zu zahlen bereit gewesen wären. Diese Differenz haben die Nachfrager „eingespart".
- **Produzentenrente:** Differenz zwischen dem Gleichgewichtspreis und den darunterliegenden Preisen, zu dem die Anbieter anzubieten bereit gewesen wären. Diese Differenz haben die Anbieter zusätzlich „eingenommen".

Wir haben in den vorangehenden Abschnitten gesehen, dass sich die Nachfragekurve oder die Angebotskurve verschieben kann. Auch in diesen Fällen bildet sich auf dem Markt mithilfe des Preismechanismus automatisch immer wieder ein neues Marktgleichgewicht.

Funktionen des Marktpreises

Aus volkswirtschaftlicher Perspektive übernehmen Preise drei wichtige Aufgaben bzw. Funktionen:

- **Informationsfunktion (Signalfunktion, Indikatorfunktion):** Der Preis informiert die Marktteilnehmer darüber, ob ein Gut knapp oder im Überfluss vorhanden ist. Beispielsweise zeigen steigende Rohstoffpreise an, dass diese knapper werden, und andersherum.
- **Ausgleichsfunktion (Koordinierungsfunktion):** Der Preis bringt Nachfrage und Angebot über den Preismechanismus automatisch zum Ausgleich („invisible hand“): Alle Marktteilnehmer, die bereit sind, das betrachtete Gut zum Gleichgewichtspreis zu handeln, kommen zum Zuge. Nachfrager, die den Marktpreis nicht bezahlen wollen, und Anbieter, die zu viel verlangen, müssen sich anpassen oder kommen nicht zum Zuge.
- **Lenkungsfunktion (Allokationsfunktion):** Der Preis lenkt die Produktionsfaktoren (Arbeit, Boden und Kapital) automatisch in die Wirtschaftsbereiche, in denen sie am dringendsten benötigt werden bzw. am produktivsten eingesetzt werden. Werden beispielsweise Immobilien in den Städten knapp, so steigen die Mieten und die Kaufpreise für Immobilien. Das führt dazu, dass immer mehr Vermieter, Bauunternehmen, Handwerksbetriebe und andere versuchen, in dieser Branche gutes Geld zu verdienen.

Merke: Der Preis ist die zentrale Steuergröße einer Marktwirtschaft, da er die Marktteilnehmer laufend über die Knappheit von Gütern informiert, Angebot und Nachfrage in Ausgleich bringt und die Produktionsfaktoren dorthin lenkt, wo sie benötigt werden.

6. Auf dem Markt für Mountainbikes in Deutschland hat sich ein Marktgleichgewicht eingestellt. Nun wollen wir untersuchen, welche unmittelbaren (kurzfristigen) Auswirkungen unterschiedliche Impulse auf das Marktgleichgewicht haben. Gehen Sie für jede Teilaufgabe folgendermaßen vor:
   - Schritt 1: Prüfen Sie, welche der beiden Kurven betroffen ist.
   - Schritt 2: Prüfen Sie, in welche Richtung sich die betreffende Kurve verschiebt.
   - Schritt 3: Skizzieren Sie die Kurvenverschiebung und Änderung des Marktgleichgewichts.

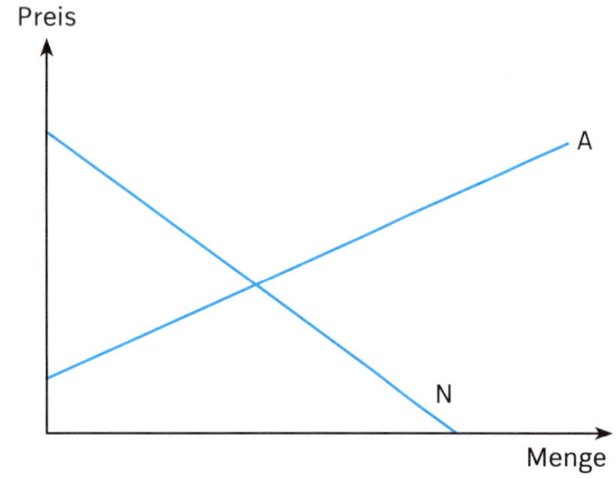

a) Die Generation 50+ entdeckt den Mountainbike-Sport als neuen Fitnesstrend für sich.

Bestimmungsfaktor:

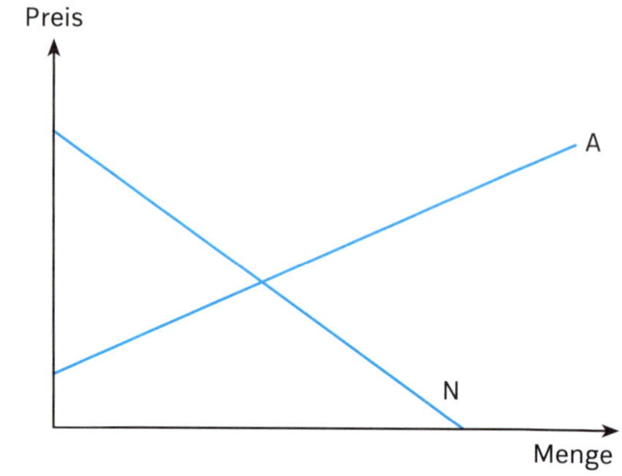

b) Die Kautschukpreise auf dem Weltmarkt steigen, da dieser Rohstoff knapp wird.

Bestimmungsfaktor:

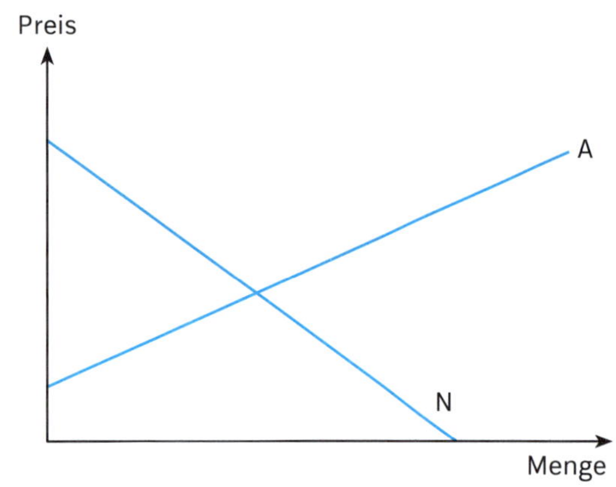

c) Immer mehr private Haushalte erwirtschaften Kapitalerträge mit Aktienfonds.

Bestimmungsfaktor:

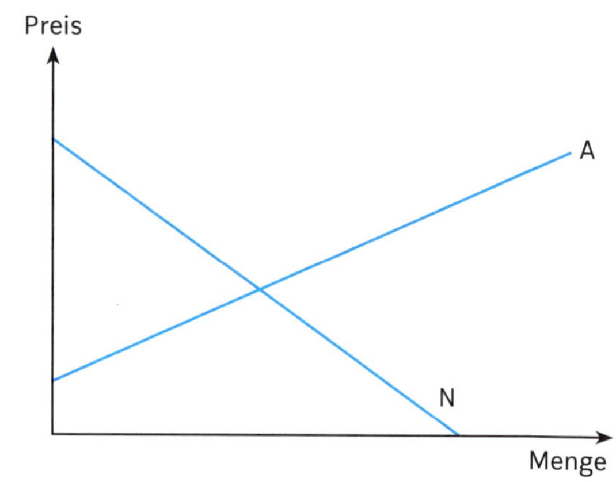

d) Der Staat sorgt für die Absenkung des Industriestrompreises.

Bestimmungsfaktor:

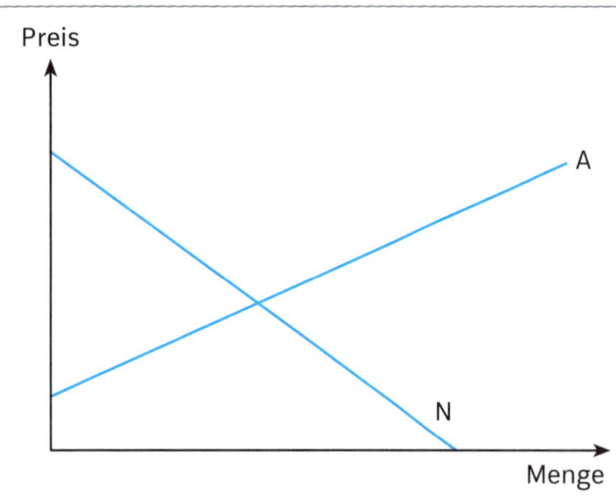

e) Die Nutzungsgebühr für E-Scooter sinkt in vielen Städten.

Bestimmungsfaktor:

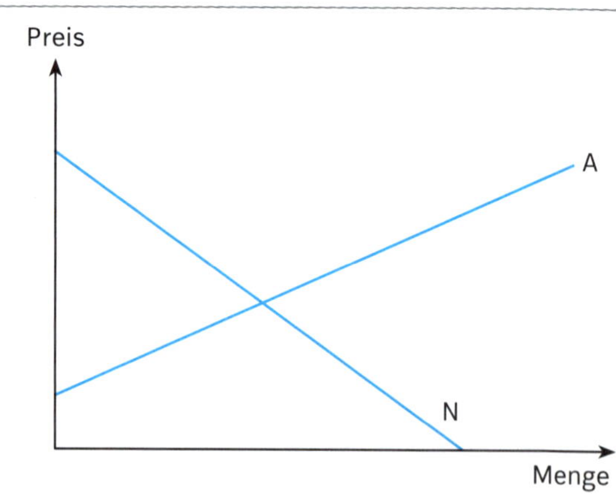

f) Der Staat senkt die Gewerbesteuer.

Bestimmungsfaktor:

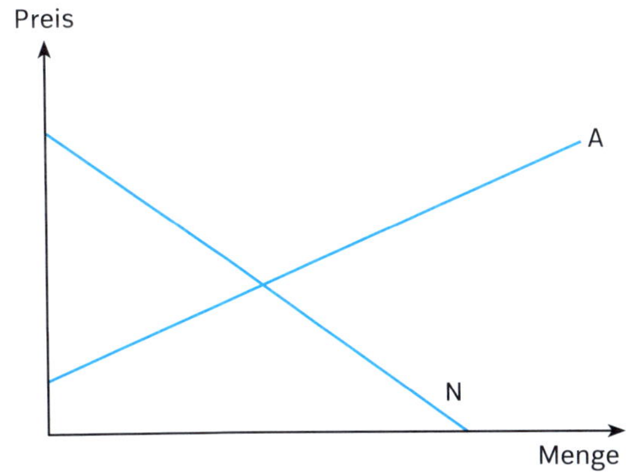

g) Die Preise für Fahrradbekleidung steigen aus unterschiedlichen Gründen deutlich an.

Bestimmungsfaktor:

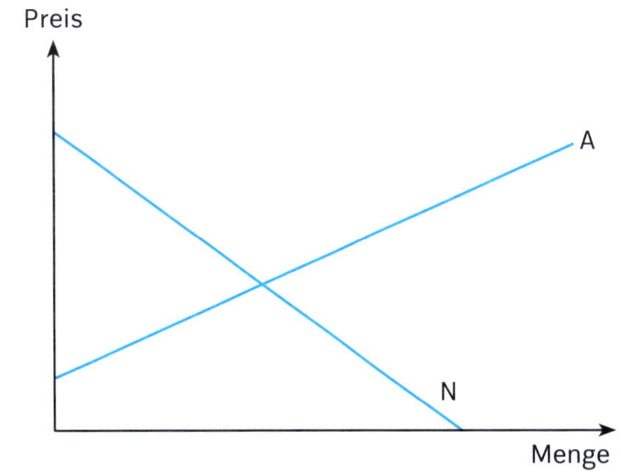

h) In den Betrieben der Mountainbike-Hersteller brechen Streiks aus.

Bestimmungsfaktor:

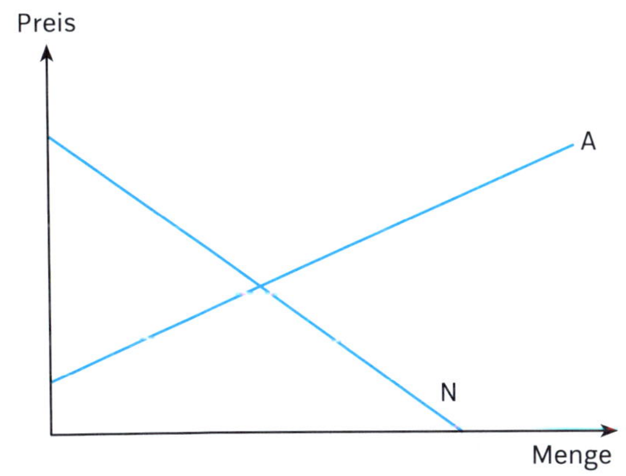

i) Immer mehr Migrantinnen und Migranten wandern nach Deutschland ein und brauchen ein Fahrrad.

Bestimmungsfaktor:

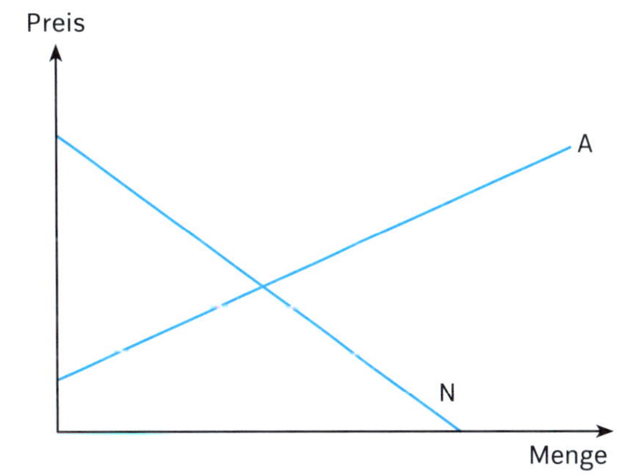

j) Die gesamte Branche beklagt einen zunehmenden Fachkräftemangel.

Bestimmungsfaktor:

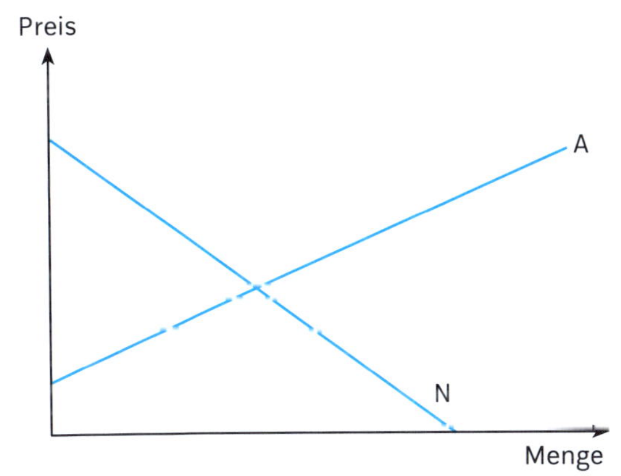

k) Eine bundesweite Werbekampagne begeistert viele Freizeitsportler/-innen für den Mountainbike-Sport.

Bestimmungsfaktor:

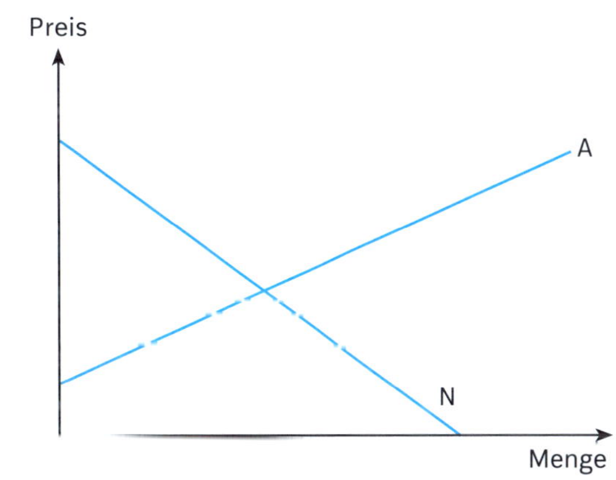

l) Es werden zunehmend Mountainbikes aus den USA importiert.

Bestimmungsfaktor:

4.2 Staatliche Eingriffe in die Preisbildung

Vielfach wird von der Politik verlangt, in die freie Preisbildung am Markt einzugreifen. Wir wollen uns nun am Beispiel des Marktes für Mountainbikes in Deutschland ansehen, welche Auswirkungen staatliche Eingriffe in die Preisbildung haben können.

ARBEITSAUFTRÄGE

Bearbeiten Sie die Arbeitsaufträge mithilfe des nachfolgenden Infotextes.

1. Skizzieren Sie für jeden Fall die Auswirkungen des staatlichen Eingriffes.
2. Kreuzen Sie für jede Teilaufgabe an, ob es sich um einen marktkonformen oder einen marktkonträren Eingriff handelt und begründen Sie Ihre Meinung gegenüber Ihren Mitschülerinnen und Mitschülern.

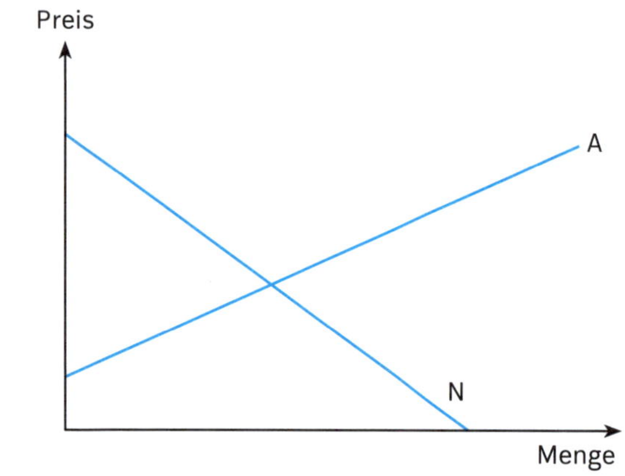

a) Auf Mountainbikes aus Ländern außerhalb der EU werden Importzölle erhoben.

marktkonform: ☐ marktkonträr: ☐

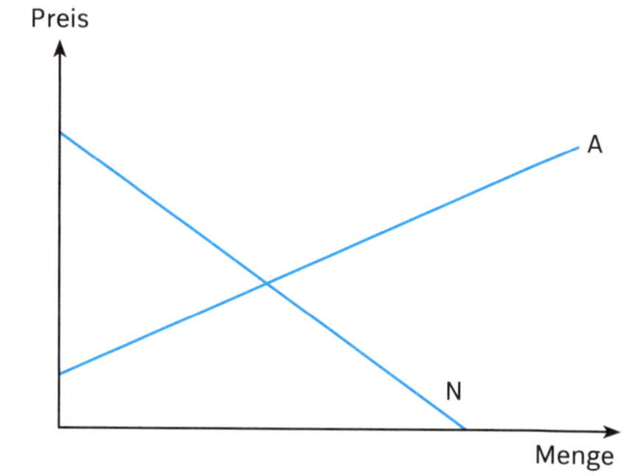

b) Zum Schutz der Hersteller werden staatliche Mindestpreise für Mountainbikes vorgeschrieben.

marktkonform: ☐ marktkonträr: ☐

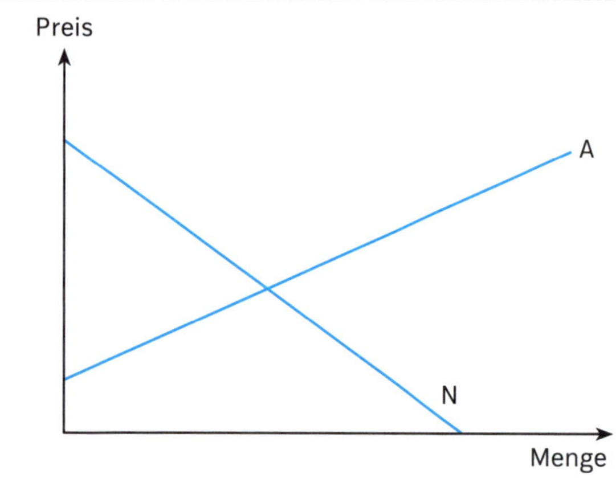

c) Zur Förderung der Volksgesundheit werden für Mountainbikes Höchstpreise festgelegt.

marktkonform: ☐ marktkonträr: ☐

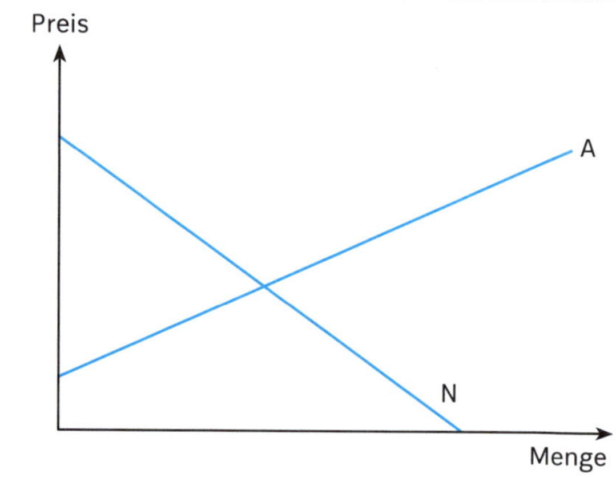

d) Zum Schutz deutscher Hersteller gewährt der Staat Subventionen.

marktkonform: ☐ marktkonträr: ☐

Infotext: Staatliche Eingriffe in die Preisbildung

Gründe für staatliche Eingriffe in die Preisbildung

In den Fällen, in denen der Marktmechanismus nicht richtig funktioniert oder zu großen Nachteilen für die Nachfrager oder Anbieter führt (z. B. zu hohe Mieten auf dem Wohnungsmarkt, zu geringe Preise für landwirtschaftliche Produkte), wird in der Politik regelmäßig die Forderung laut, dass der Staat in die Preisbildung eingreifen müsse. Dabei werden marktkonforme und marktkonträre Eingriffe unterschieden:

Marktkonforme Eingriffe

Marktkonforme (indirekte) Eingriffe des Staates sind mit dem Preismechanismus vereinbar. Sie führen lediglich zu einer Verschiebung der Nachfrage- oder Angebotskurve, sodass sich am Markt ein neues Gleichgewicht bilden kann, der Marktmechanismus (Preismechanismus) bleibt aber erhalten. Wichtige Instrumente sind:

- **Abgaben:** Der Staat erhöht oder senkt seine Abgaben (z. B. Steuern, Zölle).
- **Subventionen und Transferleistungen:** Der Staat leistet Geldzahlungen an Unternehmen (z. B. Agrarsubventionen) oder an private Haushalte (z. B. Bürgergeld), ohne eine Gegenleistung zu verlangen.
- **Staatsnachfrage:** Der Staat erhöht oder senkt seine eigene Nachfrage nach Gütern und Dienstleistungen.

Marktkonträre Eingriffe

Der Staat setzt zum Schutz bestimmter Marktteilnehmer den Preismechanismus außer Kraft, indem er Höchst- und Mindestpreise festlegt:

Höchstpreise	Mindestpreise
Der Staat legt zum Schutz der Nachfrager für bestimmte Güter einen Höchstpreis fest, welcher unter dem Gleichgewichtspreis liegt. Dieser verursacht einen Nachfrageüberhang, da es zu diesem niedrigen Preis zwar viele Nachfrager aber nur wenige Anbieter gibt.	Der Staat legt zum Schutz der Anbieter für bestimmte Güter einen Mindestpreis fest, welcher über dem Gleichgewichtspreis liegt. Dieser verursacht einen Angebotsüberhang, da es zu diesem hohen Preis zwar viele Anbieter aber nur wenige Nachfrager gibt.
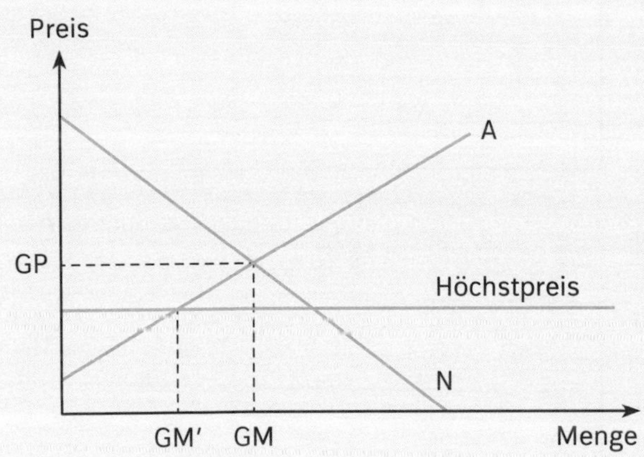	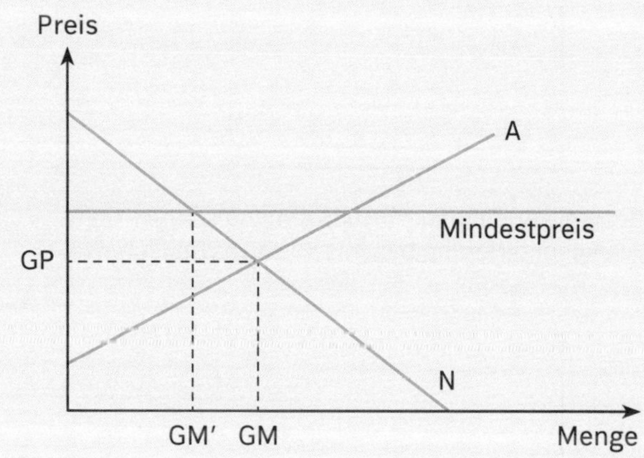

Historische Beispiele

Preiskontrollen gab es schon im Altertum, etwa im alten Babylon (unter König Hammurapi im 18. Jahrhundert vor Christus) oder im alten Rom (unter Kaiser Diokletian im Jahre 301 nach Christus), doch sie haben fast nie zum gewünschten Ergebnis geführt. So folgte in Babylon den Preiskontrollen der wirtschaftliche Niedergang und im alten Rom entschied man sich lieber für die Einführung des Goldstandards. Höchstpreise führten immer schon zu langen Schlangen (z. B. vor Einzelhandelsgeschäften in der DDR), zur Entstehung von Schwarzmärkten, zu primitiven Tauschgeschäften und auch zum Rückgang des Angebots (z. B. 1793 in der französischen Revolution oder im Nationalsozialismus 1936 bis 1945).[1]

1 vgl. Olaf Gersemann: Mietpreiskontrolle – die zweitbeste Technik, um Städte zu zerstören, in: Die Welt vom 9. Juni 2019

4.3 Preisbildung in unterschiedlichen Marktarten

Nun wollen wir uns ansehen, welche Auswirkungen die Veränderung der uns bekannten Bestimmungsfaktoren in den unterschiedlichen Marktarten haben.

ARBEITSAUFTRAG

Stellen Sie auf den unterschiedlichen Märkten die Veränderung des Gleichgewichtspreises grafisch dar. Gehen Sie dazu in jeder Teilaufgabe folgendermaßen vor:
- Schritt 1: Beschriften Sie die Achsen.
- Schritt 2: Prüfen Sie, welche der beiden Kurven sich in welche Richtung verschiebt.
- Schritt 3: Skizzieren Sie die Kurvenverschiebung und altes sowie neues Marktgleichgewicht.

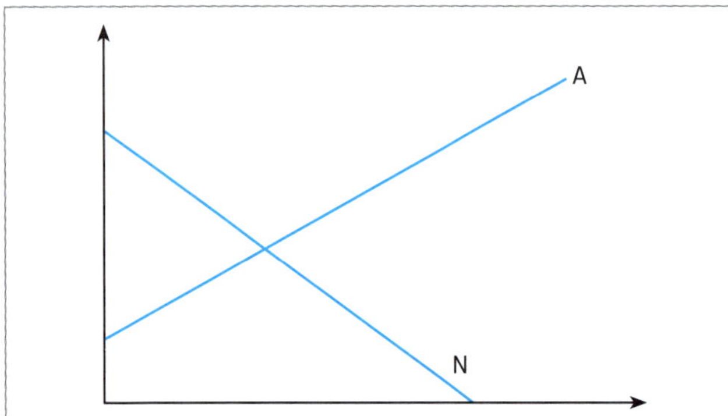

1 Westdeutscher Gebrauchtwagenmarkt: Nach der Grenzöffnung 1989 kaufen viele DDR-Bürger/-innen Gebrauchtwagen aus dem Westen.

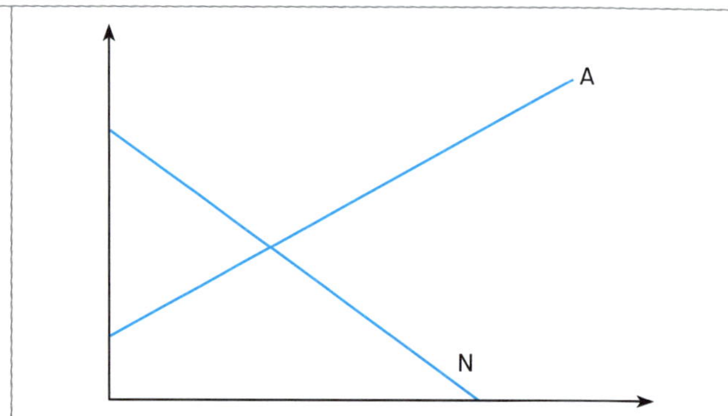

2 Deutscher Kreditmarkt: Immer mehr Unternehmen leasen (mieten) ihre Betriebsmittel, statt diese kreditfinanziert zu erwerben.

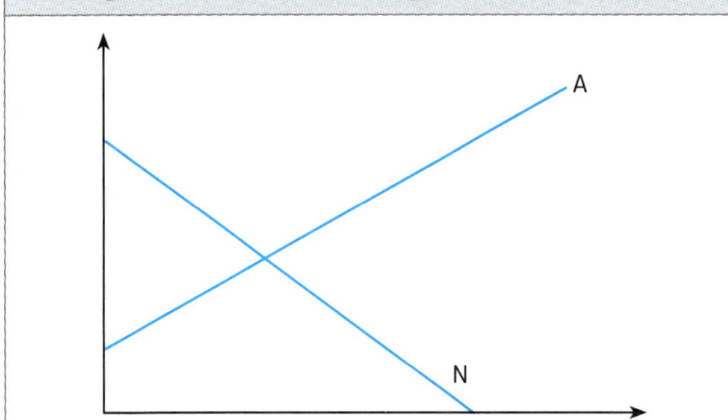

3 Welt-Rohölmarkt: Saudi-Arabien steigert seine Rohölförderung bis an seine Kapazitätsgrenze.

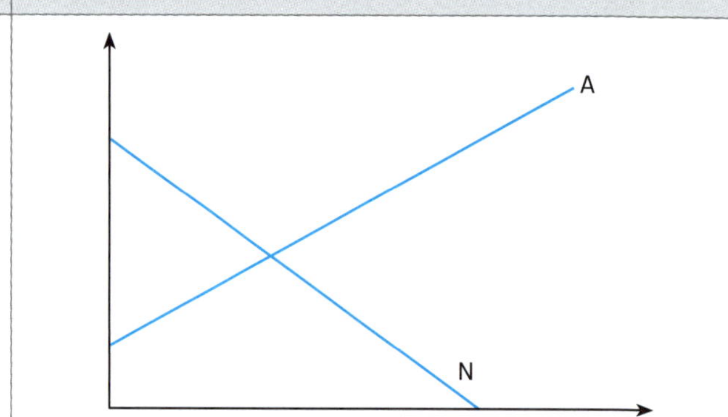

4 Deutscher Markt für Mietwohnungen: Die Bundesregierung beschließt die Mietpreisbremse.

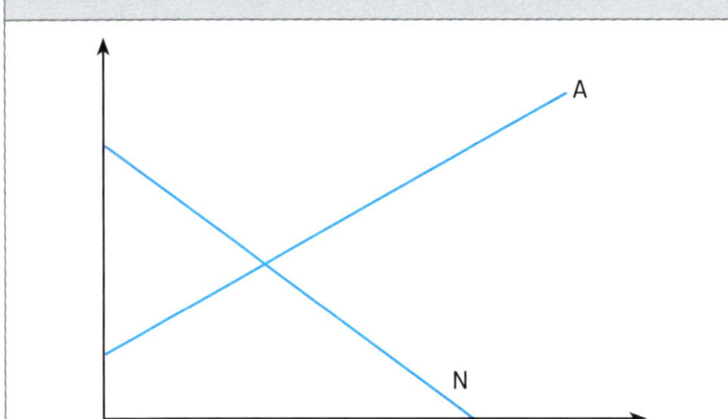

5 Europäischer Goldmarkt: Die Banken senken die Zinsen für Spareinlagen immer weiter ab.

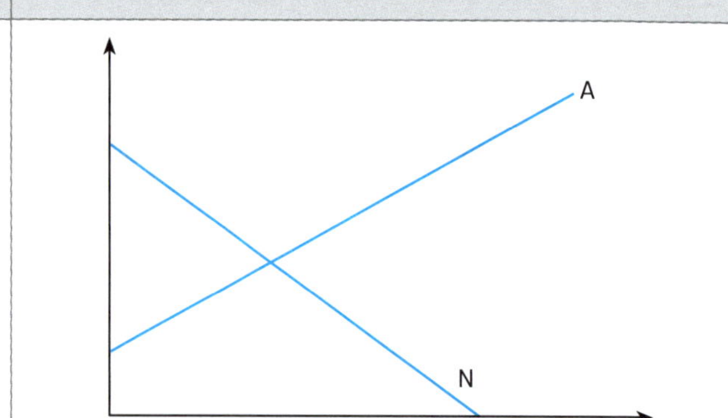

6 Deutscher Investitionsgütermarkt: Immer häufiger sind chinesische Hersteller von Werkzeugmaschinen auf deutschen Messen vertreten.

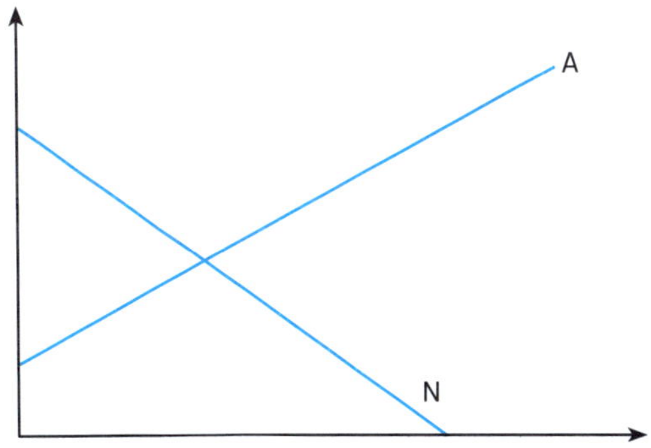

7 Deutscher Markt für Gebäudeversicherungen: Hauseigentümer wollen immer öfter ihre Immobilien gegen Unwetterschäden versichern.

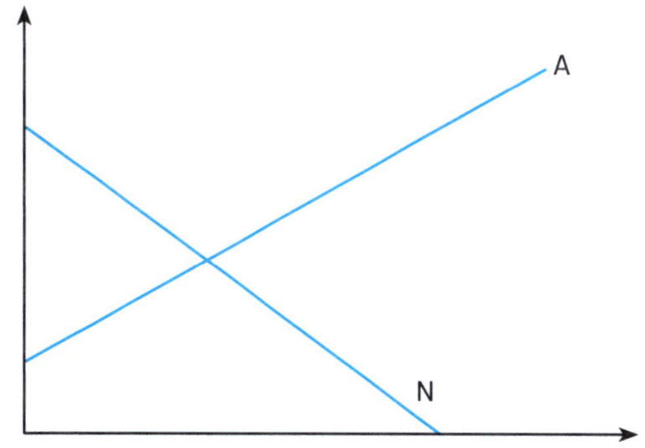

8 Deutscher Arbeitsmarkt: Das Problem des Fachkräftemangels verschärft sich in zahlreichen Branchen.

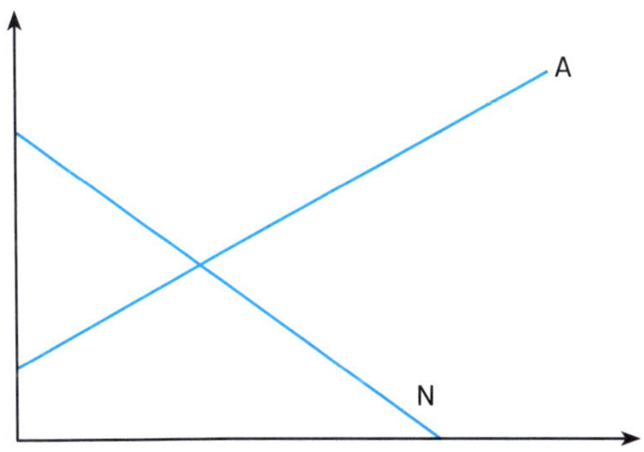

9 Deutscher Markt für IT-Dienstleistungen: Eine zunehmende Anzahl an Unternehmen aller Branchen digitalisiert interne Prozesse.

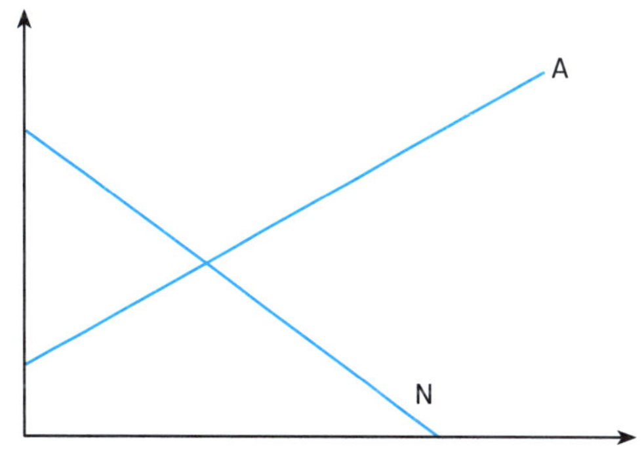

10 Deutscher Arbeitsmarkt: Immer mehr Arbeitsplätze fallen der betrieblichen Digitalisierung zum Opfer.

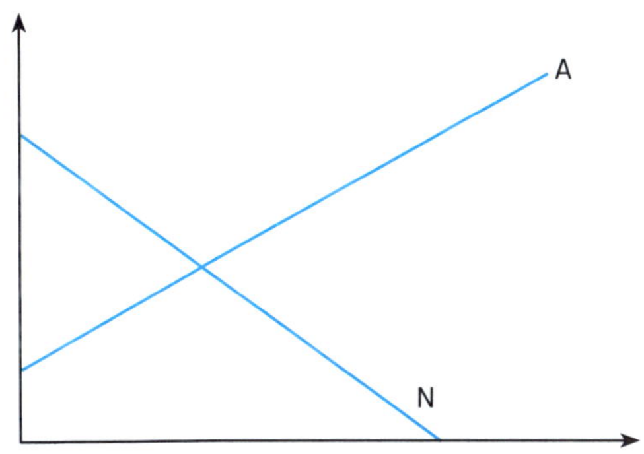

11 Weltweiter Aktienmarkt: Immer mehr private Haushalte legen ihr Geld in Aktien und Aktienfonds an.

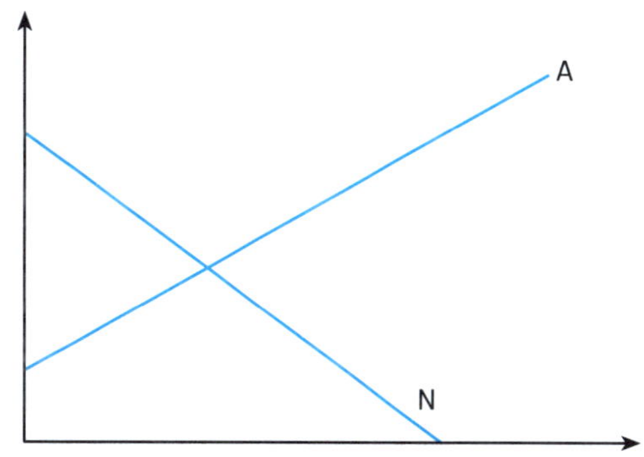

12 Deutscher Arbeitsmarkt: Die Bundesregierung beschließt den Mindestlohn.

Kompaktwissen

Markt

- **Teilnehmer**
  - Anbieter
  - Nachfrager
- **Arten**
  - unterschiedliche Kriterien möglich, z. B. Art des gehandelten Gutes
- **Formen**
  - Polypol
  - Oligopol
  - Monopol

Bestimmungsfaktoren

der Nachfrage

- Preis des Gutes
- Preis von Substitutions- und Komplementärgütern
- verfügbares Einkommen der Nachfrager
- Bedürfnis- und Nutzenstruktur
- Einkommenserwartungen der Nachfrager
- Gesamtzahl potenzieller Nachfrager

des Angebots

- Preis des Gutes
- Kosten
- Unternehmenssteuern
- Produktivität
- Absatz- und Gewinnerwartungen
- Verfügbarkeit der Produktionsfaktoren
- Gesamtzahl potenzieller Anbieter

Marktgesetze

Nachfragegesetz

Je höher (niedriger) der Preis, desto geringer (höher) die nachgefragte Menge

Angebotsgesetz

Je höher (niedriger) der Preis, desto höher (niedriger) die angebotene Menge

Preisbildung

	Menge	Preis
Nachfrageüberhang	Nachfrage > Angebot	steigt
Angebotsüberhang	Angebot > Nachfrage	sinkt
Marktgleichgewicht	Angebot = Nachfrage	Gleichgewichtspreis

Funktionen des Preises

Informationsfunktion

Marktteilnehmer werden über den Grad der Knappheit informiert.

Ausgleichsfunktion

Angebot und Nachfrage werden zum Ausgleich gebracht.

Lenkungsfunktion

Das Angebot wird automatisch dorthin gelenkt, wo es gebraucht wird.

Staatliche Eingriffe in die Preisbildung

- **Marktkonforme (indirekte) Eingriffe**
  - Steuern, Zölle
  - Subventionen
  - Transferzahlungen
  - Staatsnachfrage
- **Marktkonträre (direkte) Eingriffe**
  - Höchstpreis
  - Mindestpreis

Marktformen Spezial: Monopol und Oligopol

Marktform Monopol

Im Monopol[1] (genauer: Angebotsmonopol) steht ein einziger Anbieter einer Vielzahl von Nachfragern gegenüber. Der Monopolist hat also keine Konkurrenz. Monopole sind vielfach Staatsbetriebe (z. B. regionale Wasserversorger), ebenso gibt es Monopole in der Privatwirtschaft (z. B. Microsoft auf dem Markt für bestimmte Software in der Geschäftswelt). In der Vergangenheit gab es in Deutschland mehrere große Monopole (z. B. Bundespost, Bundesbahn). Diese wurden im Zuge von Privatisierungen nach und nach abgeschafft. In der Privatwirtschaft tritt häufig ein befristetes Monopol auf, nämlich dann, wenn ein Anbieter eine Innovation auf den Markt bringt. Er ist dann so lange Monopolist am Markt, bis seine Konkurrenten entsprechende Nachahmungsprodukte anbieten können

Beispiel: Der amerikanische Computerhersteller Apple hatte für rund ein Jahr eine Monopolstellung mit einem neu entwickelten Mobiltelefon iPhone, bis seine Konkurrenten mit vergleichbaren Smartphones folgten.

Anders als im Polypol, in dem der Anbieter sich am Marktpreis orientieren muss, kann der Monopolist den Marktpreis selbst festlegen. Wollen die Nachfrager das Produkt erwerben, müssen sie diesen Preis bezahlen, denn es gibt keine Alternative. Dabei sind zu unterscheiden:

- **Staatliche Monopole:** Diese verfolgen das Ziel, eine Grundversorgung der Bevölkerung mit bestimmten Gütern sicherzustellen (Prinzip der Bedarfsdeckung). Dabei werden die Preise so gering wie möglich gehalten. Man nennt sie daher auch Bedarfsdeckungsmonopole.
- **Private Monopole:** Diese verfolgen das Ziel, möglichst hohe Gewinne zu erwirtschaften (Prinzip der Gewinnmaximierung) und legen ihre Preise entsprechend fest. Der Monopolist kann mithilfe der Nachfragekurve sowohl den erlösmaximalen als auch den gewinnmaximalen Preis und die damit verbundene Absatzmenge mathematisch berechnen.

Marktform Oligopol

Im Oligopol[2] (genauer: Angebotsoligopol) stehen wenige Anbieter einer Vielzahl von Nachfragern gegenüber. Was aber genau „wenige" bedeutet, ist im Einzelfall zu definieren. Für die nachfolgenden Betrachtungen soll hier die Grenze bei 20 Anbietern zugrunde gelegt werden. Jeder Anbieter im Oligopol hat also nur einige wenige Konkurrenten, mit denen er den Markt beherrscht und die er gewöhnlich gut kennt.

Beispiele: Mineralölgesellschaften, Automobilhersteller

Da die Oligopolisten sich gegenseitig aufmerksam beobachten, müssen sie bei allen Maßnahmen mit sofortigen Reaktionen ihrer Wettbewerber rechnen. Beispielsweise können Preissenkungen dazu führen, dass auch die Wettbewerber ihre Preise senken und so ein ruinöser Preiskampf beginnt. Vor diesem Hintergrund sind im Oligopol zwei klassische Strategien zu unterscheiden:

- **Verdrängungsstrategie:** Trotz der oben beschriebenen Risiken versucht der Oligopolist, seine Wettbewerber mit Kampfpreisen vom Markt zu drängen. Deshalb ist er bereit, für einen bestimmten Zeitraum das Ziel der Gewinnmaximierung zurückzustellen. Erst wenn er bestimmte Konkurrenten verdrängt hat, hebt er seine Preise wieder an.
- **Kooperationsstrategie:** Die Kooperationsstrategie ist friedlicher Natur. Ziel ist hier, durch ein mehr oder weniger abgestimmtes gemeinsames Vorgehen (Parallelverhalten) die Ein- und Verkaufspreise und auch die Absatzmengen (Quoten) so festzulegen, dass keiner der Anbieter vom Markt verdrängt wird. Dazu müssen sich die Oligopolisten miteinander absprechen. Auf diese Weise entsteht ein Kartell von Anbietern, welche die Preise ähnlich wie ein Monopolist beliebig hochtreiben können. Aus diesem Grunde sind Preis- und Mengenabsprachen sowie sonstiges abgestimmtes Verhalten unter Oligopolisten in Deutschland verboten. Die rechtliche Grundlage ist das Gesetz gegen Wettbewerbsbeschränkungen (GWB), die zuständige Behörde das Bundeskartellamt (siehe Kapitel „Wettbewerbspolitik"). Auf europäischer Ebene ist das Kartellverbot in Art. 101 des Vertrags über die Arbeitsweise der EU (AEUV) geregelt.

1 Mono (griechisch): einzig, einzeln, allein
2 Oli (griechisch): wenig, wenige, gering

Vertiefungsaufgaben

1. Nennen Sie je fünf Bestimmungsfaktoren der Nachfrage und des Angebots.
2. Erläutern Sie den Unterschied zwischen dem Angebots- und dem Nachfragegesetz.
3. Erläutern Sie, was man unter einem vollkommenen Markt versteht und nennen Sie die Bedingungen, die auf einem vollkommenen Markt gegeben sein müssen.
4. Analysieren Sie den deutschen Markt für medizinische Schutzmasken in der Coronakrise. Tragen Sie für jede Teilaufgabe ein, ob das Angebot oder die Nachfrage betroffen ist und kreuzen Sie an, ob es sich um eine Bewegung auf der Kurve oder um eine Verschiebung der Kurve handelt.

Teilaufgabe	Angebot oder Nachfrage?	Bewegung auf der Kurve	Verschiebung der Kurve	
			nach links	nach rechts
a) Immer mehr Textilhersteller stellen auf die Produktion medizinischer Masken um.				
b) Je höher der erzielbare Preis für medizinische Masken, desto mehr bieten diese online an.				
c) Immer mehr Kliniken und Arztpraxen versuchen händeringend, an medizinische Masken zu kommen.				
d) Eine zunehmende Anzahl privater Haushalte näht textile Gesichtsmasken und bietet diese preiswert an.				
e) Die USA kaufen mit erheblichen Beträgen medizinische Masken in ganz Europa auf.				
f) Viele Haushalte machen den Kauf einer medizinischen Maske davon abhängig, was sie kostet.				
g) Mit der Verbreitung eines Impfstoffes stellen viele Textilhersteller die Produktion von Masken ein.				

5. Ihnen liegen folgende Angaben zum Markt von Wanderschuhen aus der Region Waldberg vor:

Preis (€)	0	50	100	150	200	250	300	350
Nachfrage (Stück)	70	60	50	40	30	20	10	0
Angebot (Stück)	0	0	20	40	60	80	100	120

   a) Stellen Sie die Marktsituation grafisch dar und beschriften Sie Ihr Ergebnis.
   b) Skizzieren und erläutern Sie die Marktsituation bei einem Marktpreis von 225,00 € und bei einem Marktpreis von 125,00 €.
   c) Ermitteln und erläutern Sie die Konsumentenrente von Frau Hill, die bereit ist, 175,00 € für Wanderschuhe auszugeben und die Produzentenrente von Unternehmer Brause, der diese aufgrund seiner betrieblichen Kostensituation bereits ab 95,00 € verkaufen könnte.

6. Erläutern Sie die Funktionen des Marktpreises und ihre Bedeutung.
7. Skizzieren Sie grafisch die Auswirkungen folgender Maßnahmen auf dem Markt für Fleecejacken in Deutschland.
   a) Der Bundesfinanzminister senkt die Einkommensteuer.
   b) Der Präsident der USA setzt durch, dass Europa keine Importzölle mehr auf Textilien erhebt.
   c) Baumwolljacken sinken bundesweit im Preis.
   d) Es kommt zu mehrwöchigen Streiks bei führenden Fleecejackenherstellern.
8. Eine besondere Marktform ist das Monopol.
   a) Nennen Sie aktuelle Beispiele für Monopolsituationen.
   b) Begründen Sie, warum Monopole keine optimale Marktform sind.

E Grundlagen der Wirtschaftspolitik

Erarbeitung

„Nun kennen wir die grundlegenden Zusammenhänge unserer Gesamtwirtschaft: Wir kennen die Akteure und die Geldströme des Wirtschaftskreislaufs und wir wissen, wie sich das BIP zusammensetzt und wie Märkte funktionieren. Damit, so könnte man vielleicht meinen, wissen wir alles und sind fertig. Aber jetzt geht es erst richtig los, denn:

In jeder Volkswirtschaft treten von Natur aus immer wieder ganz unterschiedliche Probleme auf, wie beispielsweise Konjunkturschwankungen, Arbeitslosigkeit, Inflation oder Umweltzerstörung. Würde sich keiner um diese Probleme kümmern, käme es schon bald zu schweren Wirtschaftskrisen und vielleicht sogar zu Hungersnöten. Hier kommt die Wirtschaftspolitik ins Spiel. Wirtschaftspolitik ist die Gesamtheit aller Entscheidungen und Maßnahmen des Staates, der Zentralbank (EZB) und auch der Tarifparteien zur Gestaltung und Steuerung unserer Wirtschaft.

In diesem Kapitel sehen wir uns zunächst die wichtigsten volkswirtschaftlichen Problemfelder an. Für jedes dieser Problemfelder hat sich die Wirtschaftspolitik konkrete Ziele gesetzt. Dann lernen wir die Träger und Instrumente der Wirtschaftspolitik kennen, also die zuständigen Institutionen und ihre Werkzeuge. Und um zu vermeiden, dass wir irgendwann den Wald vor lauter Bäumen nicht mehr sehen, verschaffen wir uns mit der ‚Landkarte der Wirtschaftspolitik' eine Gesamtübersicht. Sie ist das Herzstück dieses Kapitels. Abschließend untersuchen wir die Wirkungen und auch die Nebenwirkungen von wirtschaftspolitischen Maßnahmen. Denn eine Volkswirtschaft ist, ähnlich wie der menschliche Körper, ein komplexes System. Und die sind gar nicht so leicht zu steuern, wie man denkt."

1 Volkswirtschaftliche Problemfelder

Zunächst wollen wir uns eine Übersicht über die wichtigsten Problemfelder unserer Volkswirtschaft verschaffen und anschließend konkrete Fälle aus der Praxis einordnen.

ARBEITSAUFTRÄGE

Bearbeiten Sie die Arbeitsaufträge mithilfe des nachfolgenden Infotextes.

1. Stellen Sie mithilfe des nachfolgenden Infotextes die wirtschaftspolitischen Problemfelder in einer Mindmap dar. Nutzen Sie die Anleitung zur Erstellung einer Mindmap in der Methodenbox im Anhang.

Infotext: Volkswirtschaftliche Problemfelder

Problemfeld Nr. 1: Konjunkturschwankungen

Umgangssprachlich versteht man unter Konjunkturschwankungen (Konjunktur) das wiederkehrende Auf und Ab der Gesamtwirtschaft eines Landes. Dabei werden vier Phasen unterschieden:

- **Aufschwung (Expansion):** Mit der Gesamtwirtschaft geht es bergauf: Auftragsbücher füllen sich, Unternehmen investieren und schaffen neue Arbeitsplätze.
- **Boom (Hochkonjunktur):** Der Wirtschaftsaufschwung verlangsamt sich und erreicht seinen Höhepunkt (oberen Wendepunkt). Es kommt zu Arbeitskräftemangel, Produktionsengpässen und auch zu Inflation, die Gesamtwirtschaft droht zu „überhitzen".
- **Abschwung (Rezession):** Mit der Gesamtwirtschaft geht es nach und nach bergab, die Aufträge bleiben aus, die Arbeitslosigkeit nimmt zu.
- **Tiefphase (Talsohle):** Die Gesamtwirtschaft bewegt sich auf geringem Niveau und erreicht ihren Tiefpunkt, die Arbeitslosigkeit erreicht ihren Höhepunkt. Dauerhafte und schwerwiegende Tiefphasen werden als Depression bezeichnet.

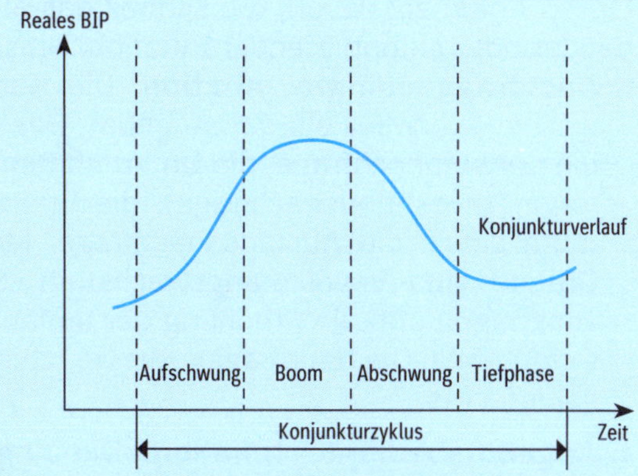

Problemfeld Nr. 2: Arbeitsmarktungleichgewichte

Arbeitslosigkeit (Unterbeschäftigung)

Bei der Arbeitslosigkeit übersteigt das Angebot an Arbeit die Nachfrage nach Arbeit, sodass ein Teil der arbeitswilligen Personen keine Arbeit findet. Man unterscheidet vier Arten der Arbeitslosigkeit

- **Konjunkturelle Arbeitslosigkeit** betrifft die Gesamtwirtschaft (alle Branchen) und ist auf konjunkturelle Entwicklungen (Abschwung, Tiefphase) zurückzuführen und deshalb vorübergehender Natur.
- **Strukturelle Arbeitslosigkeit** entsteht durch Strukturwandel, also durch langfristige, grundlegende Veränderungen der Nachfrage in einzelnen Branchen (z. B. Kohlebergbau, Werften), dabei spielt die Qualifikation der Arbeitskräfte eine wichtige Rolle.
- **Saisonale Arbeitslosigkeit** entsteht in Saisonberufen außerhalb der Saison.
- **Friktionelle Arbeitslosigkeit** entsteht übergangsweise durch Stellenwechsel.

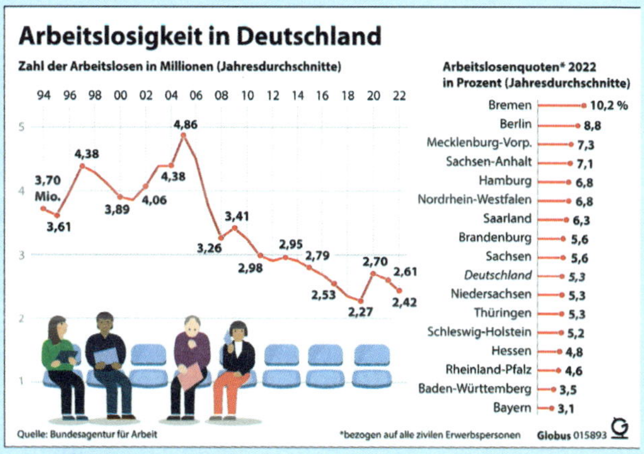

Die Höhe der Arbeitslosigkeit wird durch die Arbeitslosenquote ausgedrückt:

$$\text{Arbeitslosenquote in \%} = \frac{\text{Zahl der registrierten Arbeitslosen} \cdot 100}{\text{Zahl der zivilen Erwerbspersonen}}$$

Hinweis: Zivile Erwerbspersonen = Erwerbstätige (ohne Soldaten) + registrierte Arbeitslose

Arbeitskräftemangel (Überbeschäftigung)

Arbeitskräftemangel ist das Gegenteil von Arbeitslosigkeit: Hier übersteigt die Nachfrage nach Arbeit das Angebot. Man unterscheidet zwei Arten des Arbeitskräftemangels:

- **Fachkräftemangel:** Mangel an (hoch-)qualifizierten Arbeitskräften
- **Hilfskräftemangel:** Mangel an gering oder nicht qualifizierten Arbeitskräften

Problemfeld Nr. 3: Geldwertinstabilitäten

Inflation

Als Inflation bezeichnet man den dauerhaften Anstieg des allgemeinen Preisniveaus und damit die Abnahme der Kaufkraft des Geldes. Mit anderen Worten: Das Geld verliert an Wert, Güter und Dienstleistungen werden teurer. Abhängig davon, wie schnell das allgemeine Preisniveau ansteigt, spricht man von schleichender, trabender oder galoppierender Inflation. Hinsichtlich der Inflationsursachen sind zu unterscheiden:

- **Nachfragebedingte Inflation:** Die Nachfrage wächst schneller als das Angebot. Das betrifft die Konsumnachfrage, die Unternehmensnachfrage (Investitionsnachfrage), die Staatsnachfrage sowie die Auslandsnachfrage. Mögliche Gründe sind Bevölkerungswachstum, Steuersenkungen und die Erhöhung der umlaufenden Geldmenge. Die Nachfragekurve verschiebt sich nach rechts.
- **Angebotsbedingte Inflation:** Die Angebotspreise steigen aufgrund ansteigender Kosten (z. B. Löhne, Einkaufspreise, Unternehmenssteuern, Zinsen), höherer Gewinnmargen der Unternehmen oder auch aufgrund einer Verknappung des Angebots (z. B. durch Streiks, abreißende Lieferketten, Missernten). Die Angebotskurve verschiebt sich nach links.

Deflation

Deflation ist das Gegenteil von Inflation, also das dauerhafte Absinken des allgemeinen Preisniveaus bzw. der Anstieg der Kaufkraft des Geldes. Doch was zunächst positiv klingt, kann für die Wirtschaft verhängnisvoll sein, denn wenn die Preise immer weiter sinken, so sinken auch die Gewinnerwartungen der Unternehmen, welche ihre Produktion nach und nach drosseln, ihre Beschäftigten entlassen und auch ihre Standorte schließen. Entsprechend sinken Einkommen und Nachfrage und es entsteht ein Teufelskreis, der zum Schrumpfen der Gesamtwirtschaft führt. Fachleute halten eine Deflation für gefährlicher, als eine Inflation.

Problemfeld Nr. 4: Außenwirtschaftliche Ungleichgewichte

Grundsätzlich sollte bei allen Transaktionen mit dem Ausland die Summe der nationalen Zahlungseingänge der Summe der nationalen Zahlungsausgänge entsprechen, um die Stabilität des In- und Auslands nicht zu gefährden. Das bezieht sich vor allem auf die Exporte (Ausfuhr von Waren und Dienstleistungen aus dem Inland in das Ausland) und die Importe (Einfuhr von Waren und Dienstleistungen aus dem Ausland in das Inland).

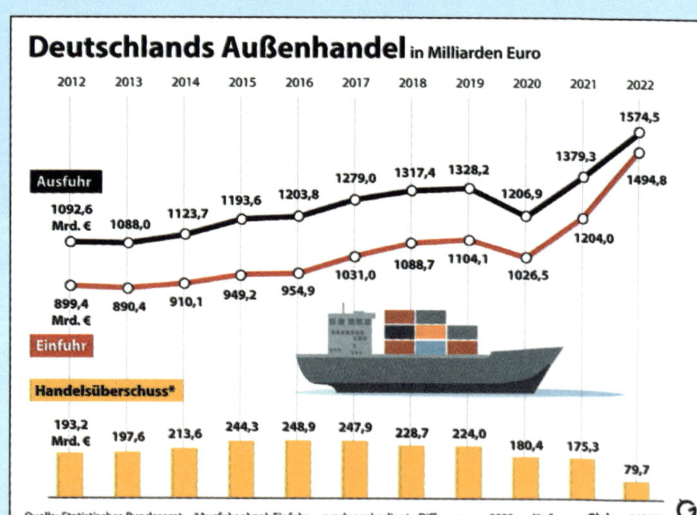

Übersteigen die Exporte die Importe, so spricht man von einem Exportüberschuss (positiver Außenbeitrag), übersteigen die Importe die Exporte, so spricht man von einem Importüberschuss (negativer Außenbeitrag). Im Falle eines dauerhaften Export- oder Importüberschusses liegt ein außenwirtschaftliches Ungleichgewicht vor. Dieses kann zu schwerwiegenden Folgeproblemen führen (z. B. zu Verschuldung und Zahlungsunfähigkeit importierender Länder sowie zu einer überhöhten Abhängigkeit exportierender Länder vom Weltmarkt).

Problemfeld Nr. 5: Verteilungsungerechtigkeit

In Deutschland sind, wie in den meisten Volkswirtschaften, Einkommen und Vermögen sehr ungleich verteilt. Entsprechend unterscheidet man zwei Arten von Ungleichheit:

- **Ungleiche Einkommensverteilung:** Die Schere zwischen arm und reich ist weit geöffnet: Beispielsweise verdienen DAX-Vorstände rund das 38-fache eines durchschnittlichen Angestelltengehalts.
- **Ungleiche Vermögensverteilung:** Schätzungen zufolge gehören in Deutschland 10 % der Haushalte rund zwei Drittel des gesamten Vermögens und nur ein Prozent der Haushalte besitzt etwa ein Drittel des Gesamtvermögens.

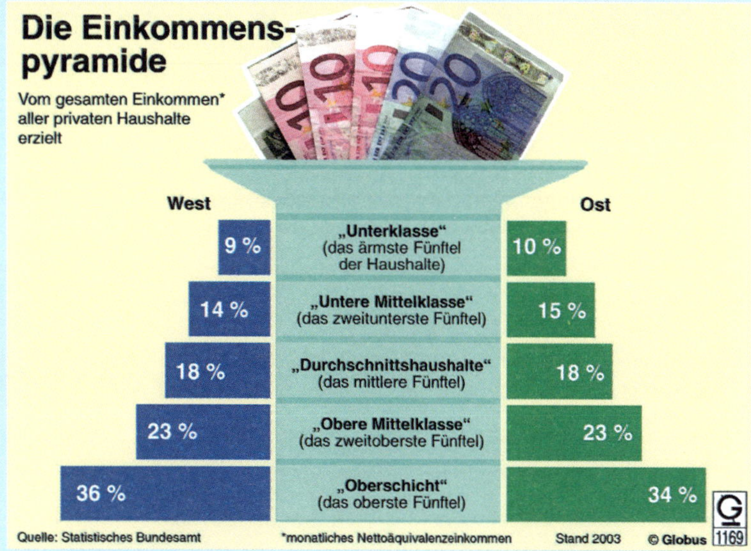

Jedoch ist Ungleichheit nicht dasselbe wie Ungerechtigkeit. So begründen viele Besserverdienende ihr höheres Einkommen mit einer aufwendigeren Ausbildung, einer anspruchsvolleren Tätigkeit oder einer höheren Verantwortung. Und viele Vermögende begründen ihr Vermögen mit ihrem beruflichen Engagement und einer langfristigen Vermögensaufbaustrategie. Die Grenze zwischen einer „angemessenen Ungleichheit“ und einer „Ungerechtigkeit“ bei der Verteilung des Volkseinkommens verläuft subjektiv und abhängig von persönlichen Überzeugungen und Erfahrungen. Entsprechend vertreten die politischen Parteien dazu unterschiedliche Standpunkte.

Problemfeld Nr. 6: Umweltbelastungen

- **Umweltzerstörung:** Durch weltweite Produktion der Industrieländer wie auch durch gedankenlosen Konsum wird unsere Umwelt nach und nach zerstört. Beispiele sind die Erzeugung gigantischer Mengen Müll zu Lande und zu Meer, die Verschmutzung der Luft (z. B. durch Emission von Treibhausgasen), des Wassers (Industrieabwässer und Nitrate durch Überdüngung) sowie des Bodens (chemische Produktionsrückstände). Gegenwärtig steht die weltweite Emission von Treibhausgasen (vor allem CO_2) im Mittelpunkt der umweltpolitischen Diskussion, da sie den Klimawandel und damit verbundene Umweltkatastrophen fördert.

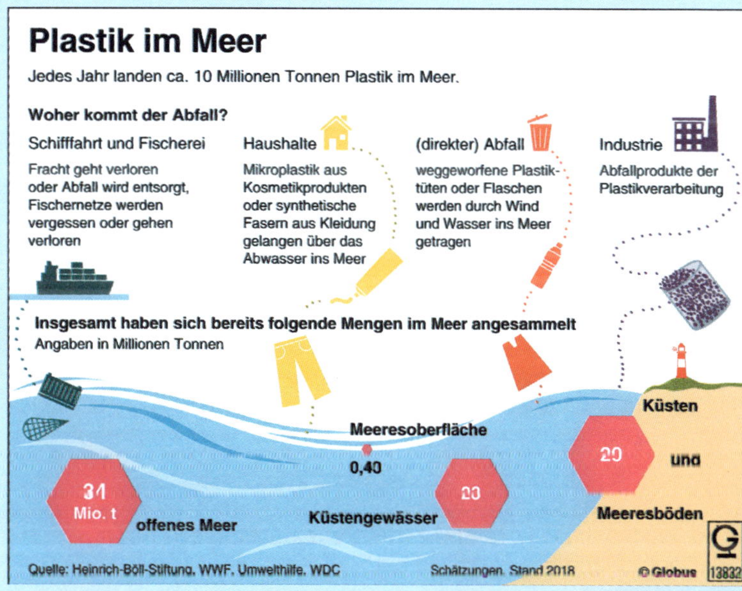

- **Ressourcenverbrauch:** Durch wirtschaftliches Handeln werden knappe Rohstoffe verbraucht und auch verschwendet. Beispielsweise wird Erdöl, welches u. a. als Rohstoff für Medikamente dient, von Verbrennungsmotoren in großen Mengen verbrannt. Knappe Ressourcen schüren internationale Verteilungskonflikte, welche im Extremfall zu Kriegen führen können.

Weitere Problemfelder

Hinzu kommen weitere Problemfelder wie Wettbewerbsbeschränkungen und Staatsverschuldung, die hier nicht vertieft werden sollen. Wettbewerbsbeschränkungen sind Gegenstand des Abschnitts *Kompaktwissen Spezial* am Ende *dieses* Kapitels. Die Staatsverschuldung wurde bereits in Teilkapitel *B 4 Einnahmen und Ausgaben des Staates* behandelt.

2. Tragen Sie in die leeren Felder ein, welches volkswirtschaftliche Problemfeld in den vorliegenden Fällen beschrieben wird und nehmen Sie jeweils eine Präzisierung vor.

Fall	Problemfeld	Präzisierung
a) Viele Industrieprodukte werden nach und nach teurer, weil sowohl die Einkaufspreise für Rohstoffe als auch die Löhne stetig ansteigen.		
b) Die Auftragslage in deutschen Unternehmen ist rückläufig, die Produktion nimmt branchenübergreifend deutlich ab.		
c) Deutschland gefährdet durch erhebliche und andauernde Exportüberschüsse die Stabilität europäischer Volkswirtschaften.		
d) In Österreich besitzen die reichsten 5 % der Bevölkerung rund 45 % des Vermögens.		
e) Viele Menschen finden deshalb keine Arbeit, weil sie Qualifikationen mitbringen, die kaum noch gefragt sind.		
f) Für die Produktion einer einzigen Jeans sind 8.000 Liter Wasser erforderlich.		
g) Aufgrund zunehmender Nachfrage aus dem Ausland steigen im Inland die Preise an.		
h) Viele Betriebe suchen händeringend Maschinenbauingenieurinnen und -ingenieure.		
i) 2008 brach die gesamtwirtschaftliche Nachfrage in Deutschland überraschend ein.		
j) Immer mehr Menschen in allen Branchen des Landes verlieren ihren Arbeitsplatz, weil die Aufträge für die Unternehmen ausbleiben.		
k) Die USA haben über viele Jahre ihr Leistungsbilanzdefizit vergrößert und sich im Ausland immer weiter verschuldet.		

Fall	Problemfeld	Präzisierung
l) Die deutsche Landwirtschaft kann nicht ausreichend viele Menschen mit geringer Qualifikation im In- und Ausland für das Spargelstechen begeistern.		
m) Im Pazifik treibt allein an der Wasseroberfläche eine Schicht von Plastikmüll, deren Ausmaß der Größe Mitteleuropas entspricht.		
n) In Japan verschieben die privaten Haushalte größere Anschaffungen, da sie erneut sinkende Verbraucherpreise erwarten.		
o) Rund 50 % der Gesellschaft hat einen Anteil von rund 17 % am Gesamteinkommen.		
p) Gastronomiehilfskräfte an Nord- und Ostsee finden im Winter oftmals keine Beschäftigung.		
q) Die Regierung in Venezuela druckt Geld nach, um die Staatsschulden bezahlen zu können.		
r) Siemens sucht händeringend Maschinenbauer/-innen.		
Selbstgewählte Beispiele		
s)		
t)		
u)		

2 Ziele der Wirtschaftspolitik

Wir haben gesehen, dass unsere Volkswirtschaft sechs Problemfelder kennt. Vor diesem Hintergrund hat sich die deutsche Wirtschaftspolitik sechs konkrete Ziele gesetzt. Diese Ziele sollen im Folgenden erarbeitet, analysiert und diskutiert werden.

ARBEITSAUFTRÄGE

1. **Kreativauftrag:** Stellen Sie die sechs wirtschaftspolitischen Ziele in einer aussagefähigen Grafik anschaulich und einprägsam dar.

Infotext: Ziele der Wirtschaftspolitik

Einordnung

Vor dem Hintergrund der volkswirtschaftlichen Problemfelder sowie der allgemein anerkannten gesellschaftlichen Grundwerte Freiheit, Sicherheit, Gerechtigkeit und Fortschritt wurden in Deutschland sechs Ziele der Wirtschaftspolitik abgeleitet. Dabei sind quantitative Ziele und qualitative Ziele zu unterscheiden:

Quantitative Ziele („magisches Viereck")

1967 wurden für Deutschland im Stabilitätsgesetz (StabG) vier Hauptziele der Wirtschaftspolitik festgeschrieben, die bis heute von zentraler Bedeutung sind. Man nennt sie quantitative Ziele, weil die Zielvorgaben und ihre Erreichung zahlenmäßig unmittelbar messbar sind. Sie lauten:

- **Stetiges und angemessenes Wirtschaftswachstum:** Das Bruttoinlandsprodukt soll stetig (gleichmäßig, also ohne Konjunkturschwankungen) anwachsen. Die Zielgröße lautet: 2,5 % bis 3 % Wachstum des realen Bruttoinlandsprodukts (BIP) gegenüber der Vorperiode.
- **Hoher Beschäftigungsstand (Vollbeschäftigung):** Möglichst alle erwerbsfähigen Personen sollen beschäftigt sein. Da eine hundertprozentige Vollbeschäftigung nicht realistisch ist, lautet die Zielvorgabe: maximal 3 % Arbeitslosenquote.
- **Preisniveaustabilität:** Die Preise für Güter und Dienstleistungen sollen nicht bzw. nur in sehr geringem Maße steigen. Ein leichter Anstieg ist beabsichtigt, da eine Deflation aus Sicht von Fachleuten gefährlicher ist als eine Inflation. Die EZB strebt daher eine Inflationsrate von 2 % an.
- **Außenwirtschaftliches Gleichgewicht:** Der Außenbeitrag (bzw. Leistungsbilanzsaldo) soll 1,5 % bis 2 % des nominalen BIP nicht dauerhaft überschreiten.[1]

Diese Ziele des Stabilitätsgesetzes werden als „magisches Viereck" bezeichnet, da sie von Natur aus nicht alle gleichzeitig erreicht werden können.

Qualitative Ziele

Seit Ende der 70er-Jahre wurden zwei weitere Ziele in den Katalog der wirtschaftspolitischen Ziele aufgenommen, nämlich das Ziel der Verteilungsgerechtigkeit und der Erhalt einer lebenswerten Umwelt (Umweltschutz), wobei nur der Umweltschutz gesetzlich festgelegt ist (Art. 20a Grundgesetz). Da diese beiden Ziele nicht ohne weiteres zahlenmäßig messbar formuliert werden können, werden sie als qualitative Ziele bezeichnet.

- **Gerechte Einkommens- und Vermögensverteilung (Verteilungsgerechtigkeit):** Einkommen und Vermögen in der deutschen Volkswirtschaft sind gerecht zu verteilen. Dieses Ziel ist nicht gesetzlich festgelegt, wohl aber herrschende Meinung in der Wirtschaftspolitik.
- **Erhalt einer lebenswerten Umwelt (Umweltschutz):** Dieses Ziel wird auch als ökologisches Gleichgewicht bezeichnet. Gemäß Art 20a GG schützt der Staat auch in Verantwortung für die künftigen Generationen die natürlichen Lebensgrundlagen und die Tiere im Rahmen der verfassungsmäßigen Ordnung durch Gesetzgebung und Rechtsprechung.

Mit diesen beiden qualitativen Zielen wird das oben vorgestellte „magische Viereck" zum „magischen Sechseck" erweitert, da erst recht nicht alle sechs Ziele gleichzeitig erreicht werden können.

Zielbeziehungen

- **Zielharmonie:** Die Verfolgung eines Ziels dient zugleich der Erreichung eines anderen Ziels.
- **Zielkonflikt:** Die Verfolgung eines Ziels behindert die Erreichung eines anderen Ziels.
- **Zielneutralität:** Die Verfolgung eines Ziels steht in keinem Zusammenhang mit der Erreichung eines anderen Ziels.

1 Aus Gründen der Vereinfachung wird hier noch nicht zwischen Außenbeitrag und Leistungsbilanzsaldo unterschieden. Eine differenzierte Betrachtung erfolgt in Kapitel *G 2.1 Das Ziel des außenwirtschaftlichen Gleichgewichts.*

2. Erläutern Sie die nachfolgende Grafik und beurteilen Sie, ob die wirtschaftspolitischen Ziele im Jahr 2022 erreicht wurden. Nutzen Sie die Anleitung zur Auswertung eines Diagramms in der Methodenbox im Anhang. Im Jahr 2022 betrug das deutsche BIP 3.869,9 Mrd. Euro.

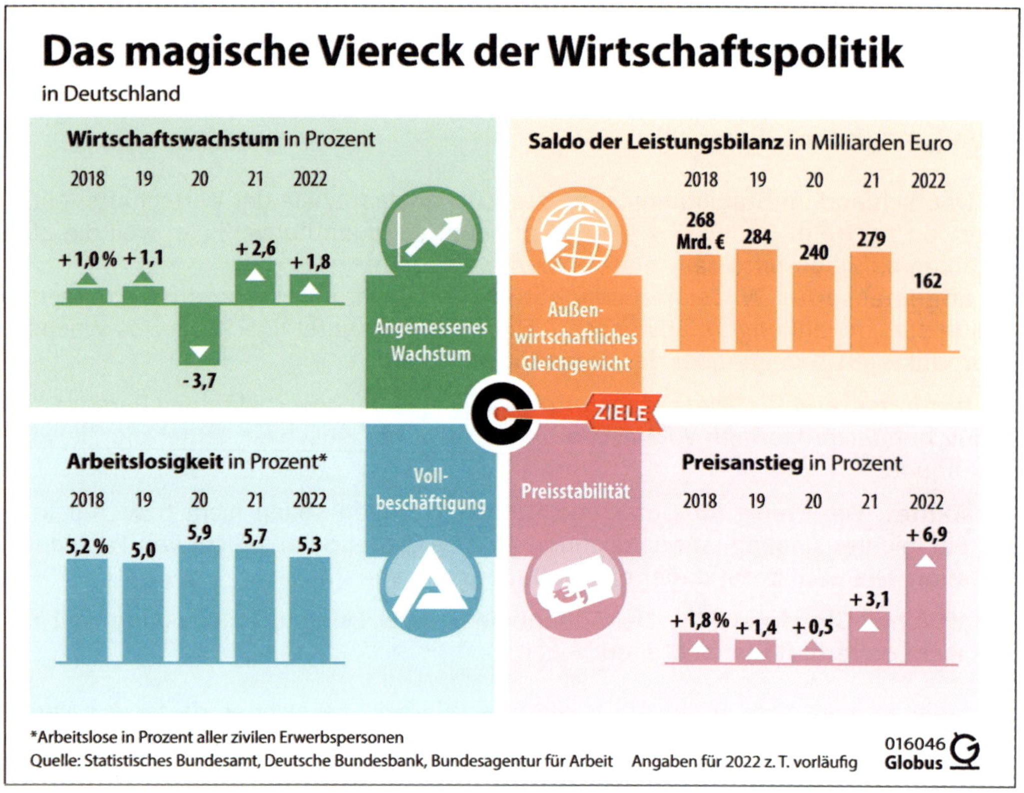

3. Im Folgenden sollen die wirtschaftspolitischen Zielbeziehungen analysiert werden. Tragen Sie dazu mithilfe des vorangehenden Infotextes in die leeren Felder ein, welches wirtschaftspolitische Ziel mit der beschriebenen Maßnahme verfolgt wird (Ziel 1) und welche Zielbeziehung mit dem jeweiligen Ziel 2 vorliegt. Gehen Sie dabei von folgenden Annahmen aus:
   - Die Inflationsrate beträgt 3 %.
   - Es liegt ein deutlicher Exportüberschuss vor.

Wirtschaftspolitische Ziele und Zielbeziehungen			
Wirtschaftspolitische Maßnahme	**verfolgtes Ziel (Ziel 1)**	**Zielbeziehung gegenüber Ziel 2**	**Ziel 2**
a) Der Staat subventioniert den Steinkohlebergbau im Ruhrgebiet, um Arbeitsplätze zu erhalten.			Umweltschutz
b) Der Staat führt den Mindestlohn ein, um die Lebenssituation von Geringverdienenden zu verbessern.			Preisniveaustabilität
c) Der Staat fördert die Entwicklung regenerativer Energiesysteme, um Deutschland einen Wettbewerbsvorteil zu verschaffen.			Umweltschutz
d) Die Europäische Zentralbank (EZB) erhöht die Zinsen, um einer Inflation entgegenzuwirken.			Wirtschaftswachstum
e) Der Staat erlässt ein Gesetz zum Einbau von Filteranlagen, um Emissionen der Industrie zu senken.			Außenwirtschaftliches Gleichgewicht
f) Die Tarifparteien vereinbaren höhere Tariflöhne, um die Arbeitnehmer/-innen besser zu stellen.			Preisniveaustabilität
g) Der Staat gewährt Käuferinnen und Käufern von Neuwagen eine Abwrackprämie, um die Nachfrage zu beleben.			Hoher Beschäftigungsstand
h) Der Staat senkt die Sozialversicherungsbeiträge, um mehr Menschen in Beschäftigung zu bringen.			Wirtschaftswachstum
i) Der Staat verhängt Importzölle auf Kraftfahrzeuge, um die heimische Wirtschaft zu unterstützen.			Außenwirtschaftliches Gleichgewicht
j) Die EZB senkt die Zinsen, um einer Deflation entgegenzuwirken.			Hoher Beschäftigungsstand

4. Vor dem Hintergrund politischer Zielkonflikte in der Vergangenheit sollen Sinn und Priorität der sechs wirtschaftspolitischen Ziele auf den Prüfstand gestellt werden. Zu diesem Zweck veranstaltet das Wirtschaftsministerium in Berlin einen einwöchigen Kongress unter dem Motto *„Unsere Wirtschaft – Wo wollen wir hin?“*. Dabei ist für jedes der sechs wirtschaftspolitischen Ziele ein Workshop geplant, welcher jeweils mit einer fachlich fundierten und anschaulichen Überzeugungspräsentation eingeleitet werden soll. Entscheiden Sie sich für eins der sechs wirtschaftspolitischen Ziele und versuchen Sie, Ihr Publikum mit Ihrer Präsentation (30 Minuten) von der besonderen Wichtigkeit und Priorität Ihres Ziels zu überzeugen. Nutzen Sie dazu folgende Stichworte und Anregungen und recherchieren Sie die Details:

Ziel 1: Stetiges und angemessenes Wirtschaftswachstum

- Steigender materieller Wohlstand als Weg, Lebenswünsche zu erfüllen
- These: Materieller Wohlstand fördert Zufriedenheit (Bedürfnispyramide, Glücksforschung)
- Problemfeld der Konjunkturschwankungen
- Folgen eines rückläufigen Wirtschaftswachstums (z. B. in Venezuela oder Griechenland)
- Chance der Einkommenserhöhung für alle, ohne anderen etwas wegzunehmen
- Verringerung der Gefahr von Verteilungskonflikten und politischen Unruhen
- Ersetzen von quantitativem durch qualitatives Wachstum zum Schutz der Umwelt

Ziel 2: Hoher Beschäftigungsstand (Vollbeschäftigung)

- Arbeitslosigkeit als traditionelles Problem
  - Arten der Arbeitslosigkeit (siehe Teilkapitel E 1)
  - Abgrenzung: Arbeitslosen- und Erwerbslosenquote
  - Individuelle und gesellschaftliche Folgen der Arbeitslosigkeit
  - Volkswirtschaftliche Folgen der Arbeitslosigkeit (Kosten und Nichtnutzung von Ressourcen)
- Fachkräftemangel als neueres Problem
  - Betriebswirtschaftliche Folgen (z. B. Ablehnung von Aufträgen)
  - Volkswirtschaftliche Folgen

Ziel 3: Preisniveaustabilität

- Problem der Inflation und der Deflation (siehe Teilkapitel E 1)
- Folgen der Inflation von 1923 und der Deflation von 1929
- Reallöhne von Arbeitnehmern und Arbeitnehmerinnen sinken in der Inflation ab.
- Rückzahlung von Staatsschulden durch Geldentwertung
- Die Steuerungs- und die Signalfunktion des Preises funktioniert nicht mehr.
- Fachleute halten die Deflation für gefährlicher als die Inflation.

Ziel 4: Außenwirtschaftliches Gleichgewicht

- Werden langfristig mehr Güter importiert als exportiert (negativer Außenbeitrag), droht dem Inland die Zahlungsunfähigkeit, da große Geldmengen über lange Zeit abgeflossen sind.
- Werden langfristig mehr Güter exportiert als importiert (positiver Außenbeitrag), nimmt die Warenmenge im Inland immer mehr ab und die Geldmenge immer mehr zu. Damit verbunden sind Risiken von („importierter“) Inflation, von Zahlungsausfällen ausländischer Kunden (z. B. Griechenland) wie auch ein Mangel an Waren im Inland.
- Probleme, die durch den langjährigen Exportüberschuss Deutschlands entstanden sind (Arbeitslosigkeit und Verschuldung in anderen EU-Ländern). Vorschlag des ehemaligen Bundeskanzlers Helmut Schmidt: Höhere Bezahlung der Arbeitskräfte in Deutschland.

Ziel 5: Gerechte Einkommens- und Vermögensverteilung

- Unterscheidung von ungleicher und ungerechter Verteilung von Einkommen und Vermögen
- Problem oftmals extremer Einkommens- und Vermögensverteilung
- Forschungsergebnisse: Armut geht zulasten von Lebenszufriedenheit und Lebenserwartung.
- Bezieher/-innen geringer Einkommen verlieren auf mehreren Ebenen:
  - Ihnen bleibt kaum Geld zum Sparen übrig (verbreitetes Problem).
  - Sie legen ihr Geld oft ungünstig an (z. B. auf Sparkonten mit geringer Verzinsung).
  - Erhebliche Kapitalerträge von Besserverdienenden durch Zinseszinseffekte
- Beispiel der Verteilung des SOEP (sozioökonomischen Panels) von 2007:
  - Die oberen 10 % der privaten Haushalte verfügten über 57,1 % des gesamten Nettovermögens, die unteren 50 % kamen nur auf rund 1,2 %.
  - Das durchschnittliche Immobilien- und Gesamtvermögen der privaten Haushalte belief sich auf 132.000,00 € in Westdeutschland und auf 55.000,00 € in Ostdeutschland.
- Wohlstandsgefälle zwischen westlichen Industrienationen und Entwicklungsländern

Ziel 6: Erhalt einer lebenswerten Umwelt (Umweltschutz)

- Unterscheidung zwischen Umweltzerstörung und Ressourcenverbrauch
- Ausgewählte Aspekte der Umweltzerstörung
  - Club of Rome 1970: Grenzen des Wachstums (Warnung vor Wachstumsrisiken)
  - Exponentielle Effekte eines Wirtschaftswachstums von 4 % in wenigen Jahrzehnten bei begrenzten Ressourcen („Weizenkornlegende“)
  - Verschmutzung der Meere (z. B. durch Plastik und Mikroplastik)
  - Verschmutzung der Luft (z. B. durch Stickoxide, Mikroplastik, vor allem aus Autoreifen)
  - Vergiftung des Bodens und des Grundwassers (z. B. durch Industrierückstände, Fracking)
  - Vergiftung der Flüsse und Seen (vor allem durch Industrieabwässer)
  - Export von Elektroschrott (Vergiftung von Kindern in Afrika)
  - Exponentielles Bevölkerungswachstum in Verbindung mit westlichem Lebensstil
  - Zerstörung der Lebensgrundlagen ganzer Völker durch Abbau von Rohstoffen (z. B. Lithium in Südamerika und Kadmium in Afrika für den Bau von Batterien)
- Ressourcenverbrauch, Ressourcenknappheit, Earth Overshoot Day
- Postwachstumsökonomie

3 Träger und Instrumente der Wirtschaftspolitik

Im Folgenden wollen wir uns ansehen, mithilfe welcher Instrumente die Träger (Organisationen) der Wirtschaftspolitik versuchen, die sechs wirtschaftspolitischen Ziele zu erreichen.

ARBEITSAUFTRÄGE

1. Lesen Sie den nachfolgenden Infotext und klären Sie Verständnisfragen.

2. Füllen Sie die Tabelle mit Stichworten aus.

a) Die Regierung vergibt Aufträge zum Bau von Bundesautobahnen.
b) Die EZB kauft Wertpapiere bei den Geschäftsbanken.
c) Die EU erhebt Einfuhrabgaben auf Waren, die in die EU eingeführt werden.
d) Für arbeitslose Facharbeiterinnen und Facharbeiter bietet die Agentur für Arbeit Programmierkurse an.
e) Gewerkschaften und Arbeitgeberverbände einigen sich auf höhere Tariflöhne.
f) Die EU senkt die Grenzwerte für Stickoxide von Dieselfahrzeugen.
g) Das Bundesfinanzministerium senkt die Einkommensteuer für alle Einkommensschichten.
h) Die Zentralbank verteuert die Übernachteinlagen für die Geschäftsbanken.
i) Die Bundesregierung erhöht das Bürgergeld für Haushalte mit geringem Einkommen.
j) Die EU vereinbart mit Japan den Abbau gegenseitiger Handelshemmnisse.
k) Die Geschäftsbanken müssen einen geringeren Anteil ihrer Einlagen als Reserve halten.
l) Der Staat erhöht die gesetzlich festgelegte Untergrenze des Einkommens von Arbeitnehmenden.
m) Das Finanzamt erlaubt den Betrieben höhere jährliche Abschreibungen ihrer Maschinen.
n) Die Bundesagentur für Arbeit informiert über neue Berufe auf ihrer Online-Plattform.
o) Industriebetriebe müssen Rechte zur Emission von CO_2 käuflich erwerben.
p) Die Bundesregierung investiert in die Infrastruktur im Rahmen eines Konjunkturpakets.

Fall	Teilgebiet	Träger	Instrument	Ziel
a)				
b)				
c)				
d)				
e)				

Fall	Teilgebiet	Träger	Instrument	Ziel
f)				
g)				
h)				
i)				
j)				
k)				
l)				
m)				
n)				
o)				
p)				

Infotext: Teilgebiete, Träger und Instrumente der Wirtschaftspolitik

Vorbemerkungen

Die Wirtschaftspolitik ist ein sehr umfangreiches Gebiet, das in mehrere Teilgebiete unterteilt ist. Im Folgenden werden sechs wirtschaftspolitische Teilgebiete unterschieden, die sich den sechs Problemfeldern (siehe Abschnitt 1 in diesem Kapitel) und den sechs Zielen (siehe Abschnitt 2 in diesem Kapitel) direkt zuordnen lassen. Diese Einteilung ist in der Praxis üblich, auch wenn sie nicht vollständig ist und gelegentlich zu Überschneidungen führt. Die Beschreibungen beziehen sich vorrangig auf Deutschland und den Euroraum, sie gelten aber so oder in ähnlicher Weise auch für andere Länder bzw. Wirtschaftsräume.

Teilgebiet Nr. 1: Fiskalpolitik

Der Staat (Bund, Länder und Gemeinden) verfolgt mit seinen Einnahmen und Ausgaben das Ziel, den Konjunkturschwankungen entgegenzuwirken und damit ein stetiges und angemessenes Wirtschaftswachstum zu erreichen. Dabei sind zwei Arten von Instrumenten zu unterscheiden:

- **Instrumente der Einnahmenpolitik:** Der Staat kann in Zeiten des konjunkturellen Abschwungs und in der Tiefphase seine Einnahmen verringern, um die Wirtschaft zu beleben. Dazu kann er zum einen die Steuersätze (z. B. Lohn- und Einkommensteuersätze, Umsatzsteuersätze) senken, was die Gesamtnachfrage erhöht und die Wirtschaft ankurbelt. Zum anderen kann er die Abschreibungssätze[1] erhöhen, was zu mehr Investitionen der Unternehmen führt. In der Aufschwungphase und im Boom kann der Staat seine Einnahmen dann wieder erhöhen, indem er die Steuersätze wieder anhebt und die Abschreibungssätze senkt.
- **Instrumente der Ausgabenpolitik:** Der Staat kann in Zeiten des konjunkturellen Abschwungs und in der Tiefphase seine Ausgaben erhöhen, um die Wirtschaft zu beleben. Wichtige Instrumente sind Staatsaufträge (z. B. Bau von Straßen, Krankenhäusern, Schulen) und Subventionen (z. B. Agrarsubventionen) für Unternehmen sowie Transferleistungen für private Haushalte (z. B. Bürgergeld). Im Aufschwung und im Boom kann der Staat seine Ausgaben wieder absenken.

Eine **expansive Fiskalpolitik** steht für die Erhöhung der Staatsausgaben und für die Absenkung der Staatseinnahmen in Zeiten schwacher Konjunktur, also das „Ankurbeln der Wirtschaft". Eine **restriktive Fiskalpolitik** steht für die Absenkung der Staatsausgaben und Anhebung der Staatseinnahmen in Zeiten starker Konjunktur.

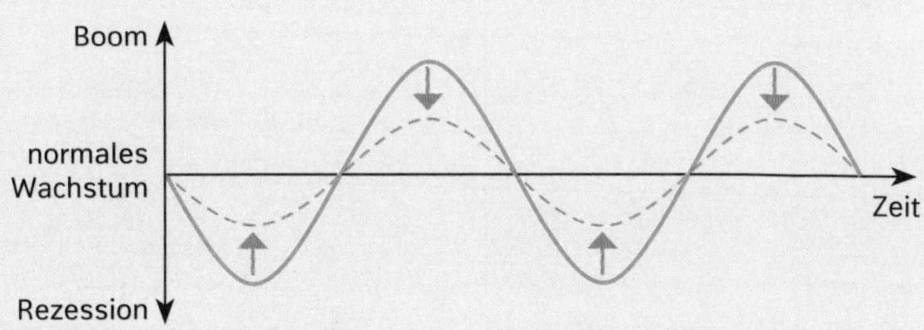

Da die Fiskalpolitik dem Konjunkturzyklus entgegenarbeitet, wird sie auch als **antizyklische Fiskalpolitik** (antizyklische Finanzpolitik, antizyklische Wirtschaftspolitik) bezeichnet. Sie versucht, die Konjunkturkurve zu glätten und ein stetiges Wirtschaftswachstum zu bewirken.

Teilgebiet Nr. 2: Geldpolitik

Die Europäische Zentralbank (EZB) ist Trägerin der Geldpolitik im Euroraum: Sie bekämpft Geldwertinstabilitäten und ist für die Erreichung des Ziels der Preisniveaustabilität zuständig. Ansatzpunkte sind der Zins (= Preis) und die Menge des Geldes im gesamten Euroraum, welche die EZB über die Geschäftsbanken (z. B. Deutsche Bank, Commerzbank) beeinflussen kann. Dazu stehen ihr eine Reihe von Instrumenten zur Verfügung. Traditionelle Instrumente der EZB sind:

- **Offenmarktpolitik:** Die EZB kann die Geldmenge erhöhen, indem sie den Geschäftsbanken am offenen Markt Wertpapiere[2] abkauft. Die erhöhte Liquidität versetzt die Geschäftsbanken in die Lage, mehr Kredite zu vergeben. Umgekehrt kann die EZB die umlaufende Geldmenge senken, indem sie den Geschäftsbanken Wertpapiere verkauft und ihnen damit Liquidität entzieht. Der An- und Verkauf der Wertpapiere kann befristet oder endgültig sein. Die wichtigsten Offenmarktgeschäfte sind sogenannte *Hauptrefinanzierungsgeschäfte*

1 Abschreibungen sind Wertminderungen des betrieblichen Anlagevermögens (z. B. durch Verschleiß oder technischen Fortschritt), die buchhalterisch erfasst werden. Der Staat legt für die Gewinnbesteuerung die Höhe der Abschreibungssätze einheitlich und verbindlich fest. Je höher der Abschreibungssatz, desto höher die buchhalterische Wertminderung und desto geringer ist der zu versteuernde Gewinn.

2 Dabei handelt es sich vor allem um Staatsanleihen, die der Finanzierung des Staates dienen: Käufer von Staatsanleihen leihen dem Staat Geld für einen bestimmten Zeitraum und erhalten dafür einen festgelegten Zinssatz („festverzinsliche Wertpapiere"). Bei Fälligkeit zahlt der Staat das Geld zurück. Staatsanleihen werden an der Börse gehandelt und unterliegen Kursschwankungen.

(befristete Transaktionen). Dabei kauft die EZB den Geschäftsbanken Wertpapiere ab in Verbindung mit einer Rücknahmeverpflichtung nach frühestens einer Woche. Neben dem An- und Verkauf von Wertpapieren gehört auch die Vergabe von Krediten durch die EZB an die Geschäftsbanken zur Offenmarktpolitik: So erhöht die EZB die Geldmenge durch die Vergabe von Krediten; die Tilgung der Kredite durch die Geschäftsbanken bewirkt hingegen eine Absenkung der Geldmenge. Die Kreditgewährung durch die EZB erfolgt gegen die Verpfändung von Wertpapieren.

- **Ständige Fazilitäten:** Die Zentralbank gewährt den Geschäftsbanken kurzfristige Kredite (Übernachtkredite) und nimmt kurzfristige Einlagen (Übernachteinlagen) der Geschäftsbanken an. Über den Kreditzinssatz und den Einlagenzinssatz kann die Zentralbank den Marktzins beeinflussen.
- **Mindestreservepolitik:** Die Geschäftsbanken müssen Pflichteinlagen auf Konten der EZB unterhalten, die man als *Mindestreserve (Mindestreservesoll)* bezeichnet. Die Höhe der Mindestreserve wird ermittelt, indem die sogenannte Mindestreservebasis der Geschäftsbank (z. B. Kundeneinlagen) mit dem Mindestreservesatz multipliziert wird. Mithilfe des Mindestreservesatzes kann die EZB steuern, in welchem Umfang die Geschäftsbanken Kredite an ihre Kunden vergeben können.

Mit diesen Instrumenten kann die EZB den Zins und die Menge des Geldes im Euroraum über wenige Monate steuern. Da diese Instrumente im politischen Alltag aber nur schwer kommunizierbar sind, sprechen Politik und auch Medien vereinfachend vom **Leitzins der EBZ**. Gemeint ist damit vor allem der von der EZB festgelegte Zinssatz für die Hauptrefinanzierungsgeschäfte. Dabei bezeichnet man die Geldpolitik als *expansiv*, wenn die Zentralbank den Leitzins senkt, und als *restriktiv*, wenn sie den Leitzins erhöht. Eine Absenkung (Anhebung) des Leitzinses geht gewöhnlich mit einer Erhöhung (Verringerung) der Geldmenge einher. Seit wenigen Jahren hat die EZB ihren Instrumentenkoffer um sogenannte *Sonderinstrumente* erweitert, die sich auf sehr lange Zeiträume (viele Jahre) beziehen. Diese werden hier jedoch nicht vertieft.[1]

Teilgebiet Nr. 3: Arbeitsmarktpolitik

Der Staat (vor allem die Bundesagentur für Arbeit als staatliche Organisation) bekämpft mit der Arbeitsmarktpolitik Ungleichgewichte am Arbeitsmarkt und verfolgt das Ziel, einen hohen Beschäftigungsstand (Vollbeschäftigung) zu erreichen. Dabei sind zwei Arten von Instrumenten der Arbeitsmarktpolitik zu unterscheiden:

- **Instrumente der aktiven Arbeitsmarktpolitik:** Diese dienen der Wiedereingliederung von Arbeitslosen in den Arbeitsmarkt. Typische Instrumente sind Job-Center, die Berufsberatung, die Arbeitsvermittlung, die berufliche Weiterbildung und Eingliederungszuschüsse. Ursprünglich gehörten auch staatliche Beschäftigungs- und Qualifizierungsprogramme sowie Arbeitsbeschaffungsmaßnahmen dazu, doch diese brachten nicht den gewünschten Erfolg und werden nur noch für die Wiedereingliederung besonderer Personengruppen (z. B. Langzeitarbeitslose, ältere Arbeitnehmerinnen und Arbeitnehmer) angeboten. Neuere Instrumente der aktiven Arbeitsmarktpolitik sind gesetzliche Regelungen für eine gezielte Zuwanderungspolitik (z. B. Blue Card für IT-Fachkräfte) und die Integration von Flüchtlingen in den Arbeitsmarkt.
- **Instrumente der passiven Arbeitsmarktpolitik:** Diese sollen durch Gewährung vorübergehender Lohnersatzleistungen die wirtschaftliche Not von Arbeitslosen lindern. Instrumente der passiven Arbeitsmarktpolitik sind das Arbeitslosengeld, das Kurzarbeitergeld und das Insolvenzgeld.

Teilgebiet Nr. 4: Außenwirtschaftspolitik

Die Außenwirtschaftspolitik umfasst alle Maßnahmen zur Gestaltung und Beeinflussung internationaler Wirtschaftsbeziehungen, also des internationalen Waren-, Dienstleistungs- und Kapitalverkehrs. Dabei versuchen der Staat (bzw. die EU als Staatenbund) und auch die EZB, außenwirtschaftliche Ungleichgewichte zu verhindern und das Ziel eines außenwirtschaftlichen Gleichgewichts zu erreichen. Es sind folgende Instrumente zu unterscheiden:

- **Instrumente der Außenhandelspolitik:** Diese setzt der Staat bzw. die EU als Staatenbund ein, um den internationalen Handel von Waren und Dienstleistungen zu beeinflussen. Je nachdem, ob der freie Handel mit anderen Ländern gefördert oder die eigene Wirtschaft vor ausländischer Konkurrenz geschützt werden soll, unterscheidet man noch einmal:

1 Das mit Abstand wichtigste dieser Sonderinstrumente ist die *Quantitative Lockerung (Quantitative Easing, QE)*. Wie bei der Offenmarktpolitik kauft die EZB auch hier den Geschäftsbanken Wertpapiere (z. B. italienische Staatsanleihen) ab, jedoch in außerordentlich großen Mengen und für einen sehr langen Zeitraum. Auf diese Weise dehnt die EBZ die Geldmenge langfristig aus und senkt zugleich die langfristigen Zinsen am Kreditmarkt.

- **Instrumente der Freihandelspolitik:** Freihandelsabkommen mit anderen Ländern (z. B. Vereinbarungen zum Abbau oder zur Abschaffung von Importzöllen)
- **Instrumente des Protektionismus:** Importzölle, Importkontingente (Beschränkung von Importmengen) und Exportsubventionen

- **Instrumente der Währungspolitik (Wechselkurspolitik):** Diese umfassen die Entscheidung des Staates für ein Wechselkurssystem (feste oder flexible Wechselkurse) und auch die Entscheidung für den Beitritt zu einer Währungsunion. Daneben kann die EZB sowohl mit ihrem Leitzins als auch mit Devisenmarktinterventionen (Ab- und Aufwertung des Euro durch An- und Verkauf ausländischer Währungen) den Wechselkurs des Euro gegenüber anderen Währungen beeinflussen.

Teilgebiet Nr. 5: Verteilungspolitik

Ziel der Verteilungspolitik ist die Verteilungsgerechtigkeit, also die gerechte Verteilung des volkswirtschaftlichen Einkommens und Vermögens auf die einzelnen Haushalte. Hinsichtlich der Verteilung sind die Primär- und die Sekundärverteilung zu unterscheiden. Die **Primärverteilung** betrifft die Entlohnung der Produktionsfaktoren, also die Bruttoeinkommen für geleistete Arbeit und die Verzinsung für bereitgestelltes Kapital auf den Faktormärkten, wo sie ausgehandelt werden. Die Höhe der Bruttoeinkommen ist abhängig von Angebot und Nachfrage und damit vom Preismechanismus auf dem Arbeits- und dem Kapitalmarkt. Da die Primärverteilung aber leicht zu Ungerechtigkeiten führen kann, wird sie vom Staat im Rahmen der **Sekundärverteilung (Umverteilung)** noch einmal korrigiert. Entsprechend setzt die Verteilungspolitik an zwei Stufen an: Die Lohnpolitik an der Primärverteilung und die Sozialpolitik an der Sekundärverteilung:

Lohnpolitik

Die Lohnpolitik nimmt mit folgenden Trägern und Instrumenten Einfluss auf die *Primärverteilung:*

- **Tarifverträge:** Diese gelten als Hauptinstrument der Lohnpolitik und werden zwischen den Tarifparteien (Gewerkschaften und Arbeitgeberverbände) ausgehandelt, welche als wichtigste Träger der Lohnpolitik gelten. Sie vertreten ihre Mitglieder in kollektiven Tarifverhandlungen, in denen die Höhe der Bruttoeinkommen und die Arbeitsbedingungen für ganze Branchen ausgehandelt und in branchenweiten Tarifverträgen festgeschrieben werden. Der Staat hat sich dabei herauszuhalten, denn die Tarifparteien sollen sich selbstständig einigen. Dieses Recht auf selbstständige und unabhängige Vereinbarung des Tarifvertrags durch die Tarifparteien bezeichnet man als *Tarifautonomie*.
- **Mindestlohn:** Der gesetzliche Mindestlohn für alle Arbeitnehmer/-innen ist ebenfalls ein Instrument der Lohnpolitik, hier ist der Träger jedoch der Staat.[1] Ursprünglich war ein staatlicher Mindestlohn in der deutschen Lohnpolitik wegen des Prinzips der Tarifautonomie gar nicht vorgesehen und daher umstritten. Er wurde erst 2015 eingeführt und betrug bei der Einführung 8,50 Euro. Mindestlöhne gibt es auch in anderen EU-Ländern wie etwa in Frankreich, Spanien und den Niederlanden.

Sozialpolitik

Der Staat als Träger der Sozialpolitik organisiert die *Sekundärverteilung* mit folgenden Instrumenten:

- **Lohn- und Einkommensteuersätze:** Über eine differenzierte Gestaltung der Lohn- und Einkommensteuersätze sollen Lohn- und Einkommensunterschiede verringert und damit soziale Unterschiede abgemildert werden.
- **Gesetzliche Sozialversicherungen:** Kernelement des Sozialstaates, welcher einen Großteil der Bevölkerung im Rahmen einer Pflichtversicherung gegen Existenzgefährdungen absichert. Diese umfassen die Kranken-, Pflege-, Arbeitslosen-, Renten- und die Unfallversicherung. Die Sozialversicherungen finanzieren sich aus Beiträgen, die je zur Hälfte vom Arbeitgeber und Arbeitnehmer bezahlt werden. (Ausnahme: Die Unfallversicherung bezahlt der Arbeitgeber allein.)
- **Transferleistungen:** Diese werden vom Staat ohne Gegenleistung an die privaten Haushalte ausgezahlt und erhöhen deren verfügbares Einkommen (z. B. Bürgergeld, Kindergeld, Wohngeld).

---

1 In Dänemark, Schweden und Finnland handeln die Tarifparteien die Mindestlöhne aus. Das ist deswegen möglich, weil es in diesen Ländern flächendeckend eine hohe Tarifbindung gibt.

Der Auswahl und Ausgestaltung der sozialpolitischen Instrumente liegen sozialpolitische Prinzipien zugrunde:

Prinzipien der Sozialpolitik
■ **Solidaritätsprinzip (Solidarprinzip):** Der Einzelne ist nicht allein für sich selbst verantwortlich, sondern die Mitglieder einer Solidargemeinschaft helfen sich gegenseitig.
■ **Sozialstaatprinzip (Sozialstaatgebot):** Der Gesetzgeber sorgt mit Arbeitsgesetzen, Steuergesetzen, Sozialversicherungen und Transferleistungen für soziale Gerechtigkeit und Sicherheit.
■ **Subsidiaritätsprinzip:** Der Sozialstaat darf erst dann eingreifen, wenn die untergeordneten Einheiten (z. B. Individuum, Familie, freie Jugendhilfe) soziale Aufgaben nicht allein lösen können.

Teilgebiet Nr. 6: Umweltpolitik

Zur Erhaltung einer lebenswerten Umwelt setzt der Staat als Träger der Umweltpolitik folgende umweltpolitische Instrumente ein:

- **Ordnungsrechtliche Instrumente:** Mit gesetzlichen Ge- und Verboten verpflichtet der Staat die Unternehmen dazu, konkrete Dinge zu tun oder zu unterlassen. Beispiele für umweltpolitische Gebote sind Vorschriften zum Einbau von Emissionsfilteranlagen. Beispiele für umweltpolitische Verbote sind Grenzwerte für Emissionen von CO_2 und NO_2, das Verbot der Herstellung von FCKW oder das Verbot des Einbaus bestimmter fossiler Heizungssysteme.
- **Marktwirtschaftliche Instrumente:** Diese nutzen die Steuerungskräfte von Preisen. Wichtige marktwirtschaftliche Instrumente sind Umweltabgaben (z. B. CO_2-Steuer im Sinne einer „CO_2-Bepreisung") und der Handel mit Emissionszertifikaten am Markt. Dabei handelt es sich um staatlich definierte Verschmutzungsrechte, welche die Unternehmen kaufen und verkaufen können. Sowohl bei Umweltabgaben als auch bei Emissionszertifikaten geht es darum, die externen Kosten der Unternehmen den Verursachern anzulasten, was man als *Internalisierung externer Kosten* bezeichnet. Da die Unternehmen ihre Kosten minimieren wollen, suchen sie in ihrem eigenen Interesse nach Wegen, ihre Emissionen zu senken. Darüber hinaus kann der Staat aber auch Umweltsubventionen gewähren, um umweltfreundliche Produktionsverfahren und Produkte zu belohnen.
- **Sonstige Instrumente:** Umweltbildung, Umweltplaketten (z. B. blauer Engel), Umweltverträglichkeitsprüfungen (z. B. Auswirkungen neuer Batterietechnologien), Energieausweis

Der Ausgestaltung und Auswahl der umweltpolitischen Instrumente liegen folgende Prinzipien zugrunde:

Prinzipien der Umweltpolitik
■ **Verursacherprinzip:** Belastung der Verursacher mit den Kosten für Umweltschäden
■ **Gemeinlastprinzip:** Belastung der Allgemeinheit mit den Kosten für Umweltschäden
■ **Vorsorgeprinzip:** Vorbeugende Maßnahmen zur Vermeidung von Umweltschäden
■ **Kooperationsprinzip:** Einbeziehung wichtiger gesellschaftlicher Gruppen in die Umweltpolitik
■ **Nachhaltigkeitsprinzip:** Berücksichtigen der Folgen des Handelns für zukünftige Generationen

Neben dem Staat engagieren sich auch Nichtregierungsorganisationen (non-governmental organizations, kurz NGOs) wie zum Beispiel *Greenpeace, Bund für Umwelt und Naturschutz (BUND), Naturschutzbund Deutschland (NABU), Deutsche Umwelthilfe (DUH)* und *Agora Energiewende* für die Umwelt, deren Instrumente hier nicht weiter vertieft werden.

4 Landkarte der Wirtschaftspolitik

ARBEITSAUFTRAG

Füllen Sie die Übersichtsmatrix mithilfe der vorangehenden Teilkapitel 1 bis 3 in Stichworten aus.

		ÜBERSICHTSMATRIX:
Icon	**Teilgebiet**	**zuständig für Problemfeld**

Gestalten Sie für jedes Teilgebiet ein anschauliches Icon.

LANDKARTE DER WIRTSCHAFTSPOLITIK		
Ziel(e)	**Träger**	**Instrumente**

5 Lineares und vernetztes Denken in der Wirtschaftspolitik

Nun kennen wir den wirtschaftspolitischen Instrumentenkasten. Und wir haben gesehen, wie der Staat, die EZB und die Tarifparteien ihre Instrumente einsetzen können, um die Ziele der Wirtschaftspolitik zu erreichen. Jetzt wollen wir uns anhand konkreter Beispiele ansehen, wie wirtschaftspolitische Instrumente funktionieren und welche konkreten Auswirkungen sie haben. Zu diesem Zweck arbeitet man in der Ökonomie mit sogenannten Wirkungsketten, welche kausale Zusammenhänge (Ursache-Wirkungs-Zusammenhänge, auch „Dominoeffekte") anschaulich darstellen.

ARBEITSAUFTRÄGE

1. Lesen Sie die Anleitung zur Darstellung einer Wirkungskette in der Methodenbox im Anhang. Stellen Sie anschließend die Auswirkungen einer Tariflohnerhöhung auf die Beschäftigung als Wirkungskette (horizontal verlaufend) dar.

   a) aus Sicht der Gewerkschaften (Elemente: Beschäftigung, Produktion, Tariflöhne, Nachfrage, verfügbares Einkommen)

   b) aus Sicht der Arbeitgeberverbände (Elemente: Preise, Beschäftigung, Tariflöhne, Produktion, Nachfrage, Produktionskosten)

   c) Erläutern Sie, wie sich dieser scheinbare Widerspruch auflösen lässt.

BREMER KURIER

Wenn „gut“ das Gegenteil von „gut gemeint“ ist

Wir Menschen lernen von klein auf, in einfachen Wirkungsketten zu denken. Doch dass dieses Denken nicht immer zum Ziel führt, zeigt ein Experiment des Psychologie-Professors Dietrich Dörner, welches an der Universität Gießen durchgeführt wurde.

In einem groß angelegten Entwicklungshilfeprojekt bekam ein Team von zwölf hochbegabten und gut qualifizierten Studierenden der Universität Gießen den Auftrag, die Lebensbedingungen der verarmten Region Tanaland in Ostafrika zu verbessern. Das Team erhielt alle notwendigen Informationen über die Region und wurde finanziell gut ausgestattet.

Die Entwicklungshelferinnen und -helfer leisteten ganze Arbeit: Sie ließen Staudämme bauen, Kraftwerke, Industriebetriebe und medizinisches Personal ansiedeln, vergrößerten die Ackerflächen, setzten Insektizide gegen Schädlinge ein und statteten Jäger mit modernen Gewehren aus.

Das Ergebnis des Projekts war nach ersten Verbesserungen jedoch niederschmetternd: Tanaland ging es nicht besser, sondernd deutlich schlechter als zuvor. Katastrophen und Hungersnöte plagten die gesamte Region, Viehherden waren auf einen Bruchteil ihrer ursprünglichen Größe zusammengeschrumpft, Nahrungs- und Finanzquellen waren fast völlig versiegt.

Was war passiert? Die Entwicklungshelfer und -helferinnen hatten die Komplexität des Projekts völlig unterschätzt, denn Tanaland ist ein sogenanntes komplexes System. Komplexe Systeme zeichnen sich durch eine Vielzahl zusammenhängender Elemente und deren gegenseitige Wechselwirkungen aus.[1] So kam es nach den wohlbedachten Eingriffen immer wieder zu völlig überraschenden Effekten und Nebenwirkungen.

Beispielsweise tötete der Gifteinsatz die Anzahl der plantagenschädigenden Affen – doch diese waren wiederum die Nahrung der Leoparden, welche nun notgedrungen in die Viehherden der Menschen einbrachen. Die Verbesserung der medizinischen Versorgung und der Ernährungslage führte zu einer Überbevölkerung, welche die neue Infrastruktur überforderte und dazu führte, dass die Menschen mehr Hunger litten als die vorangehende Generation. Hinzu kamen zahlreiche neue Katastrophen.

Glücklicherweise handelte es sich bei diesem Entwicklungshilfeprojekt nur um ein wissenschaftliches Experiment, welches unter der Leitung des Gießener Psychologie-Professors Dietrich Dörner auf Computern durchgeführt wurde. Dörner wollte herausfinden, wie intelligente Menschen hochkomplexe Probleme lösen. Dabei fand er heraus, dass die Studierenden in linearen Wirkungsketten denken und die vielfältigen Wechselwirkungen der Elemente eines komplexen Systems nicht oder nur mangelhaft erkennen können.

In komplexen Systemen sei es jedoch erforderlich, in ganzheitlichen Wirkungsnetzen zu denken. Heute weiß man, dass vernetztes Denken nötig ist, um komplexe Systeme erfolgreich zu steuern.

2. Fassen Sie den Zeitungsartikel in eigenen Worten zusammen und leiten Sie allgemeine Schlussfolgerungen für die Wirtschaftspolitik ab.

1 Ein komplexes System ist eine abgrenzbare Gesamtheit („Ganzheit") einer Vielzahl von Elementen, welche miteinander verbunden sind und in wechselseitigem Zusammenhang stehen (z. B. Ökosysteme wie Meere und Wälder, Klima, Volkswirtschaften).

3. In der folgenden Grafik sind komplexe Zusammenhänge unserer Volkswirtschaft in Form eines Vernetzungsdiagramms dargestellt.

   a) Ergänzen Sie die entsprechenden Operatoren. Lesen Sie dazu die Anleitung zur Erstellung eines Vernetzungsdiagramms in der Methodenbox im Anhang.

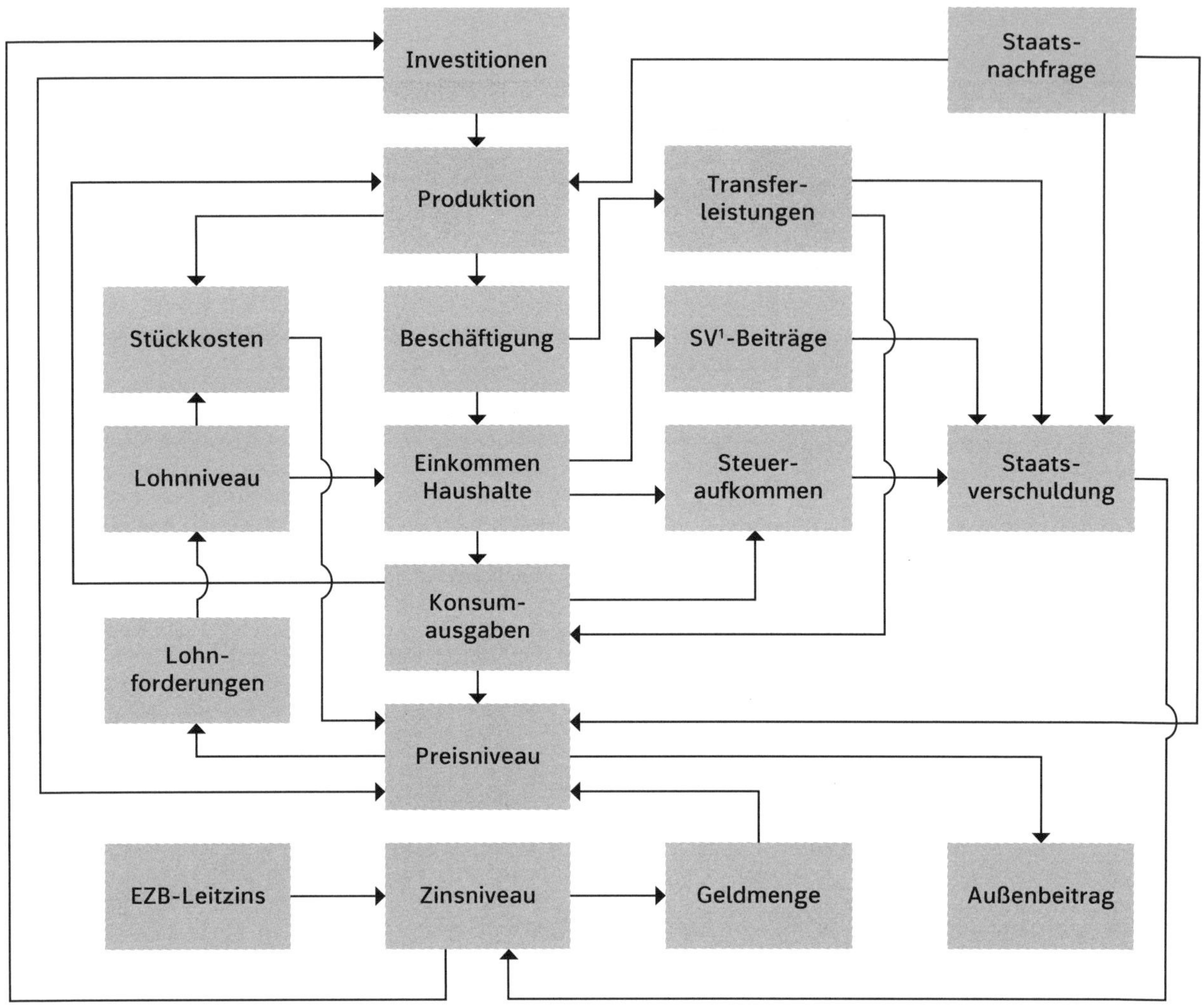

   b) Die Gewerkschaften setzen höhere Tariflöhne durch. Beschreiben Sie die Auswirkung auf

      ba) den Außenbeitrag: ______________________________

      bb) die Staatsverschuldung: ______________________________

   c) Die EZB senkt den Leitzins. Beschreiben Sie die Auswirkung auf

      ca) das Preisniveau: ______________________________

      cb) die Beschäftigung: ______________________________

1 SV: Abkürzung für Sozialversicherungen

Kompaktwissen

Volkswirtschaftliche Problemfelder

- **Konjunkturschwankungen**
  - Abschwung
  - Tiefphase
  - Aufschwung
  - Boom
- **Arbeitsmarktungleichgewichte**
  - Arbeitslosigkeit
  - Arbeitskräftemangel
- **Geldwertinstabilitäten**
  - Inflation
  - Deflation
- **Außenwirtschaftliche Ungleichgewichte**
  - Exportüberschuss
  - Importüberschuss
- **Verteilungsungleichheiten**
  - ungleiche Einommensverteilung
  - ungleiche Vermögensverteilung
- **Umweltbelastungen**
  - Umweltzerstörung
  - Ressourcenverbrauch

Wirtschaftspolitische Ziele

- **Ziele des Stabilitätsgesetzes (magisches Viereck)**
  - Angemessenes und stetiges Wirtschaftswachstum
  - Vollbeschäftigung
  - Preisniveaustabilität
  - Außenwirtschaftliches Gleichgewicht
- **Ergänzende Ziele**
  - Verteilungsgerechtigkeit
  - Umweltschutz

Träger der Wirtschaftspolitik

- **Staat**
  - Bund
  - Länder
  - Gemeinden
- **Europäische Zentralbank (EZB)**
  - Sitz: Frankfurt
  - Status: unabhängig
- **Tarifparteien**
  - Gewerkschaften
  - Arbeitgeberverbände

Wirtschaftspolitische Intrumente

- **Fiskalpolitik**
  - Einnahmenpolitik
  - Ausgabenpolitik
- **Geldpolitik**
  - Offenmarktpolitik
  - Ständige Fazilitäten
  - Mindestreservepolitik
- **Arbeitsmarktpolitik**
  - Aktive Arbeitsmarktpolitik
  - Passive Arbeitsmarktpolitik
- **Außenwirtschaftspolitik**
  - Außenhandelspolitik
  - Währungspolitik
- **Verteilungspolitik**
  - Lohnpolitik
  - Sozialpolitik
- **Umweltpolitik**
  - Ordungsrechtliche Instrumente
  - Marktwirtschaftliche Instrumente
  - Sonstige Instrumente

Kompaktwissen Spezial: Wettbewerbspolitik

Problemfeld Wettbewerbsbeschränkungen

In Abschnitt *A 4 Wirtschaftsordnungen* wurden die Funktionen (Aufgaben) des Wettbewerbs für die Volkswirtschaft vorgestellt. Naturgemäß ist der Wettbewerb aber für das einzelne Unternehmen sehr unbequem, denn er erhöht den Druck, auf Kundenwünsche einzugehen und die Preise zu senken. Daher gibt es in jeder Branche immer wieder Unternehmen, die versuchen, diesem Druck auszuweichen und den Wettbewerb zu beschränken. Grundsätzlich sind zwei Arten von Wettbewerbsbeschränkungen zu unterscheiden:

- **Kooperation:** Zusammenarbeit von rechtlich und wirtschaftlich selbstständigen Unternehmen. Beispiele dafür sind *Kartelle* (Absprachen oder abgestimmte Verhaltensweisen zweier oder mehrerer Unternehmen, z. B. Preiskartelle, Gebietskartelle), Arbeitsgemeinschaften, Fachverbände und strategische Allianzen. Die Kooperation kann sich auf Absatz- und Beschaffungsmärkte beziehen.
- **Konzentration:** Zusammenschluss von Unternehmen unter Aufgabe ihrer rechtlichen und/oder wirtschaftlichen Selbstständigkeit. Beispiele sind die *Fusion* (auch *Trust*, Aufgabe der rechtlichen und wirtschaftlichen Selbstständigkeit), der *Konzern* (Aufgabe der wirtschaftlichen Selbstständigkeit unter einer einheitlichen Leitung) und *Beteiligungen* (unter 50 % am Eigenkapital anderer Unternehmen). Es gibt drei Arten von Konzentration bzw. Unternehmenszusammenschlüssen:
  - **horizontal:** Unternehmen auf derselben Produktions- oder Handelsstufe einer Branche
  - **vertikal:** Unternehmen vor- oder nachgelagerter Produktions- oder Handelsstufen
  - **anorganisch (diagonal):** Unternehmen unterschiedlicher Branchen

Ziel der Wettbewerbspolitik

Ziel der Wettbewerbspolitik ist der Erhalt eines funktionsfähigen freien Wettbewerbs.

Träger der Wettbewerbspolitik

Träger der nationalen Wettbewerbspolitik ist der Staat. Zuständige Instanzen sind in Deutschland das Bundeskartellamt und die Landeskartellbehörden. Hinzu kommen die Monopolkommission und die Bundesnetzagentur. Auf EU-Ebene ist die Generaldirektion der EU-Kommission zuständig.

Instrumente der Wettbewerbspolitik

Instrumente zum Schutz des Wettbewerbs

Den Schutz des Wettbewerbs regelt das *Gesetz gegen Wettbewerbsbeschränkungen (GWB)*:[1]

- **Kartellverbot:** Vereinbarungen zwischen Unternehmen, Beschlüsse von Unternehmensvereinigungen und aufeinander abgestimmte Verhaltensweisen, die eine Verhinderung, Einschränkung oder Verfälschung des Wettbewerbs bezwecken oder bewirken, sind verboten (§ 1 GWB).
- **Missbrauchsverbot:** Der Missbrauch einer marktbeherrschenden Stellung durch ein oder mehrere Unternehmen (z. B. Behinderung oder Ausbeutung von Wettbewerbern) ist verboten (§ 19 GWB).
- **Zusammenschlusskontrolle (Fusionskontrolle):** Zusammenschlüsse von Unternehmen, die gesetzlich vorgegebene Umsatzgrenzen überschreiten, sind vor Vollzug beim Bundeskartellamt anzumelden (§ 39 GWB). Sie werden vom Bundeskartellamt verboten, wenn sie einen wirksamen Wettbewerb verhindern würden – insbesondere für den Fall, dass der Zusammenschluss eine marktbeherrschende Stellung begründet oder verstärkt (§ 36 GWB). Die Bundesministerin oder der Bundesminister für Wirtschaft kann eine Ausnahmegenehmigung erteilen, wenn volkswirtschaftliche Vorteile oder ein Interesse der Allgemeinheit dieses rechtfertigen (§ 42 GWB).

Instrumente zur Förderung des Wettbewerbs

- **Liberalisierung:** rechtliche Öffnung von Märkten (z. B. durch Aufhebung von Monopolrechten)
- **Privatisierung:** Umwandlung staatlicher Unternehmen in private Unternehmen
- **Deregulierung:** Abbau staatlicher Regelungen (z. B. gesetzlicher Vorschriften)
- **Subventionsabbau:** Abbau von Erhaltungssubventionen (z. B. für den Steinkohlenbergbau)

1 Im weiteren Sinne schützt auch das Gesetz gegen unlauteren Wettbewerb (UWG) den Wettbewerb. Dieses verbietet unlautere (unfaire) Geschäftspraktiken wie beispielsweise irreführende Werbung oder unzumutbare Belästigung durch unerwünschte Werbung.

Vertiefungsaufgaben

1. Benennen Sie die jeweilige Art der Arbeitslosigkeit: Die Arbeitslosigkeit steigt, weil ...

   a) die gesamtwirtschaftliche Nachfrage rückläufig ist.

   b) viele Skilehrkräfte im Frühjahr keine Aufgabe mehr haben.

   c) die Nachfrage nach Getriebeteilen für Verbrennungsmotoren sinkt.

   d) eine Pandemie eine Rezession nach sich zieht.

   e) viele deutsche Schiffswerften im globalen Preiswettbewerb nicht mithalten konnten.

2. Ihnen liegen folgende Angaben zurückliegender Jahre vor. Ermitteln Sie die jeweilige Arbeitslosenquote und runden Sie Ihr Ergebnisse auf eine Nachkommastelle.

Jahr	1	2	3	4	5
zivile Erwerbstätige (Mio.)	39,2	39,2	39,5	40,2	40,8
registrierte Arbeitslose (Mio.)	4,4	4,9	4,5	3,8	3,3

3. Erläutern Sie die individuellen und die gesellschaftlichen Folgen der Arbeitslosigkeit.

4. Skizzieren Sie die nachfrage- und die angebotsbedingte Inflation auf dem Konsumgütermarkt mithilfe des Preismengendiagramms.

5. Begründen Sie, warum folgende Personengruppen Verlierer/-innen oder Gewinner/-innen der Inflation sind: Sparerinnen, Kreditnehmer, Verkäuferinnen, Kreditgeber.

6. Stellen Sie die Deflation als Wirkungskette dar.

7. Gewerkschaften und Arbeitgeberverbände sind unterschiedlicher Meinung darüber, ob es sich um eine Lohn-Preis-Spirale oder um eine Preis-Lohn-Spirale handelt. Begründen Sie die unterschiedlichen Auffassungen mithilfe des Vernetzungsdiagramms in Abschnitt 5.

8. Entwickeln Sie eine Übersichtsmatrix zu den wirtschaftspolitischen Zielen mit folgenden Spalten:

Ziel	Art des Ziels	gesetzliche Grundlage	Vorgabewert
...	...	...	...

9. Stellen Sie die Senkung der CO_2-Grenzwerte durch den Staat als Wirkungskette mit folgenden Elementen dar: Meeresspiegelanstieg, Lufttemperatur, CO_2-Grenzwert, Abschmelzen der Pole, CO_2-Gehalt der Luft, Anzahl eingebauter CO_2-Filter.

10. Welche der folgenden Aussagen zu Wettbewerb und Wettbewerbspolitik sind zutreffend?

    a) Wettbewerb unter Unternehmen, welche die Existenz einzelner Unternehmen gefährden können, ist in Deutschland laut Gesetz gegen Wettbewerbsbeschränkungen (GWG) verboten.

    b) Bei einem Konzern schließen sich mehrere Unternehmen unter gemeinsamer Leitung zusammen, behalten aber ihre rechtliche Selbstständigkeit.

    c) Vereinbarungen zwischen Unternehmen, die den Wettbewerb verhindern, einschränken oder verfälschen sollen, sind verboten.

    d) Unter einem vertikalen Zusammenschluss versteht man einen Zusammenschluss von Unternehmen auf derselben Produktions- oder Handelsstufe.

    e) Zusammenschlüsse von Unternehmen mit einem bestimmten Mindestumsatz sind beim Bundeskartellamt anzumelden und werden verboten, wenn sie einen wirksamen Wettbewerb verhindern würden.

    f) Der Missbrauch einer marktbeherrschenden Stellung durch ein oder mehrere Unternehmen ist verboten.

F Konjunkturpolitische Konzepte

Erarbeitung

„Im letzten Kapitel haben wir uns einen Überblick über die wirtschaftspolitischen Instrumente, also den ‚Werkzeugkasten' der Wirtschaftspolitik verschafft. In diesem Kapitel geht es um die Frage, wie diese Instrumente eingesetzt werden sollen, denn da sind sich die Fachleute nicht einig. Dabei konzentrieren wir uns auf das Problemfeld der Konjunkturschwankungen, welches in allen Volkswirtschaften eine große Rolle spielt. Alle haben Angst vor dem Gespenst der Rezession. Die Kernfrage dieses Kapitels lautet daher: ‚Wie setzen wir die Instrumente so ein, dass wir das Ziel eines stetigen und angemessenen Wirtschaftswachstums erreichen?' Gleichzeitig geht es auch um die Ziele Vollbeschäftigung und Preisniveaustabilität, denn letztlich hängen sie alle miteinander zusammen.

Wir haben im vorangehenden Kapitel gelernt, dass die antizyklische Fiskalpolitik des Staates die Konjunkturschwankungen dämpfen soll. Für Politik und Medien sind daher Konjunkturpolitik und antizyklische Fiskalpolitik ein und dasselbe. Doch das ist nur die halbe Wahrheit, denn viele Fachleute halten gar nichts von fiskalpolitischen Maßnahmen und schlagen einen ganz anderen Weg vor, um die wirtschaftspolitischen Ziele zu erreichen: Sie wollen nicht an der Nachfrageseite, sondern an der Angebotsseite ansetzen. Und so stehen sich zwei Konzepte gegenüber, die im Kern folgendermaßen aussehen:

- **Konzept der Nachfragepolitik:** Der Staat soll antizyklisch mit sogenannten Konjunkturpaketen in den Konjunkturzyklus eingreifen. Das bedeutet: In Zeiten schwacher Konjunktur soll er seine Ausgaben erhöhen bzw. seine Einnahmen senken und in guten Zeiten seine Ausgaben wieder senken bzw. seine Einnahmen wieder erhöhen.
- **Konzept der Angebotspolitik:** Dieses Konzept lehnt Eingriffe des Staates in den Wirtschaftsprozess ab. Statt sich laufend in das Wirtschaftsgeschehen einzumischen, solle der Staat lieber optimale Rahmenbedingungen für die Anbieter schaffen. Dazu haben die Vertreter/-innen dieses Ansatzes einen ganzen Katalog mit Forderungen aufgestellt.

Beide Konzepte spielen in der Wirtschaftspolitik eine zentrale Rolle. Sie schimmern in jedem Parteiprogramm, in jeder Talkshow, in jedem Zeitungsartikel und in jedem Fachvortrag zum Thema Wirtschaft durch. Sie sind so etwas wie das Glaubensbekenntnis der Ökonomie.

Um die Konzepte besser zu verstehen, werden wir uns in einem ersten Schritt das Phänomen der Konjunkturzyklen genauer ansehen. Danach gehen wir für beide Konzepte parallel vor: Zuerst lassen wir die jeweiligen Vordenker zu Wort kommen, also John Maynard Keynes und Milton Friedman. Dann werden wir untersuchen, wie die Umsetzung in der Praxis konkret aussehen soll. Danach werden wir beide Konzepte kritisch diskutieren. Abschließend stellen wir noch einmal die wichtigsten Merkmale beider Konzepte gegenüber."

1 Konjunktur

1.1 Begriff und Wesen

In Kapitel *E 1 Volkswirtschaftliche Problemfelder* sind wir dem Thema Konjunkturschwankungen bereits begegnet. Nun wollen wir dieses Phänomen genauer untersuchen.

ARBEITSAUFTRÄGE

Bearbeiten Sie die Aufträge mithilfe des nachfolgenden Infotextes.

1. Ermitteln Sie die Zuwachsraten des realen BIP in der Tabelle. Runden Sie Ihre Ergebnisse auf eine Nachkommastelle.

	2007	2008	2009	2010	2011	2012	2013	2014
BIP_{nom} (Mrd. €)	2.500	2.546	2.446	2.564	2.694	2.745	2.811	2.927
BIP_{real} (Index)	92,72	93,61	88,28	91,97	95,58	95,98	96,40	98,53
Zuwachsrate (%)								

	2015	2016	2017	2018	2019	2020	2021	2022
BIP_{nom} (Mrd. €)	3.026	3.135	3.267	3.365	3.473	3.405	3.602	3.867
BIP_{real} (Index)	100,00	102,23	104,97	106,00	107,12	103,16	105,87	107,79
Zuwachsrate (%)								

2. Stellen Sie die konjunkturelle Entwicklung als Säulengrafik dar.

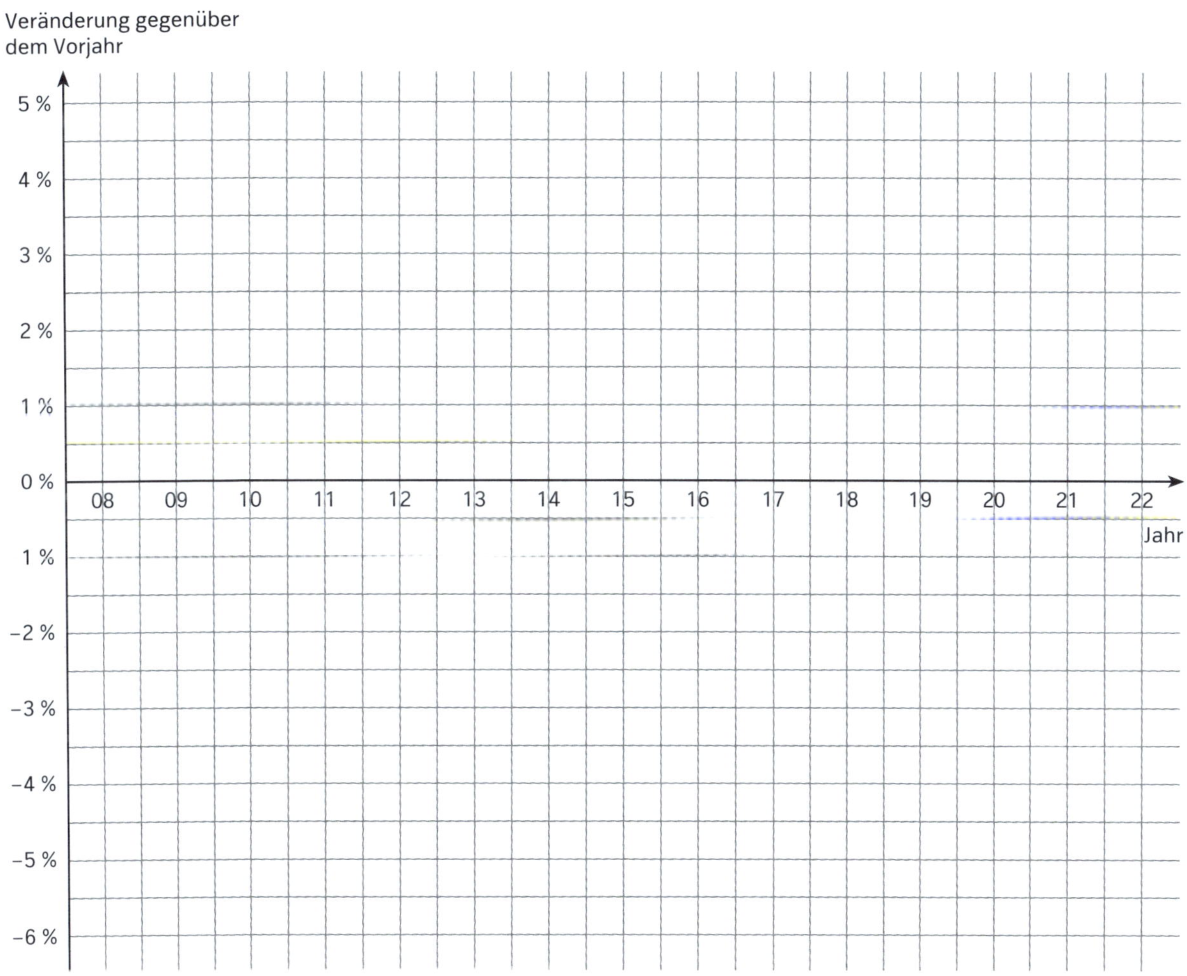

Infotext: Konjunktur

Begriff und Abgrenzung

Unter **Konjunktur** (Konjunkturzyklen, Konjunkturschwankungen) versteht man landläufig das *Auf und Ab der gesamtwirtschaftlichen Lage im Zeitablauf*. Dabei bedeutet gesamtwirtschaftlich, dass alle Branchen der Volkswirtschaft betroffen sind. Ökonominnen und Ökonomen definieren Konjunktur als *Schwankungen im Auslastungsgrad des Produktionspotenzials*[1] *einer Volkswirtschaft*. Da diese jedoch nicht ohne weiteres messbar sind, greift man gewöhnlich auf leicht messbare Indikatoren zurück. Der wichtigste Konjunkturindikator ist das reale BIP, weitere Indikatoren werden im folgenden Abschnitt vorgestellt. Bei dieser Betrachtung ist Konjunktur die zyklische Schwankung des realen BIP im Zeitablauf (siehe Grafik).

Unter **Wirtschaftswachstum** versteht man generell die Zunahme der Wirtschaftsleistung (reales BIP) eines Landes im Zeitablauf. Bei kurz- bis mittelfristiger Betrachtung werden die Begriffe *Konjunktur* und *Wirtschaftswachstum* synonym verwendet. Langfristig entspricht das Wirtschaftswachstum je nach Lehrmeinung der Trendgeraden („Wachstumstrend") oder der Zunahme des Produktionspotenzials. Beide verlaufen annähernd parallel.

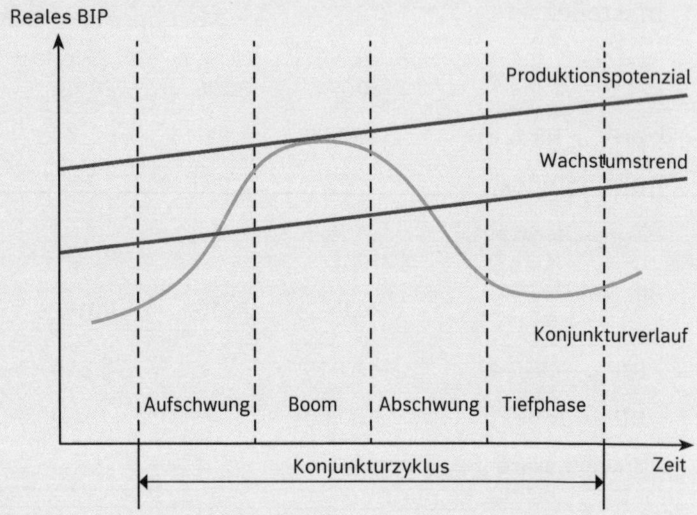

Konjunkturphasen

Im idealtypischen Konjunkturmodell durchläuft jede Volkswirtschaft zyklisch folgende Phasen:

- **Aufschwung (Expansion):** Das reale BIP steigt kräftig an, die Wirtschaft erholt sich. Die Unternehmen investieren in neue Maschinen und stellen neues Personal ein, Beschäftigung und Löhne steigen.
- **Hochphase (Boom):** Das reale BIP steigt immer langsamer an und erreicht seinen oberen Wendepunkt, die Ausweitung der Produktion ist kaum noch oder gar nicht mehr möglich. Dadurch übersteigt die Nachfrage nach und nach das Angebot, sodass die Preise steigen. Gleichzeitig ist die Arbeitslosigkeit auf dem geringsten Stand. Es drohen Produktionsengpässe und Inflation, man spricht von einer Überhitzung der Konjunktur.
- **Abschwung (Rezession):** Das reale BIP sinkt nach und nach immer weiter ab. Die Unternehmen fahren ihre Investitionen zurück, was die Arbeitslosigkeit wieder erhöht. Der Druck auf die Preise lässt nach, die Inflation nimmt somit ab. Von einer Rezession spricht man offiziell dann, wenn das reale BIP in zwei aufeinanderfolgenden Quartalen sinkt.
- **Tiefphase (Talsohle):** Das reale BIP erreicht seinen unteren Wendepunkt. Den Unternehmen bleiben die Aufträge aus, es wird kaum noch oder gar nicht mehr investiert, die Arbeitslosigkeit steigt deutlich an. Ungewöhnlich extreme und zugleich lang andauernde Tiefphasen werden als *Depression* bezeichnet (z.B. die Weltwirtschaftskrise von 1929).

Amtliche Konjunkturmessung

In Deutschland ist das Statistische Bundesamt für die offizielle Konjunkturmessung zuständig. Doch anders als vielfach in der Theorie üblich, definiert das Statistische Bundesamt die Konjunktur nicht als Entwicklung des realen BIP selbst, sondern als dessen Zuwachsraten. Für jede Periode (Quartal, Jahr) wird also kein Eurobetrag, sondern die prozentuale Veränderung des realen BIP gegenüber der Vorperiode angegeben. Bei dieser Definition schwankt die Konjunkturkurve im Zeitablauf um die horizontale Null-Linie herum und kann auch negative Werte annehmen (siehe Grafik Folgeseite). Dabei legt das Statistische Bundesamt das reale BIP nicht als Eurobetrag, sondern als preisbereinigten Indexwert (Kennzahl ohne Einheit) zugrunde, um Verwechslungen mit dem nominalen BIP zu vermeiden. Der Indexwert wird für ein definiertes Basisjahr mit dem Wert 100 festgelegt und die Zuwachsraten dann auf Grundlage dieses Indexwertes berechnet.

1 Das Produktionspotenzial ist die maximal mögliche Produktionsleistung einer Volkswirtschaft bei voller Auslastung aller Produktionsfaktoren (z.B. Maschinen, Arbeitskräfte).

Beispiel: In einem fiktiven Jahr 4 beträgt das reale BIP 122 und im Folgejahr 125. Für das Jahr 5 errechnet sich also eine Zuwachsrate des realen BIP in Höhe von 2,5 %.

$$\text{Berechnung: } = \frac{(125 - 122) \cdot 100}{122} = 2{,}5\ \%$$

Jahr	1	2	3	4	5	6	7
BIP_{real} (Index)	110	112	115,5	122	125	120	124
Zuwachsrate		1,8 %	3,1 %	5,6 %	2,5 %	-4,0 %	3,3 %

Zuwachsraten des BIP
(Veränderung gegenüber dem Vorjahr)

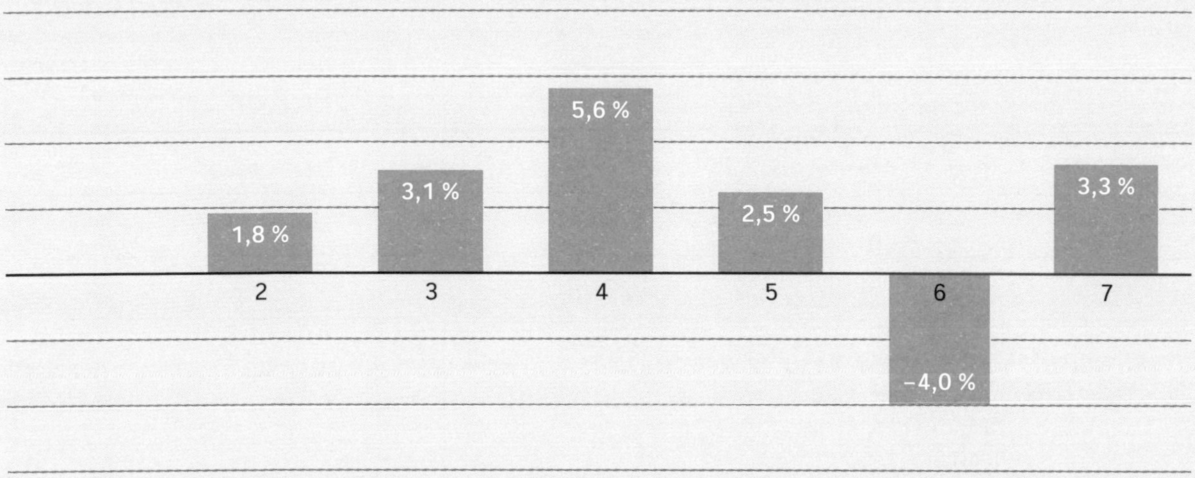

Ursachen von Konjunkturzyklen

Die Wissenschaft hat eine Vielzahl von Konjunkturtheorien entwickelt, welche die Entstehung von Konjunkturzyklen erklären sollen. An dieser Stelle kann nur ein kurzer Überblick über die unterschiedlichen Theoriegruppen gegeben werden:

Konjunkturtheorien	
Theoriegruppe	**Konjunkturschwankungen werden erklärt durch**
Monetäre Theorien	Änderungen von Geldmenge oder Zinsen
Überinvestitionstheorien	Übertriebene Investitionen in der Phase des Aufschwungs
Unterkonsumtionstheorien	Nachfrageschwäche in der Phase des Booms
Psychologische Theorien	Extrem optimistische oder pessimistische Zukunftserwartungen
Exogene Theorien	Nichtökonomische Schocks (Kriege, Naturkatastrophen, Pandemien)

Bedeutende Konjunktureinbrüche der letzten Jahrzehnte gehen zurück auf das Platzen der „Dotcom-Blase" im Jahre 2000 (Überbewertung von Internet-Technologieunternehmen), das Platzen der Immobilienblase in den USA im Jahre 2008 (Überbewertung von US-amerikanischen Immobilien) und den Beginn der Coronapandemie im Jahre 2020.

1.2 Konjunkturindikatoren

Im vorangehenden Abschnitt haben wir den Konjunkturverlauf auf Grundlage des realen BIP ermittelt und grafisch dargestellt. Das reale BIP gilt als wichtigster Konjunkturindikator, doch es gibt noch einige weitere Konjunkturindikatoren, die wir im Folgenden betrachten.

ARBEITSAUFTRÄGE

Bearbeiten Sie die Arbeitsaufträge mithilfe des nachfolgenden Infotextes.

1. Ordnen Sie die im Infotext aufgeführten Konjunkturindikatoren ein:

Konjunkturindikatoren		
Frühindikatoren	**Gegenwartsindikatoren**	**Spätindikatoren**

2. Tragen Sie für jeden der aufgeführten Konjunkturindikatoren ein, ob er in der betrachteten Konjunkturphase steigend (↗), hoch (↑), sinkend (↘) oder niedrig (↓) ist:

Konjunkturindikator	Aufschwung	Boom	Abschwung	Tiefphase
a) BIP				
b) Konsumausgaben				
c) Lagerbestände				
d) Industrieproduktion				
e) Kurzarbeit				
f) Steueraufkommen				

Infotext: Konjunkturindikatoren

Begriff und Wesen

Ein Indikator (von lateinisch *indicare*, „anzeigen") ist ein Anzeiger. Konjunkturindikatoren sind Messgrößen, die bevorstehende, aktuelle und auch vergangene Konjunkturphasen anzeigen. Dabei kann es sich um einfache Kennzahlen aus der Wirtschaft (z. B. Konsumausgaben, Exporte) oder auch um künstlich definierte Indexwerte (z. B. ifo Geschäftsklimaindex, siehe unten) handeln.

Beispiele:

- Konsumausgaben
- Geschäftserwartungen
- Tariflöhne
- Exporte
- Baugenehmigungen
- Kapazitätsauslastung
- Gewinnsteueraufkommen[1]
- Aktienkurse
- Importe
- Lagerbestände
- Zahl der Insolvenzen
- ifo Geschäftsklimaindex
- Bruttoinlandsprodukt (Quartal)
- Arbeitslosenquote
- Auftragseingänge
- Kurzarbeit
- Umsatzsteueraufkommen
- DAX
- Industrieproduktion

Arten

Abhängig davon, zu welchem Zeitpunkt eine Konjunkturphase angezeigt wird, unterscheidet man Frühindikatoren, Gegenwartsindikatoren (Präsenzindikatoren) und Spätindikatoren:

Arten von Konjunkturindikatoren		
Frühindikatoren	**Gegenwartsindikatoren**	**Spätindikatoren**
Frühindikatoren sind vorlaufende Indikatoren. Sie zeigen frühzeitig an, wie sich die Konjunktur in den nächsten Monaten entwickeln wird und erlauben damit eine Konjunkturprognose.	Gegenwartsindikatoren sind gleichlaufende Indikatoren. Sie laufen im Gleichschritt mit der angezeigten Konjunkturphase und beschreiben die aktuelle konjunkturelle Situation.	Spätindikatoren sind nachlaufende Indikatoren. Sie zeigen die Konjunkturphasen mit einer Verzögerung an. Dabei handelt es sich um bereits eingetretene ökonomische Folgen der Konjunktur.

ifo Geschäftsklimaindex

Der ifo Geschäftsklimaindex[2] (ifo-Index, ifo Geschäftsklima) ist ein vielbeachteter Frühindikator der Konjunkturentwicklung in Deutschland und gilt als besonders zuverlässig. Er wird monatlich vom Münchner ifo Institut für Wirtschaftsforschung veröffentlicht.

ifo Geschäftsklima Deutschland[a]
Saisonbereinigt

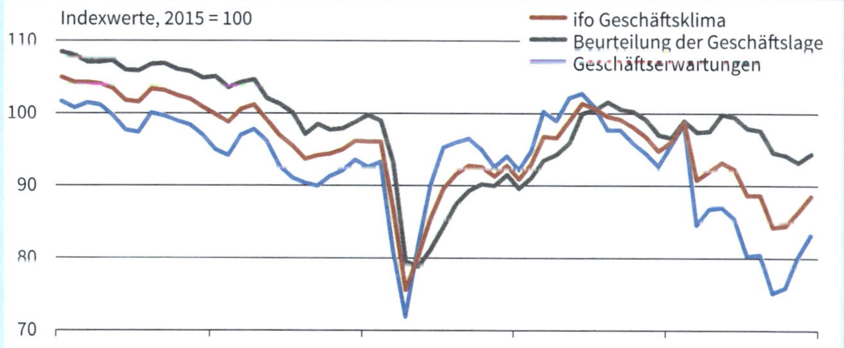

[a] Verarbeitendes Gewerbe, Dienstleistungssektor, Handel und Bauhauptgewerbe.
Quelle: ifo Konjunkturumfragen, Dezember 2022. © ifo Institut

Dem ifo-Index liegen rund 9.000 monatliche Meldungen zu Geschäftslage und Geschäftserwartungen von Unternehmen unterschiedlicher Branchen zugrunde. Die Ergebnisse werden nach unterschiedlichen Kriterien (Unternehmensgröße, Bedeutung des Unternehmens für die Branche usw.) gewichtet und ausgewertet. Der ifo-Index entspricht dem Mittelwert aus Beurteilung der Geschäftslage und Beurteilung der Geschäftserwartungen durch die Unternehmen.

1 Staatliche Einnahmen durch Besteuerung der Unternehmensgewinne (z. B. Körperschaftssteuer)
2 Ein Indexwert ist eine künstlich definierte Maßzahl ohne Einheit.

2 Konzept der Nachfragepolitik

2.1 Interview mit John Maynard Keynes

Zu Gast bei uns in der Redaktion: Der britische Ökonom John Maynard Keynes (5. Juni 1883, † 21. April 1946), der als Begründer der antizyklischen Fiskalpolitik berühmt wurde und als einer der bedeutendsten Ökonomen des 20. Jahrhunderts gilt. Das Interview ist fiktiv.*

Lord Keynes, es ist uns eine große Ehre, Sie im Namen unserer Leser interviewen zu dürfen!

Keynes: Vielen Dank für Ihre Einladung.

Sie gelten als Revolutionär der Ökonomie, weil Sie grundlegende Annahmen der klassischen Ökonomie infrage gestellt haben, wie etwa die, dass freie Märkte über den Marktmechanismus automatisch Angebot und Nachfrage zum Ausgleich bringen und damit stets dem Wohle der Allgemeinheit dienen. Aber genau das konnten wir doch in Kapitel D beobachten.

Keynes: Tatsächlich ist die Entdeckung des Marktmechanismus eine großartige Leistung der klassischen Ökonomie. Allerdings sind die Märkte keineswegs vollkommen und nicht immer ist das Ergebnis des Marktmechanismus im Sinne der Allgemeinheit.

Wo denn nicht?

Keynes: Wie Sie sicher wissen, liegt mir die Vollbeschäftigung auf dem Arbeitsmarkt sehr am Herzen, schließlich reden wir hier über Menschen und ihre persönlichen Schicksale. Und spätestens seit der Weltwirtschaftskrise von 1929 wissen wir, dass die Märkte sehr wohl aus dem Gleichgewicht geraten können. Die Folgen sind bekannt: Jahrelange Massenarbeitslosigkeit, Armut, Hunger und am Ende auch noch ein Weltkrieg.

Die klassischen Ökonomen sagen dazu, dass jede Volkswirtschaft schmerzhafte Veränderungs- und Anpassungsprozesse durchlaufen müsse, welche aber nur vorübergehender Natur seien. Auf lange Sicht würde sich aber auf allen Märkten wieder ein Gleichgewicht einpendeln.

Keynes: Auf lange Sicht sind wir alle tot.

Ist der Marktmechanismus zu langsam?

Keynes: Leider ja. Und ich würde noch weiter gehen und sagen, dass die Märkte von Natur aus eher instabil sind und die Wirtschaft immer wieder in eine Rezession und manchmal auch in eine Depression stürzen werden. Das sehe ich also ganz anders als die klassischen Ökonomen ...

... welche ja der Meinung sind, die Wirtschaft würde von selbst ins Gleichgewicht kommen.

Keynes: Ja, das sind unverbesserliche Optimisten, die an die Stabilität der Märkte glauben, und ich glaube das eben nicht.

Der Klassiker Jean Baptiste Say hat den berühmten Satz gesagt, dass sich jedes Angebot seine eigene Nachfrage schaffe. Wenn also allen Gütern einer Volkswirtschaft ein entsprechendes Einkommen gegenübersteht, müssen dann nicht Angebot und Nachfrage automatisch in ein Gleichgewicht tendieren?

Keynes: Der Grundgedanke von Say ist ja richtig, aber er übersieht ein wichtiges psychologisches Gesetz. Schauen Sie, das volkswirtschaftliche Einkommen wird ja nie in voller Höhe wieder konsumiert, denn die meisten Haushalte legen immer einen Teil ihres Einkommens als Ersparnisse zurück. Oder sparen sie etwa nicht?

Doch, ja, schon. Aber das war Say bewusst. Er hatte aufgezeigt, dass die Ersparnisse der Haushalte bei den Banken eingelegt werden, welche diese wiederum als Kredite für Investitionen an Unternehmen weitergeben. Damit werden die Ersparnisse über Umwege also letztlich auch zu Nachfrage – nur eben zu Nachfrage nach Investitionsgütern.

Keynes: Aber was ist, wenn die Unternehmen weniger investieren, als die Haushalte sparen?

Ich habe Say so verstanden, dass das nicht passieren kann, weil der Marktzins in diesem Fall sinkt. Damit wird Investieren attraktiver und Sparen unattraktiver. So sorgt der Marktmechanismus auf dem Kreditmarkt automatisch für ein Gleichgewicht von Ersparnissen und Investitionen.

Keynes: Wenn es denn so wäre. Aus meiner Sicht überschätzt Say die Bedeutung des Zinses. Seien wir doch mal realistisch: Die Haushalte sparen doch wohl eher dann, wenn sie gut verdienen und Geld übrighaben, als dann, wenn der Sparzins hoch ist. Und die Investitionsentscheidungen der Unternehmer hängen ja wohl weniger vom Kreditzins ab als vielmehr von ihren Absatz- und Gewinnerwartungen. Oder würden Sie investieren, wenn es für Ihre Produkte keine Nachfrage gibt, nur weil gerade die Kreditzinsen niedrig sind?

Ich glaube nicht.

Keynes: Sehen Sie. Die Unternehmen auch nicht. Die investieren nur dann und schaffen nur dann Arbeitsplätze, wenn sie an eine ausreichende Nachfrage glauben. Die Nachfrage ist immer der Schlüssel für wirtschaftliche Aktivität.

Was passiert denn Ihrer Meinung nach, wenn die Unternehmen weniger investieren, als die Haushalte sparen?

Keynes: Dann entsteht eine gesamtwirtschaftliche Nachfragelücke, die zum Abbau von Arbeitsplätzen und damit zu weiteren Nachfrageausfällen führt, so kommt es nach und nach zu einer verhängnisvollen Kettenreaktion. Deshalb muss man diese Nachfragelücke schließen.

Und wer soll das machen?

Keynes: Es gibt nur einen, der das kann, und das ist der Staat.

Der Staat soll für mehr Nachfrage sorgen?

Keynes: Ja, richtig. Er sitzt doch an der richtigen Stelle. Er kann in einer Rezession einfach die Steuern senken und damit die Konsumnachfrage der Haushalte und die Investitionsnachfrage der Unternehmen steigern. Außerdem kann er sogar selbst als Nachfrager auftreten.

Der Staat als Nachfrager?

Warum nicht? Schließlich verfügt er über einen Haushalt, der etwa halb so groß ist, wie unser Bruttoinlandsprodukt. Wir reden hier also nicht über Peanuts. Der Staat kann in großem Stil Aufträge an Unternehmen vergeben.

Na, übernimmt er sich da nicht ein wenig? Das wären ja gigantische Beträge ...

Keynes: Er muss ja nicht die ganze Lücke schließen. Überlegen Sie mal: Wenn der Staat Aufträge vergibt, ist das Geld danach ja nicht weg. Denn die beauftragten Unternehmen bezahlen damit ihr Personal und die Lieferanten, welche dieses Geld wiederum für ihre Zwecke ausgeben und damit neue Nachfrage schaffen, die dann ebenfalls zu Einkommen führt – und so geht das immer weiter. Also erzeugt eine einmalige Ausgabe des Staates über mehrere Perioden ein Vielfaches an Einkommen und damit an Nachfrage. Diese Vervielfachung nenne ich Staatsausgabenmultiplikator.

Das klingt interessant. Aber woher soll der Staat das Geld nehmen? Gerade in schlechten Zeiten ist die Haushaltslage des Staates eher angespannt. Soll er sich etwa verschulden?

Keynes: Ja, genau das soll er. Dass Reichskanzler Brüning in der Weltwirtschaftskrise von 1929 die Staatsausgaben senkte, war ein fataler Fehler.

Hätte Brüning denn die Staatsausgaben erhöhen und diese mit Krediten finanzieren sollen, um die Nachfrage anzuregen?

Keynes: Ja, genau das wäre der richtige Weg gewesen. Ich nenne es *Deficit-Spending*. Bedenken Sie: Wenn der Staat die volkswirtschaftliche Nachfrage erhöht und damit einen konjunkturellen Aufschwung erzeugt, kommt ja nach und nach auch wieder Geld in die Staatskasse, sodass er seine Schulden auch zurückzahlen kann.

Und was sollte der Staat machen, wenn die Konjunktur wieder boomt?

Keynes: Er muss der Konjunktur immer entgegensteuern: In schlechten Zeiten rauf mit den Staatsausgaben und runter mit den Steuern und in guten Zeiten genau andersherum – also eine antizyklische Fiskalpolitik.

Und Sie meinen, das reicht aus, um die Wirtschaft wieder zu stabilisieren?

Keynes: Eine antizyklische Fiskalpolitik ist aus meiner Sicht das zentrale Instrument zur Stabilisierung der Wirtschaft, ja. Ich denke allerdings auch, dass sie durch eine antizyklische Geldpolitik unterstützt werden sollte.

Was bedeutet das?

Keynes: Im Konjunkturtief sollte die Zentralbank den Leitzins senken und die Geldmenge erhöhen, damit die Unternehmen und die privaten Haushalte günstig an Kredite kommen und damit über die nötige Liquidität verfügen. Und im Boom dann den Leitzins wieder rauf und die Geldmenge wieder runter. Aber wir dürfen die Bedeutung der antizyklischen Geldpolitik nicht überschätzen, denn wir wissen nicht, ob diese Kredite überhaupt nachgefragt werden. Deshalb muss die antizyklische Fiskalpolitik im Mittelpunkt der Wirtschaftspolitik stehen. Lassen Sie es mich so sagen: Antizyklische Fiskalpolitik ist ein „Must-have“ und Geldpolitik ist „nice to have“.

Lord Keynes, ich danke Ihnen für dieses sehr interessante Interview.

ARBEITSAUFTRAG

Kreuzen Sie zu jeder Aussage an, ob sie richtig oder falsch ist, und markieren Sie die betreffende Stelle im Text. Erläutern Sie im Falle falscher Aussagen die richtige Sachlage.

Aussage	richtig	falsch	Erläuterung, wenn „falsch“
1 Die Vollbeschäftigung ist für Keynes ein besonders wichtiges Ziel der Wirtschaftspolitik.			
2 Grundsätzlich ist Keynes ein Marktoptimist, der an die natürliche Stabilität der Märkte glaubt.			
3 Keynes glaubt, dass die Höhe der Ersparnisse der privaten Haushalte vor allem vom Einkommen abhängt.			
4 Keynes ist wie Say der Meinung, dass der Zins gewährleistet, dass die Höhe der Ersparnisse stets der Höhe der Investitionen entspricht.			
5 Keynes glaubt, dass die Unternehmen nur dann investieren, wenn eine entsprechende Nachfrage vorhanden ist.			
6 Keynes ist der Meinung, dass der Staat für die Schließung der Nachfragelücke sorgen muss.			
7 Keynes ist dagegen, dass der Staat sich im Konjunkturtief verschuldet, um die Nachfrage anzuregen.			
8 Keynes glaubt, dass die gesamtwirtschaftliche Nachfrage im selben Maße zunimmt, wie die Staatsausgaben.			
9 Antizyklische Fiskalpolitik bedeutet, dass der Staat im Konjunkturtief sowohl seine Ausgaben als auch die Steuern senkt, um die Nachfrage zu erhöhen.			
10 Antizyklische Fiskalpolitik ist aus Sicht von Keynes das Hauptinstrument zur Stabilisierung der Wirtschaft.			

2.2 Antizyklische Fiskalpolitik

ARBEITSAUFTRÄGE

Bearbeiten Sie die Arbeitsaufträge mithilfe des nachfolgenden Infotextes.

1. Ordnen Sie den fiskalpolitischen Maßnahmen durch Ankreuzen zu,
   - ob die Einnahmen- oder die Ausgabenseite des Staates betroffen ist,
   - in welcher Konjunkturphase diese Maßnahme ergriffen wird,
   - an welcher Art von Nachfrage die Maßnahme ansetzt und
   - ob die Konjunktur eher belebt oder gedämpft werden soll.

Antizyklische Fiskalpolitik										
Der Staat ...	Staatshaushalt		Konjunkturphase		Ansatzpunkt				Zielsetzung	
	Einnahmenseite	Ausgabenseite	Aufschwung/Boom	Abschwung/Tiefphase	Konsumnachfrage	Unternehmensnachfrage	Staatsnachfrage	Auslandsnachfrage	Belebung der Konjunktur	Dämpfung der Konjunktur
a) senkt den Einkommensteuersatz.										
b) beauftragt bundesweit Bauunternehmen mit dem Bau von Straßen.										
c) senkt BAföG und Wohngeld.										
d) räumt Unternehmen Sonderabschreibungsmöglichkeiten ein.										
e) erhöht das Bürgergeld.										
f) baut neue Schwimmbäder.										
g) hebt den Satz der Einkommenssteuer an.										
h) gewährt Exportsubventionen.										
i) schafft den Solidaritätszuschlag ab.										
j) senkt die Abschreibungssätze für betriebliches Anlagevermögen.										
k) gewährt Investitionszulagen für Unternehmen.										

2. Stellen Sie die Auswirkungen der aufgeführten fiskalpolitischen Maßnahmen jeweils in Form einer Wirkungskette (von oben nach unten verlaufend) dar. Nutzen Sie die Anleitung zur Erstellung einer Wirkungskette in der Methodenbox im Anhang.

a) Senkung der Einkommensteuersätze Elemente: Produktion, Beschäftigung, verfügbares Einkommen, Einkommensteuersätze, Konsumnachfrage	b) Ausweitung von Staatsaufträgen Elemente: verfügbares Einkommen, Beschäftigung, Staatsaufträge, Produktion, Konsumnachfrage
c) Senkung von Transferausgaben Elemente: Konsumnachfrage, Beschäftigung, Transferausgaben, verfügbares Einkommen, Produktion	d) Erhöhung der Abschreibungssätze Elemente: Produktion, Konsumnachfrage, Produktionspotenzial, Beschäftigung, verfügbares Einkommen, Erweiterungsinvestitionen, Abschreibungssätze

Infotext: Antizyklische Fiskalpolitik

Einordnung

Die antizyklische Fiskalpolitik ist das zentrale Instrument der Nachfragepolitik. Danach soll der Staat mithilfe seiner Einnahmen und Ausgaben die Konjunkturschwankungen stabilisieren, also die Konjunkturkurve glätten und damit ein angemessenes und stetiges Wirtschaftswachstum bewirken. Vor allem aber soll damit, und das ist den Anhängerinnen und Anhängern der Nachfragepolitik besonders wichtig, Vollbeschäftigung erreicht werden.

Expansive und restriktive Fiskalpolitik

Die Wirkungsweise der Instrumente der Fiskalpolitik wurde bereits in Kapitel *E 3 Träger und Instrumente der Wirtschaftspolitik vorgestellt*. Zur Erinnerung:

In Zeiten schwacher Konjunktur (Abschwung, Tiefphase) betreibt der Staat eine **expansive** Fiskalpolitik, das bedeutet, er erhöht seine Ausgaben (z. B. Staatsaufträge) und senkt zugleich seine Einnahmen (z. B. Steuern). Wenn es erforderlich ist, soll sich der Staat dazu auch verschulden (*Deficit-Spending*).

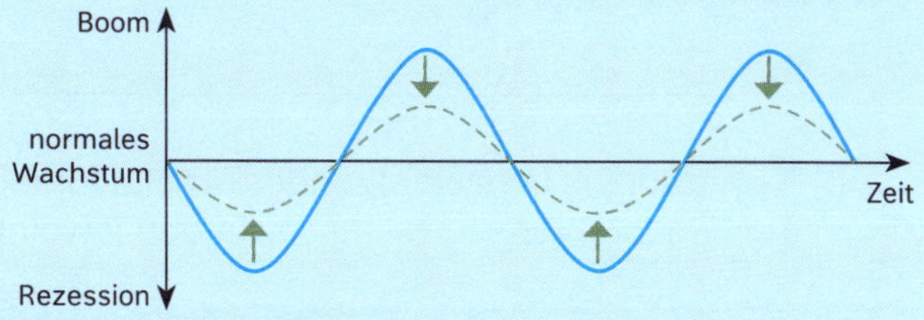

In Zeiten starker Konjunktur (Aufschwung, Boom) betreibt der Staat eine **restriktive** Fiskalpolitik, das bedeutet, er senkt seine Ausgaben und erhöht seine Einnahmen. Die damit erwirtschafteten Einnahmeüberschüsse soll der Staat in der *Konjunkturausgleichsrücklage* ansparen.

Da die Fiskalpolitik stets dem Konjunkturzyklus entgegenarbeitet, bezeichnet man sie auch als antizyklische Fiskalpolitik (antizyklische Finanzpolitik, antizyklische Wirtschaftspolitik). Politik und Medien sprechen oft auch von Konjunktur- und Beschäftigungsprogrammen sowie von Konjunkturpaketen.

Ansatzpunkte fiskalpolitischer Instrumente

Bislang war nur von der Nachfrage die Rede. Bei differenzierter Betrachtung sind vier verschiedene Arten der Nachfrage zu unterscheiden:

- **Konsumnachfrage:** Nachfrage der privaten Haushalte nach Konsumgütern
- **Unternehmensnachfrage:** Nachfrage der Unternehmen nach Investitionsgütern
- **Staatsnachfrage:** Nachfrage des Staates nach Gütern und Leistungen für die Allgemeinheit
- **Auslandsnachfrage:** Nachfrage des Auslands nach Exportgütern

Entsprechend kann der Staat mit seinen fiskalpolitischen Instrumenten an diesen vier Arten der Nachfrage ansetzen, um die Konjunkturkurve zu glätten:

Art der Nachfrage	Einnahmenpolitische Instrumente	Ausgabenpolitische Instrumente
Konsumnachfrage	▪ Einkommensteuersatz ▪ Umsatzsteuersatz	▪ Transferleistungen
Unternehmensnachfrage	▪ Unternehmenssteuersätze[1] ▪ Abschreibungssätze	▪ Subventionen ▪ Investitionszulagen
Staatsnachfrage	▪ -	▪ Staatsaufträge
Auslandsnachfrage	▪ Zölle	▪ Exportsubventionen

Globalsteuerung

Die Idee, dass der Staat mit seiner antizyklischen Fiskalpolitik die Gesamtwirtschaft in die gewünschte Richtung steuern kann, bezeichnet man als *Globalsteuerung*. Dabei kommt der Geldpolitik lediglich eine unterstützende Rolle zu.

1 z. B. Körperschaftssteuersatz, Gewerbesteuersatz

3. Wir betrachten eine geschlossene Volkswirtschaft ohne Steuern. Der Staat plant die einmalige Vergabe von Staatsaufträgen an private Unternehmen in Höhe von 500 Mio. €, die Sparquote beträgt 0,25. Bearbeiten Sie die Arbeitsaufträge mithilfe des nachfolgenden Infotextes.

   a) Ermitteln Sie die Konsumquote und erläutern Sie deren Bedeutung.

   b) Ermitteln Sie in nachfolgender Tabelle für die ersten zehn Perioden den durch die Staatsausgabe erzeugten Einkommenszuwachs sowie den jeweiligen Konsum- und Sparanteil.

Periode	Einkommenszuwachs (Mio. €)	Konsum (Mio. €)	Ersparnis (Mio. €)	Kumulierter Einkommenszuwachs (Mio. €)
1				
2				
3				
4				
5				
6				
7				
8				
9				
10				

   c) Ermitteln Sie den kumulierten Einkommenszuwachs mathematisch.

   d) Erläutern Sie Ihre tabellarischen und mathematischen Ergebnisse im Zusammenhang.

   e) Wie hoch wäre der kumulierte Einkommenszuwachs bei einer Staatsausgabe in Höhe von 2,0 Mrd. € und einer Konsumquote in Höhe von 70 %?

Infotext: Der Staatsausgabenmultiplikator

Der Grundgedanke

Der Staatsausgabenmultiplikator gibt an, in welchem Maße eine einmalige Staatsausgabe das Einkommen der privaten Haushalte über mehrere Perioden insgesamt erhöht. Und das geht so:

Wenn der Staat Aufträge an die private Wirtschaft vergibt, so führt die dadurch verursachte zusätzliche Produktion zu einem entsprechenden Einkommenszuwachs der Haushalte. Doch damit ist der Prozess nicht abgeschlossen, denn diese Haushalte geben ihr zusätzlich verdientes Einkommen auch wieder zu Konsumzwecken aus, was wiederum die Produktion anderer Anbieter und damit das Einkommen weiterer Haushalte erhöht usw. Die ursprüngliche Staatsausgabe führt also nicht nur einmal, sondern mehrfach zu einem Einkommenszuwachs. Dieser wird jedoch Periode für Periode immer kleiner, da die Haushalte gewöhnlich nicht ihr gesamtes Einkommen, sondern nur einen Anteil davon für Konsum ausgeben, den restlichen Anteil legen sie als Ersparnis zurück. Dabei gilt: Je höher die volkswirtschaftliche Konsumquote, desto größer ist der volkswirtschaftliche Einkommenszuwachs.

Tabellarische Ermittlung

Der insgesamt erzielte (kumulierte) Einkommenseffekt kann tabellarisch ermittelt werden, indem der Einkommenszuwachs zu Beginn jeder Periode in Konsumausgaben und Ersparnisse aufgeteilt wird. Der Einkommenszuwachs der Folgeperiode entspricht den Konsumausgaben der Vorperiode.

Beispiel: In einer geschlossenen Volkswirtschaft ohne Steuern vergibt der Staat Aufträge im Umfang von 100 Mio. €, die Konsumquote (c) beträgt 80 % und die Sparquote (s) 20 %.

Periode	Einkommenszuwachs (Mio. €)	Konsum (Mio. €)	Ersparnis (Mio. €)	Kumulierter Einkommenszuwachs (Mio. €)
1	100,00	80,00	20,00	100,00
2	80,00	64,00	16,00	180,00
3	64,00	51,20	12,80	244,00
...	...	...	...	...
n	**0,00**	**0,00**	**0,00**	**~ 500**

Nach etlichen Perioden nähert sich der kumulierte (= insgesamt erzielte) Einkommenszuwachs 500 Mio. € an. Das bedeutet, dass das insgesamt geschaffene Einkommen der Haushalte fünfmal so hoch ist wie die ursprüngliche Staatsausgabe, der Staatsausgabenmultiplikator beträgt also fünf.

Mathematische Ermittlung

Der kumulierte Einkommenszuwachs, der mit einer einmaligen Staatsausgabe verbunden ist, lässt sich auch durch die Multiplikation der Staatsausgabe mit dem Staatsausgabenmultiplikator ermitteln. Dieser ist mathematisch wie folgt definiert:

$$\text{Staatsausgabenmultiplikator} = \frac{1}{(1 - c)}$$

Beispiel: Die Konsumquote einer Volkswirtschaft beträgt 0,8 % bzw. 80 %. Also nimmt der Staatsaugabenmultiplikator den Wert 5 an. Vergibt der Staat nun einen Staatsauftrag in Höhe von 100 Mio. €, so führt diese Staatsausgabe über alle Perioden zu einem Einkommenszuwachs von insgesamt 100 Mio. € x 5 = **500 Mio. €.**

2.3 Antizyklische Geldpolitik

Nachfragepolitiker und -politikerinnen fordern, dass die EZB die antizyklische Fiskalpolitik mit einer antizyklischen Geldpolitik unterstützen soll.

ARBEITSAUFTRÄGE

Bearbeiten Sie die Arbeitsaufträge mithilfe des nachfolgenden Infotextes.

1. Ergänzen Sie die fehlenden Wörter für den Fall einer expansiven Geldpolitik.

Die EZB ______________ den Leitzins.

Die Geschäftsbanken geben die ________________ des Leitzinses der EZB an ihre Kunden weiter.

Kreditzinssätze ____________________, Kredite werden also __________________.

Guthabenzinssätze ______________, die Verzinsung von Spareinlagen nimmt _____.

Die Kunden der Geschäftsbanken nehmen _______________ Kredite auf.

Die Kunden der Geschäftsbanken heben _____________ Geld von ihrem Konto ab.

Die umlaufende Geldmenge ______________.

Die Nachfrage auf den Investitionsgütermärkten und den Konsumgütermärkten _______________.

Die gesamtwirtschaftliche Produktion _____________.

Die Beschäftigung ________________.

2. Erläutern Sie in diesem Zusammenhang das geflügelte Wort von John Maynard Keynes zur Leitzinssenkung der Zentralbank: *„Man kann die Pferde zur Tränke führen, trinken müssen sie selbst.“*

Infotext: Antizyklische Geldpolitik

Expansive und restriktive Geldpolitik

Wir haben gesehen, dass im Mittelpunkt der keyneseanisch geprägten Nachfragepolitik die antizyklische Fiskalpolitik steht. Der Geldpolitik kommt dabei nur eine untergeordnete Rolle zu: Sie soll die antizyklische Fiskalpolitik unterstützen, indem sie ebenfalls antizyklisch vorgeht:

- **Expansive Geldpolitik:** In Zeiten schwacher Konjunktur (Abschwung, Tiefphase) soll die Zentralbank den Leitzins senken und die umlaufende Geldmenge erhöhen, Kredite werden also billiger. Denn die Unternehmen und die Haushalte werden nur dann mehr Güter nachfragen, wenn sie auch über das erforderliche Geld verfügen. Man spricht auch vom Geld als „Schmiermittel“ der Wirtschaft.
- **Restriktive Geldpolitik:** In Zeiten starker (überhitzter) Konjunktur soll die Zentralbank den Leitzins erhöhen und die umlaufende Geldmenge wieder reduzieren. Die Unternehmen und Haushalte werden weniger Güter nachfragen, wenn das Geld knapper und teurer wird.

Transmissionsmechanismus

Um Einfluss auf die Wirtschaft zu nehmen, greift die Zentralbank auf das Prinzip des Transmissionsmechanismus zurück, der in der Zeit der Industrialisierung für die Produktion erfunden wurde. Damals haben Manufakturen und Industriebetriebe mithilfe von Dampfmaschinen lange Achsen mechanisch angetrieben, die unmittelbar unter der Hallendecke rotierten. Die Kraft dieser Achsen wurde dann mithilfe von Transmissionsriemen aus Leder oder Textilband (ggf. über den Umweg weiterer Achsen mit unterschiedlichen Durchmessern) auf die einzelnen Webstühle in der Produktionshalle übertragen.

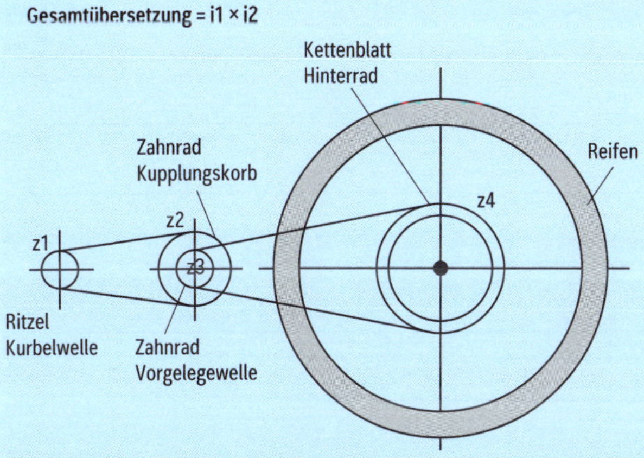

Dieses Prinzip wird hier nun auf die Geldpolitik übertragen: Die Zentralbank sendet mit ihrem Leitzins und der Steuerung der Geldmenge indirekt, nämlich über den Umweg über die Geschäftsbanken, die beabsichtigten Impulse in die Realwirtschaft, also zu den Unternehmen und den privaten Haushalten. Diese Impulse sollen zu höherer Produktion und zu höherem Einkommen führen.

Bedeutung aus Sicht der Nachfragepolitik

Nachfragepolitikerinnen und -politiker halten die Wirkung der Geldpolitik für sehr begrenzt, da sie glauben, dass die gesamtwirtschaftliche Nachfrage kaum von den Zinsen und der Geldmenge abhängt. Aus ihrer Sicht investieren Unternehmen eher dann, wenn sie an eine entsprechende Nachfrage nach ihren Produkten glauben und entsprechende Gewinne erwarten. Mit anderen Worten: Wenn die Haushalte nicht konsumieren und die Unternehmen nicht investieren wollen, werden geringe Zinsen und eine große Geldmenge daran auch nichts ändern. Keynes selbst verglich die Idee, Produktion und Einkommen durch die Erhöhung der Geldmenge steigern zu wollen, mit dem Plan, einen Gürtel zu kaufen, um zuzunehmen. Daher kann aus Sicht der Nachfragepolitik die Geldpolitik bestenfalls eine Unterstützung der antizyklischen Fiskalpolitik sein.

2.4 Kritische Betrachtung der Nachfragepolitik

Im Kanzleramt ist für die Folgewoche ein Workshop zum Thema „Wirtschaftspolitik in Deutschland“ geplant, an dem Vertreter und Vertreterinnen aus unterschiedlichen Bundesministerien teilnehmen sollen. Da diese über unterschiedliche Vorkenntnisse verfügen, sollen alle Teilnehmenden eine Tischvorlage (Handout) erhalten, in der kritische Argumente gegenüber der antizyklischen Fiskalpolitik in wenigen Worten strukturiert zusammengefasst sind.

ARBEITSAUFTRAG

Erstellen Sie mithilfe des nachfolgenden Infotextes eine Tischvorlage (Handout) für die Teilnehmenden des Workshops.

Tischvorlage	
Name:	
Anlass (mit Datum):	
Zielgruppe:	
Thema:	

Infotext: Kritik an der Nachfragepolitik

Die Kritik an der Nachfragepolitik bezieht sich in erster Linie auf die antizyklische Fiskalpolitik, da sie die Hauptrolle in der Nachfragepolitik spielt. Die antizyklische Geldpolitik hat lediglich eine unterstützende Funktion und soll hier nicht behandelt werden.

Ein zentraler Kritikpunkt an der antizyklischen Fiskalpolitik ist die Verzögerung (Timelag), mit der die fiskalischen Maßnahmen ihre Wirkung entfalten. So kann sich die Wahrnehmung eines Konjunkturabschwungs, die politische Diskussion, die Durchsetzung erforderlicher Maßnahmen (z.B. Steuersenkungen, Vergabe von Staatsaufträgen) und schließlich die Auswirkungen dieser Maßnahmen über mehrere Jahre hinziehen. Dann aber hat sich die Konjunktur oftmals schon wieder erholt, sodass die ergriffenen Maßnahmen ungewollt prozyklisch wirken und damit die Konjunkturschwankungen noch verstärken.

Ebenso lässt sich kritisch anmerken, dass durch fiskalpolitische Maßnahmen die Staatsverschuldung weiter zunimmt, denn das Deficit-Spending ist von der antizyklischen Fiskalpolitik ja durchaus gewollt. Da eine höhere Staatsverschuldung aber mit mehr Ausgaben für Zinsen und Tilgung für den Staatshaushalt verbunden ist, wird zum einen der finanzpolitische Handlungsspielraum des Staates eingeschränkt, denn diese machen gewöhnlich einen erheblichen Anteil der Staatsausgaben aus. Damit aber bleibt dem Staat immer weniger Geld für die Finanzierung seiner eigentlichen Aufgaben übrig. Zum anderen werden dadurch zukünftige Generationen belastet, welche diese Zahlungen später leisten müssen. Dagegen wenden die Nachfragepolitikerinnen und -politiker ein, dass der Staat in Phasen des Aufschwungs und der Hochkonjunktur die Steuern ja wieder erhöhen und die Staatsausgaben wieder senken – also die Staatsverschuldung in guten Zeiten wieder abbauen könne. Jedoch sind Maßnahmen zur Senkung der Staatsverschuldung in der Bevölkerung sehr unbeliebt, denn sie gehen grundsätzlich mit einer höheren finanziellen Belastung der privaten Haushalte einher. Da den privaten Haushalten ihre eigene wirtschaftliche Situation wichtiger ist als langfristige volkswirtschaftliche Belastungen, geben sie bei Wahlen lieber den Parteien ihre Stimme, welche Steuersenkungen und Leistungserhöhungen versprechen. Und da Politikerinnen und Politiker gewöhnlich gern wiedergewählt werden wollen, verzichten sie oftmals auf unpopuläre Steuererhöhungen und versprechen großzügige Geschenke und nehmen damit eine weitere Staatsverschuldung in Kauf.

Ein weiterer Kritikpunkt wird unter dem Schlagwort „Crowding out“ (Verdrängungseffekt) geführt. Das bedeutet, der Staat verdrängt durch erhöhte Staatsausgaben private Unternehmen aus dem Markt. Diese Verdrängung findet zum einen in der Realwirtschaft statt, etwa indem der Staat Leistungen anbietet, welche ebenso auch private Betriebe anbieten könnten (Personenverkehr, Gesundheitswesen, Schwimmbäder usw.) oder Produktionsfaktoren einsetzt, die dann für private Unternehmen nicht mehr zur Verfügung stehen (z.B. IT-Fachkräfte). Diese Art der Verdrängung wird als „realwirtschaftliches Crowding out“ bezeichnet. Hinzu kommt die Verdrängung durch erhöhte Zinsen, denn durch die erhöhte Kreditnachfrage des Staates steigen auf dem Kreditmarkt die Zinsen und verteuern die Kredite für private Unternehmen. Dieser Effekt wird als „zinsbedingtes Crowding out“ bezeichnet.

Darüber hinaus lässt sich kritisch anmerken, dass durch die massive Erhöhung der Staatsausgaben das gesamtwirtschaftliche Preisniveau steigt, es kommt also zu Inflation. Diese aber stört den Marktmechanismus, sodass die Marktpreise ihre Funktion nur noch eingeschränkt erfüllen können. Dieser Effekt ließ sich nach umfangreicher fiskalisch begründeter Kreditaufnahme des Staates in den 70er Jahren nachweisen.

Schließlich wird die antizyklische Fiskalpolitik als „Stop-and-go-Politik“ kritisiert, welche sowohl den Unternehmen als auch den privaten Haushalten die mittel- bis langfristige Planung verhagelt. So sind die meisten unternehmerischen Investitionen auf viele Jahre oder Jahrzehnte ausgelegt und damit von Natur aus mit vielen Risiken verbunden. Für solche Investitionen benötigen die Unternehmen Planungssicherheit hinsichtlich Abschreibungsmöglichkeiten, steuerlicher Belastungen, Subventionen usw. Das gleiche Prinzip betrifft die privaten Haushalte hinsichtlich großer Investitionen, etwa beim Erwerb einer Immobilie oder eines Kraftfahrzeugs. Ein laufendes Hin und Her der Einnahmen- und Ausgabensituation erschwert die Planungen aller Wirtschaftssubjekte erheblich und kann dazu führen, dass wichtige Investitionen unterbleiben.

3 Konzept der Angebotspolitik

3.1 Interview mit Milton Friedman

Zu Gast bei uns in der Redaktion: Der US-amerikanische Ökonom Milton Friedman (31. Juli 1912, † 16. November 2006), der neben John Maynard Keynes als einflussreichster Ökonom des 20. Jahrhunderts gilt. Das Interview ist fiktiv.*

Mr. Friedman, wir freuen uns, Sie als wichtigsten Vordenker der Angebotspolitik und als Kontrahenten von John Maynard Keynes bei uns begrüßen zu dürfen.

Friedman: Vielen Dank, das betrachte ich als Kompliment! Denn auch wenn ich völlig anderer Ansicht bin als Lord Keynes, so war er doch einer der größten Ökonomen des 20. Jahrhunderts.

Das sagt man Ihnen ja auch nach. Inwiefern sind Sie denn anderer Ansicht? Wir fanden seine Argumente sehr überzeugend ...

Friedman: Keynes glaubt, man könne eine komplexe Volkswirtschaft steuern wie ein Auto, links rum, rechts rum, und das ist natürlich unrealistisch.

Warum denn? Der Staat verfügt doch über Einnahmen- und Ausgabeninstrumente, mit denen er konjunkturellen Fehlentwicklungen entgegentreten kann.

Friedman: Theoretisch vielleicht, aber praktisch nicht. Denken Sie nur an die Wirkungsverzögerungen, die Timelags. Die führen dazu, dass staatliches Gasgeben regelmäßig erst dann wirkt, wenn man schon wieder auf die Bremse treten müsste. Mit antizyklischer Fiskalpolitik, so gut gemeint sie sein mag, verhindert man keine Konjunkturschwankungen, sondern man verstärkt sie. Außerdem werden Sie in einer Demokratie ganz sicher keine Wahlen gewinnen, wenn Sie in der Boom-Phase die Steuern erhöhen wollen, um die aufgetürmten Staatsschulden wieder abzubauen.

Wie sollte der Staat die Konjunkturschwankungen denn aus Ihrer Sicht bekämpfen?

Friedman: Gar nicht. Haben Sie Geduld, die Märkte regeln das schon. Man muss sie nur in Ruhe lassen. Das kann zwar hier und da etwas länger dauern, aber ich bin fest davon überzeugt, dass die Märkte langfristig stabil sind, denn der Preismechanismus sorgt automatisch für Stabilität.

Aber hat Keynes denn nicht Recht, wenn er mit Verweis auf die Weltwirtschaftskrise 1929 feststellt, dass die Wirtschaft von Natur aus instabil ist? Immerhin war diese Krise dramatisch und dauerte viele Jahre.

Friedman: Nein, hat er nicht. Denn zum einen gab es im Vorfeld der Krise über Jahre eine landesweite Fusionswelle, die zunehmend den unternehmerischen Wettbewerb behinderte. Dem hätte der Staat mit einem entsprechenden Wettbewerbsrecht vorbeugen müssen. Vor allem aber war es die US-amerikanische Zentralbank, die 1929 aus einer Rezession ohne Not eine Weltwirtschaftskrise gemacht hat.

Tatsächlich? Inwiefern?

Friedman: Sie müssen wissen: In den Goldenen Zwanzigern hatten viele Anleger im Glauben an ein großes Wirtschaftswachstum Aktien gekauft und oft mit Krediten finanziert. Als der große Börsencrash kam, konnten die ihre Kredite aber nicht mehr zurückzahlen und zogen in ihrer Not auch noch ihre Spareinlagen von den Banken ab. Da bekamen die Banken natürlich Liquiditätsprobleme und hielten ihr Geld zurück. Und was machte die Zentralbank? Zuerst nichts und dann erhöhte sie auch noch den Leitzins. Ich muss ihnen nicht sagen, was knappe Kredite und hohe Zinsen für eine Wirtschaft in der Rezession bedeuten.

Die Zentralbank hätte also für mehr Liquidität sorgen müssen?

Friedman: Ja, der große Börsencrash 1929 war eine Ausnahmesituation. Die Zentralbank hätte damals den Leitzins senken und die Geldmenge ausweiten, also für ausreichend Liquidität sorgen müssen.

Dann sind Sie und Keynes sich ja einig, was die Geldpolitik betrifft.

Friedmann: Das glaube ich nicht. Wie kommen Sie darauf?

Keynes war auch für die Ausweitung der Geldmenge in dieser Situation.

Friedman: Langsam! Keynes denkt dabei an etwas völlig anderes. Der will ja eine dauerhaft angelegte antizyklische Geldpolitik und die halte ich für falsch. Dann haben wir das Theater mit den Timelags und verunsichern mit dem ständigen Hin und Her die Märkte.

Wie sähe denn Ihre Geldpolitik aus?

Friedman: Mir geht es um Preisniveaustabilität. Alle Marktteilnehmer müssen sich bei ihren individuellen Plänen auf stabile Preise verlassen können. Nur dann können die Märkte funktionieren und ihre wahre Kraft entfalten. Um aber die Preise stabil zu halten, muss die Zentralbank die Geldmenge stetig und behutsam an das Produktionspotenzial anpassen. Überlegen Sie: Wenn Produktionspotenzial und Geldmenge in gleichem Maße anwachsen, bleiben die Preise stabil. Das ist das einfache Geheimnis. Wir Monetaristinnen und Monetaristen nennen es *potenzialorientierte Geldpolitik*.

Wieso werden Sie und Ihre Mitstreiter/-innen eigentlich Monetaristinnen und Monetaristen genannt?

Friedman: Weil wir die Regulierung der Geldmenge für die wichtigste wirtschaftspolitische Maßnahme halten. *Money matters*, verstehen Sie?

Nein, nicht wirklich.

Friedman: Das bedeutet, im Kern kommt es nur auf die richtige Geldmenge an. Nicht auf staatliche Eingriffe von Bürokraten in den Wirtschaftsprozess.

Ach, so meinen Sie das. Brauchen wir denn überhaupt einen Staat?

Friedman: Aber ja: Der Staat muss die wirtschaftliche Infrastruktur bereitstellen, also Straßen, Häfen und so weiter. Und er muss für einen funktionsfähigen Wettbewerb unter den Unternehmen sorgen. Vor allem aber ist er für die innere und äußere Sicherheit zuständig, damit die Menschen in Ruhe und Sicherheit leben können. Wenn der Staat sich auf diese Kernaufgaben beschränkt, können wir auch endlich die horrende Staatsverschuldung abbauen, was sehr wichtig ist.

Und was ist mit Sozialleistungen?

Friedman: Na ja ...

Sie halten nichts von staatlicher Sozialpolitik?

Friedman: Kennen Sie die vier Arten des Geldausgebens? Die erste ist, dass man sein eigenes Geld für sich selbst ausgibt, z. B. für Kleidung. Die zweite ist, dass man sein eigenes Geld für andere ausgibt, etwa zu Weihnachten. Die dritte ist, dass man anderer Leute Geld für sich selbst ausgibt, indem man zum Beispiel auf Kosten des Unternehmens einen Dienstwagen fährt. Und die vierte ist, dass man anderer Leute Geld für andere ausgibt, was ja das Tagesgeschäft der Politik ist. Meine Überzeugung ist, dass die Leichtfertigkeit, das Geld auszugeben, von Methode eins bis Methode vier zunimmt.

Sie meinen also, soziale Unterstützung wird zu leichtfertig ausgegeben?

Friedman: Ich stelle auf jeden Fall fest, dass in vielen Ländern die Sozialpolitik mit Methode drei und vier betrieben wird. Das führt zu einer aufgeblähten kostenintensiven Verwaltung mit unnötig viel Personal und am Ende bleibt für die Armen nicht mehr viel übrig.

Würden Sie die Sozialpolitik abschaffen?

Friedman: Nein, aber drastisch vereinfachen. Ich dachte da an eine Art „Negativsteuer".

Was soll das sein?

Friedman: Nun, der Staat legt einen relativ niedrigen Geldbetrag als Grenzwert fest. Wer mehr verdient, zahlt Steuern, wer weniger verdient, erhält einen Zuschuss – und fertig. Die Menschen würden dann nicht mehr vom Amt bevormundet und könnten ihr Geld so ausgeben, wie sie es für richtig hielten. Der Zuschuss darf nur nicht zu hoch sein, sonst haben die Leute keine Lust mehr, ihr Geld aus eigener Kraft zu verdienen. Mit dieser einfachen Negativsteuer könnte sich der Staat seinen gigantischen Verteilungsapparat sparen. Eine Win-Win-Situation.

Mr. Friedman, Sie gelten als Vordenker der Angebotspolitik. Sehen Sie sich selbst auch so?

Friedman: Absolut, ja. Wir müssen uns klar machen, dass es nicht die Nachfrager sind, die uns voranbringen, sondern mutige Unternehmerinnen und Unternehmer, die der österreichische Ökonom Schumpeter „Pioniere" nannte. Wir haben deshalb die Elektrizität, das Auto und die iPhones, weil mutige und motivierte Unternehmer und Unternehmerinnen im Wettbewerb um die besten Ideen gerungen haben. Der Staat muss also alles tun, um diese Leute zu motivieren und zu fördern. Und das leistet die Angebotspolitik.

Allerdings vernichten solche Innovationen auch Arbeitsplätze. Jetzt trifft es die Zulieferer der Automobilindustrie mit Verbrennungsmotoren.

Friedman: Das ist richtig. Deshalb spricht Schumpeter auch von „schöpferischer Zerstörung". Wenn etwas Neues kommt, muss das Alte gehen. Das war schon immer so. Früher hat es die Kutschen erwischt, dann die Dampfloks und heute eben die Verbrennungsmotoren.

Was wollen Sie damit sagen?

Friedman: Dass der wahre Fortschritt von der Angebotsseite ausgeht und nicht von der Nachfrageseite. Deshalb sollte sich die Wirtschaftspolitik nicht auf die Nachfrager, sondern auf die Anbieter konzentrieren. Es ist doch ganz einfach: Der Staat schafft optimale Rahmenbedingungen für die Anbieter und die Zentralbank sorgt für Preisniveaustabilität. Den Rest erledigen dann die Märkte.

Mr. Friedman, ich danke Ihnen für das interessante Gespräch.

ARBEITSAUFTRAG

Kreuzen Sie zu jeder Aussage an, ob sie richtig oder falsch ist und markieren Sie die betreffende Stelle im Text. Erläutern Sie im Falle falscher Aussagen die richtige Sachlage.

Aussage	richtig	falsch	Erläuterung, wenn „falsch"
1 Friedman ist der Meinung, dass antizyklische Fiskalpolitik die Konjunkturschwankungen abmildert.			
2 Friedman ist davon überzeugt, dass Märkte von Natur aus stabil sind, also langfristig zum Gleichgewicht tendieren.			
3 Friedmann meint, dass der Staat optimale Rahmenbedingungen für die Anbieter schaffen muss.			
4 Friedman glaubt, dass der Staat verantwortungsbewusst mit Steuergeldern umgeht.			
5 Friedman ist der Meinung, dass der Staat für einen funktionsfähigen Wettbewerb sorgen muss.			
6 Im Zentrum der Wirtschaftspolitik sollte nach Friedman eine antizyklische Geldpolitik stehen.			
7 Milton Friedman wird als Monetarist bezeichnet, weil er der Steuerung der Geldmenge höchste Priorität einräumt.			
8 Für Friedman ist das wichtigste wirtschaftspolitische Ziel ein hoher Beschäftigungsstand.			
9 Friedman würde die staatliche Sozialpolitik abschaffen.			
10 Friedman gilt als Vordenker der Nachfragepolitik.			

3.2 Katalog angebotspolitischer Forderungen

Angebotspolitikerinnen und -politiker sind die Gegenspieler der Nachfragepolitiker und -politikerinnen und wollen Wirtschaftswachstum und Beschäftigung dadurch fördern, dass sie die Bedingungen der Angebotsseite, also der Unternehmen verbessern. Diese Position soll im Folgenden genauer betrachtet werden.

ARBEITSAUFTRÄGE

Bearbeiten Sie die Arbeitsaufträge mithilfe des nachfolgenden Infotextes.

1. Stellen Sie die Forderungen der Angebotspolitik in einer Mindmap dar. Nutzen Sie die Anleitung zur Erstellung einer Mindmap in der Methodenbox im Anhang.

2. Formulieren Sie auf Grundlage Ihrer Mindmap in einem Word-Dokument oder in Ihrem Heft einen strukturierten angebotspolitischen Forderungskatalog, der an die Regierung übermittelt werden soll. Jede Forderung soll in eigenen und gut verständlichen Worten formuliert sein.

Infotext: Angebotspolitische Forderungen

Einordnung

Die Angebotspolitik (angebotsorientierte Wirtschaftspolitik) ist das Gegenkonzept zur Nachfragepolitik. Sie baut auf den Grundideen des Monetarismus auf und sieht den Schlüssel für Wirtschaftswachstum und Wohlstand in guten Rahmenbedingungen für die Anbieter und in stabilen Preisen. Entsprechend gelten als wichtigste angebotspolitische Forderungen:

Geldpolitik

Angebotspolitiker/-innen glauben an den Marktmechanismus und daran, dass sich früher oder später auf allen Märkten ein Marktgleichgewicht einstellt. Geldwertinstabilitäten (Inflation und Deflation) halten sie für eine große Gefahr, denn diese können Marktmechanismen behindern oder sogar außer Kraft setzen. Da der Markt für die Angebotspolitik eine „heilige Kuh" ist, fordern sie, dass die Preisniveaustabilität zum wirtschaftspolitischen Ziel erhoben wird.

Zur Erreichung dieses Ziels soll die Zentralbank eine *potenzialorientierte* Geldpolitik betreiben. Das bedeutet, die Geldmenge soll stetig anwachsen – und zwar in gleichem Maße wie das Produktionspotenzial. Wächst das Produktionspotenzial um 5 %, so muss auch die Geldmenge um 5 % zunehmen.

Schließlich muss die Unabhängigkeit der Zentralbank gesetzlich festgeschrieben werden. Hintergrund ist die Neigung von Regierungen, vor allem in wirtschaftlich schlechten Zeiten Einfluss auf die Zentralbank zu nehmen und diese zu drängen, den Leitzins zu senken und die Geldmenge zu erhöhen. Würde die Zentralbank diesen Forderungen Folge leisten, könnte sie ihrer eigentlichen Aufgabe, nämlich der Stabilisierung der Währung, nicht mehr nachkommen.

Wettbewerbspolitik

Auch die Wettbewerbspolitik ist für Angebotspolitiker/-innen von großer Bedeutung, denn sie sehen im Wettbewerb der Unternehmen einen Grundpfeiler der sozialen Marktwirtschaft. Unternehmerischer Wettbewerb sorgt dafür, dass sich früher oder später die besseren Produkte durchsetzen. Gleichzeitig zwingt ein gesunder Wettbewerb die Unternehmen, ihre Preise auf ein angemessenes Maß zu senken. Ohne Wettbewerb sehen die Unternehmen keinen Grund, ihre Produkte weiterzuentwickeln und verlangen überhöhte Preise. Deshalb muss der Staat den Wettbewerb sowohl schützen als auch fördern:

Zum *Schutz des Wettbewerbs* sieht in Deutschland das Gesetz gegen Wettbewerbsbeschränkung (GWB) vor allem drei Instrumente vor: Das Kartellverbot (z. B. Preis- und Gebietskartelle), das Missbrauchsverbot (Missbrauch einer marktbeherrschenden Stellung) und die Fusionskontrolle (Kontrolle von Zusammenschlüssen größerer Unternehmen und deren Verbot, wenn sie den Wettbewerb behindern würden).

Zur *Förderung des Wettbewerbs* ergreift der Staat Maßnahmen der Liberalisierung (Öffnung von Märkten für neue Marktteilnehmer), der Privatisierung (Umwandlung staatlicher in private Unternehmen), der Deregulierung (Abbau staatlicher Regelungen) sowie des Abbaus von Erhaltungssubventionen (Subventionen zur Erhaltung nicht wettbewerbsfähiger Unternehmen).

Finanzpolitik

Der Staat soll aus Sicht der Angebotspolitik seine Einnahmen und Ausgaben nicht an Konjunkturschwankungen ausrichten, weil er damit nur Unheil anrichtet. Die Staatseinnahmen sollen stattdessen *konjunkturneutral* und nur zur Finanzierung staatlicher Kernaufgaben eingesetzt werden. Das sind vor allem die Bereitstellung von Infrastruktur, Rechtswesen, Polizei, Landesverteidigung und Bildung.

Die Staatsverschuldung soll so weit wie möglich abgebaut werden, denn zum einen müssen Staatsschulden von nachfolgenden Generationen zurückgezahlt werden, was der Generationengerechtigkeit zuwiderläuft. Zum anderen schränken die mit den Schulden verbundenen alljährlichen Zinsaufwendungen die staatliche Handlungsfähigkeit ein.

Entsprechend soll die Staatsquote (Staatsausausgabenquote), welche das Verhältnis der Staatsausgaben zum BIP angibt, dauerhaft so weit wie möglich gesenkt werden. Die Höhe der Staatsausgaben soll sich am Wachstum des volkswirtschaftlichen Produktionspotenzials orientieren.

Wohl aber soll der Staat die Investitionsbereitschaft von Unternehmen fördern, indem er die Unternehmenssteuern dauerhaft senkt und steuerliche Abschreibungsmöglichkeiten verbessert. Aber nicht nur die Unternehmen, sondern auch die privaten Haushalte sollen von dauerhaften Steuersenkungen profitieren und dadurch zu mehr Leistung motiviert werden. Dabei berufen sich die Angebotspolitiker/-innen auf den US-amerikanischen Ökonomen Arthur B. Laffer. Dieser hatte bereits 1974 die Behauptung aufgestellt, dass die Steuersätze in vielen westlichen Industrieländern eine leistungsfeindliche Höhe erreicht hätten und Steuersenkungen die staatlichen Steuereinnahmen sogar erhöhen würden. Diesen Zusammenhang hatte er in seiner berühmten „Laffer-Kurve“ dargestellt:[1]

Laffer nimmt an, dass staatliche Steuereinnahmen mit steigendem Steuersatz zunächst anwachsen, dann ihr Maximum erreichen und schließlich wieder absinken. Grund für das Absinken seien zunehmende Widerstände der Steuerzahler ab einer bestimmten Höhe des Steuersatzes. Diese würden vermehrt Steuerschlupflöcher suchen, in Schwarzarbeit ausweichen oder ihre Leistungen gar nicht mehr anbieten. Konservative Politiker/-innen wie die US-amerikanischen Präsidenten Ronald Reagan, Donald Trump und die britische Premierministerin Maggie Thatcher ließen sich durch dieses Modell zu Reformen inspirieren.

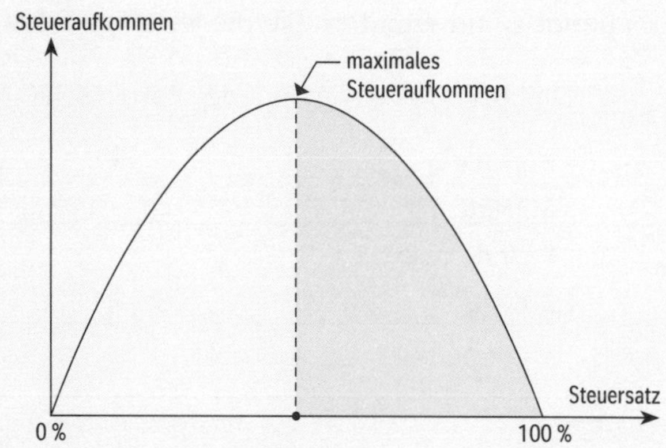

Weitere Forderungen

- **Lohnpolitik:** Damit die heimische Wirtschaft international wettbewerbsfähig bleibt bzw. wird und für ausreichend Beschäftigung sorgt, dürfen die Löhne bzw. die Lohnstückkosten nicht zu hoch sein. Die Tarifparteien müssen deshalb dafür sorgen, dass die Löhne nicht mehr steigen als die Produktivität (produktivitätsorientierte Lohnpolitik). Daneben sollten die Lohnzusatzkosten so weit wie möglich gesenkt werden. Außerdem sollen Löhne regional und sektoral differenziert werden können.
- **Sozialpolitik:** Der Einzelne soll mehr Eigenverantwortung übernehmen. Das bedeutet, dass jeder für die eigene wirtschaftliche Situation selbst verantwortlich ist und damit Selbsthilfe vor Fremdhilfe geht (Subsidiaritätsprinzip). Aus diesem Grunde soll der Staat entsprechende Leistungsanreize schaffen, indem er einerseits das Niveau staatlicher Unterstützung absenkt und andererseits Leistungsempfänger/-innen an den Kosten für die Inanspruchnahme sozialer Leistungen beteiligt.
- **Umweltpolitik:** Die Umweltpolitik soll vor allem durch marktwirtschaftliche Instrumente (z. B. Handel von Umweltzertifikaten) gesteuert werden. Ökosteuern (z. B. CO_2-Steuern) sind als marktkonformes Instrument akzeptiert, sie müssen aber mindestens europaweit gelten. Staatliche Vorschriften und Verbote sollen abgebaut werden.
- **Forschungspolitik:** Grundlagenforschung und wirtschaftlich aussichtsreiche Wachstumstechnologien sollen zielgerichtet gefördert werden (z. B. Investitionszulagen für innovative Unternehmen, die neue Antriebssysteme entwickeln).
- **Bildungspolitik:** In der Bildung sollen mehr marktwirtschaftliche Elemente zum Einsatz kommen (freie Wahl des Studienplatzes, Studiengebühren, leistungsorientierte Entlohnung der Lehrenden usw.). Darüber hinaus sollen Theorie und Praxis mehr ineinander verzahnt und kürzere Ausbildungszeiten angestrebt werden.

Die Angebotspolitik schafft also langfristige und anbieterfreundliche Rahmenbedingungen, vor allem einen rechtlichen Ordnungsrahmen, in dem sich die Wirtschaft entfalten kann. Damit unterscheidet sie sich von der Nachfragepolitik, welche laufend in den Wirtschaftsprozess eingreift. Deshalb ist Angebotspolitik in erster Linie **Ordnungspolitik** und Nachfragepolitik vor allem **Prozesspolitik**.

1 Laffer hatte diese Kurve bei einem Abendessen auf einer Baumwollserviette skizziert, die heute im National Museum of American History in Washington, D.C. zu sehen ist.

3.3 Potenzialorientierte Geldpolitik

Wir wissen nun, dass das Ziel der Preisniveaustabilität in der Angebotspolitik höchste Priorität hat und sie deshalb eine potenzialorientierte Geldpolitik fordert. Theoretische Grundlage ist dabei die Quantitätstheorie, welche die Umschlaghäufigkeit des Geldes berücksichtigt. Im Folgenden wollen wir uns die entsprechenden Zusammenhänge und das Vorgehen der EZB anhand vereinfachter Modellrechnungen ansehen.

ARBEITSAUFTRÄGE

Bearbeiten Sie die Arbeitsaufträge mithilfe des nachfolgenden Infotextes. Gehen Sie stets von einer Umschlaghäufigkeit (U) von 8 aus und runden Sie alle Ergebnisse auf zwei Nachkommastellen.

1. Ermitteln Sie für jede Periode das Preisniveau und seine prozentuale Veränderungsrate gegenüber der Vorperiode und erläutern Sie die jeweilige Situation.

   a) Das BIP (Y) beträgt in jeder Periode 320 Mrd. €.

Periode	**1**	**2**	**3**	**4**	**5**	**6**
M (Mrd. €)	40,0	42,0	44,0	46,0	50,0	60,0
P (Indexwert)						
Δ P (%)						

   b) Die Geldmenge (M) beträgt in jeder Periode 40 Mrd. €.

Periode	**1**	**2**	**3**	**4**	**5**	**6**
Y (Mrd. €)	320,0	322,0	330,0	340,0	360,0	370,0
P (Indexwert)						
Δ P (%)						

2. Steuern Sie in der Rolle der Zentralbank die Geldmenge so, dass das Preisniveau von 1 erhalten bleibt.

   a)

Periode	**1**	**2**	**3**	**4**	**5**	**6**
Y (Mrd. €)	320,0	322,0	325,0	335,0	350,0	380,0
M (Mrd. €)						

   b)

Periode	**1**	**2**	**3**	**4**	**5**	**6**
Y (Mrd. €)	320,0	317,0	310,0	300,0	280,0	250,0
M (Mrd. €)						

3. Beschreiben Sie in Stichworten, mit welchen Instrumenten die EZB die Geldmenge steuern kann.

Infotext: Quantitätstheorie

Einordnung

Für Angebotspolitiker/-innen ist Preisniveaustabilität ein wichtiges Ziel der Wirtschaftspolitik. Sie lehnen eine antizyklische Geldpolitik im Sinne der Nachfragepolitik ab und fordern stattdessen eine potenzialorientierte Geldpolitik, welche sie aus der Quantitätstheorie ableiten. Nach dieser Theorie kommt es immer dann zu Inflation, wenn die Geldmenge schneller wächst als die Gütermenge. Deshalb muss aus Sicht der Monetaristen die Geldmenge unbedingt in gleichem Maße anwachsen, wie das Produktionspotenzial, nämlich langsam und stetig. Die Quantitätstheorie ist umstritten und wurde im Laufe der Zeit mehrfach verfeinert. Die Quantitätsgleichung stellt den Kern der Quantitätstheorie dar.

Quantitätsgleichung

Die Quantitätsgleichung in ihrer ursprünglichen Form wurde vom US-amerikanischen Ökonom Irving Fisher entwickelt und wird daher auch als Fishersche Verkehrsgleichung bezeichnet. Sie stellt einen allgemeingültigen Zusammenhang zwischen der Geldmenge (M), der Geldumschlagshäufigkeit (U), dem Preisniveau (P) und dem BIP (Y) her, der definitionsgemäß immer gelten muss:

$$M \cdot U = P \cdot Y$$

Dabei gilt:

- **M (Geldmenge):** Betrachtet wird die in der Volkswirtschaft insgesamt umlaufende Geldmenge.
- **U (Geldumschlagshäufigkeit):** Die Geldumschlagshäufigkeit gibt an, wie oft jeder Euro pro Jahr durchschnittlich ausgegeben bzw. weitergegeben wurde. Eine Geldumschlagshäufigkeit von 7 bedeutet also, dass jeder umlaufende Euro in einem Jahr durchschnittlich siebenmal ausgegeben wurde. Je öfter ein Euro weitergegeben wird, desto größer ist die Geldumschlagshäufigkeit. Die Geldumschlaghäufigkeit wird auch als Geldumlaufgeschwindigkeit bezeichnet.
- **P (Preisniveau):** Das Preisniveau ist der Durchschnitt der Güterpreise einer Volkswirtschaft und wird durch einen Preisindex (Kennzahl ohne Einheit) ausgedrückt. Für das Basisjahr wird in der Quantitätsgleichung ein Index von 1 gesetzt. Ein Index von 1,03 im Folgejahr bedeutet, dass die Preise um 3 % gestiegen sind bzw. dass die Inflationsrate 3 % beträgt.
- **Y (reales Bruttoinlandsprodukt BIP):** Das reale BIP wird in der Quantitätsgleichung als Geldbetrag angegeben.

Beispiel: In einer Volkswirtschaft sind 45 GE (Geldeinheiten) im Umlauf, die Umschlaghäufigkeit des Geldes beträgt 10, das reale BIP beläuft sich auf 450 GE, dann ergibt sich ein Preisniveau von 1. Dann gilt: 45 GE · 10 = 1 · 450 GE. Würde die Zentralbank die Geldmenge bei unverändertem BIP verdoppeln, so gilt: 90 GE · 10 = 2 · 450 GE. Logischerweise hat sich dann auch das Preisniveau verdoppelt.

Inflatorisches Potenzial

Die Quantitätsgleichung beantwortet auch die Frage, wie es sein konnte, dass die Europäische Zentralbank (EZB) über viele Jahre die Geldmenge enorm ausdehnte, ohne dass es zu einer entsprechenden Inflation kam. Die einfache Antwort liegt in der Umschlagshäufigkeit (U) des Geldes, welche sich im Euroraum in diesem Zeitraum entsprechend immer weiter verringerte. Mit anderen Worten: M nahm zu und U nahm in annähernd gleichem Maße ab. Das Geld lag also zunehmend ungenutzt auf Konten herum oder wurde in Wertpapiere investiert, fand aber nicht seinen Weg in die Realwirtschaft. Fachleute sprechen in so einem Fall von einem „inflatorischen Potenzial“, denn sobald sich die Umschlaghäufigkeit wieder erhöht, steigt das Preisniveau, die Inflation nimmt ihren Lauf.

3.4 Kritische Betrachtung der Angebotspolitik

Im Kanzleramt ist für die Folgewoche ein Workshop zum Thema „Wirtschaftspolitik in Deutschland" geplant, an dem Vertreterinnen und Vertreter verschiedener Bundesministerien teilnehmen sollen. Da diese über unterschiedliche Vorkenntnisse verfügen, sollen alle Teilnehmenden eine Tischvorlage (Handout) erhalten, in der kritische Argumente gegenüber der Angebotspolitik in wenigen Worten strukturiert zusammengefasst sind.

ARBEITSAUFTRAG

Erstellen Sie mithilfe des nachfolgenden Infotextes eine Tischvorlage (Handout) für die Teilnehmenden des Workshops.

Tischvorlage	
Name:	
Anlass (mit Datum):	
Zielgruppe:	
Thema:	

Infotext: Kritik an der Angebotspolitik

Kritische Stimmen führen gegen die Angebotspolitik vor allem folgende Argumente an:

Die einseitige Begünstigung der Angebotsseite führt dazu, dass die Kluft zwischen Arm und Reich („Einkommensschere") immer größer wird. Denn auf der einen Seite entlastet der Staat vor allem die Unternehmen über die Senkung der Unternehmenssteuern, was in der Regel die Gewinne der Unternehmen erhöht – insbesondere dann, wenn diese gar nicht investieren, Subventionen erhalten oder Rationalisierungsinvestitionen tätigen, welche auch noch zu weniger Beschäftigung führen. Auf der anderen Seite sollen die Löhne begrenzt bleiben (produktivitätsorientierte Lohnpolitik) und mit Verweis auf mehr Eigenverantwortung die staatlichen Sozialleistungen abgesenkt werden.

Zum Zweiten ist eine Senkung des Lohnniveaus gleichbedeutend mit der Absenkung des verfügbaren Einkommens und damit auch der gesamtwirtschaftlichen Konsumnachfrage. Diese aber führt zu einer geringeren Produktion und einer entsprechend geringeren Beschäftigung. Dadurch sinken wiederum das verfügbare Einkommen und die Nachfrage – kurz: Es verstärkt sich ein negatives Wachstum.

Darüber hinaus besteht bei dauerhaften und deutlichen Steuersenkungen das erhöhte Risiko, dass die Staatseinnahmen, anders als von Arthur Laffer angenommen, eben doch einbrechen. Tatsache ist, dass der US-amerikanischen Präsident Ronald Reagan, der sich von Arthur Laffer beraten ließ, mit seiner angebotsorientierten Wirtschaftspolitik ein erhebliches Haushaltsdefizit hinterließ, welches von der Nachfolgeregierung wieder ausgeglichen werden musste.

Ein letzter Kritikpunkt ergibt sich daraus, dass die Angebotspolitik darauf aufbaut, dass der Marktmechanismus von Natur aus langfristig angelegt ist. Die damit verbundenen Anpassungsprobleme in Form hoher Arbeitslosigkeit und geringer Sozialstandards können dazu führen, dass in parlamentarischen Demokratien der betreffenden Regierung das Vertrauen entzogen wird und andere Parteien mit anderen wirtschaftspolitischen Konzepten gewählt werden.

4 Gegenüberstellung der Konzepte

Nachdem wir die Details der Nachfrage- und der Angebotspolitik untersucht haben, sollen nun noch einmal die Hauptunterschiede beider Konzepte gegenübergestellt werden.

ARBEITSAUFTRAG

Tragen Sie die untenstehenden Begriffe in die Tabelle ein.

	Nachfragepolitik	Angebotspolitik
1 Grundhaltung zum Markt		
2 Basishypothese		
3 Zielpriorität		
4 Bevorzugte Marktseite		
5 Bevorzugtes Teilgebiet		
6 Art der Finanz-/Fiskalpolitik		
7 Art der Geldpolitik		
8 Leitidee		
9 Zeitlicher Horizont		
10 Art der Wirtschaftspolitik		

Stabilitätshypothese, Nachfrageseite, potenzialorientiert, Marktpessimismus, Ordnungspolitik, Preisniveaustabilität, interventionistisch[1], Fiskalpolitik, langfristig, antizyklisch, Prozesspolitik, Angebotsseite, Vollbeschäftigung, antizyklisch, Instabilitätshypothese, liberalistisch[2], Geldpolitik, Marktoptimismus, kurzfristig, konjunkturneutral

1 Interventionismus: Leitidee, dass der Staat grundsätzlich in fremde Bereiche (z. B. die Privatwirtschaft) eingreifen sollte
2 Liberalismus: Leitidee, dass die Freiheit des Individuums grundsätzlich Vorrang hat vor staatlicher Bevormundung

Kompaktwissen

Konjunktur
- **Konjunkturphasen**
  - Aufschwung
  - Boom
  - Abschwung
  - Tiefphase
- **Konjunkturindikatoren**
  - Frühindikatoren
  - Gegenwartsindikatoren
  - Spätindikatoren

Konjunkturpolitische Konzepte
- **Nachfragepolitik**
  - Schwerpunkt: Fiskalpolitik
- **Angebotspolitik**
  - Schwerpunkt: Geldpolitik

Nachfragepolitik
- **Antizyklische Fiskalpolitik**
  - **Instrumente**
    - Einnahmenpolitik
    - Ausgabenpolitik
  - **Ansatzpunkte**
    - Konsumnachfrage
    - Unternehmensnachfrage
    - Staatsnachfrage
    - Auslandsnachfrage
- **Antizyklische Geldpolitik**
  - Unterstützung der antizyklischen Fiskalpolitik

Angebotspolitik
- **Geldpolitik**
  - potenzialorientiert
  - stetig
  - Ziel: stabiles Preisniveau
- **Wettbewerbspolitik**
  - Wettbewerbsschutz
  - Wettbewerbsförderung
- **Finanzpolitik**
  - konjunkturneutral
  - Abbau der Staatsschulden
  - Senkung der Staatsquote
- **Lohnpolitik**
  - produktivitätsorientiert
  - regional differenziert
- **Sozialpolitik**
  - mehr Eigenverantwortung
  - Subsidiaritätsprinzip
- **Umweltpolitik**
  - marktwirtschaftliche Instrumente
  - Deregulierung

Art der Wirtschaftspolitik
- **Prozesspolitik**
  - kurzfristige Eingriffe in den Wirtschaftsprozess
  - laufende Eingriffe in die wirtschaftlichen Abläufe im Rahmen der vorgegebenen Wirtschaftsordnung
- **Ordnungspolitik**
  - Schaffung langfristiger Rahmenbedingungen für die Volkswirtschaft
  - – Wahl der Wirtschaftsordnung (Wirtschaftssystem)
  - – Einrichten der Rechtsordnung („Spielregeln“)

Vertiefungsaufgaben

1. Erläutern Sie den Unterschied zwischen Konjunktur und Wachstum.

2. Ihnen liegen folgende preisbereinigte Indexwerte des realen BIP einer Volkswirtschaft vor: Jahr 1: 81, Jahr 2: 84, Jahr 3: 85, Jahr 4: 83, Jahr 5: 79.

   a) Ermitteln Sie die jährlichen Zuwachsraten.
   b) Erläutern Sie die Situation.
   c) Anhand welcher Indikatoren hätte man bereits im Vorjahr diese Entwicklung vorhersehen können?
   d) Erläutern Sie je zwei möglichst unterschiedliche fiskalpolitische Maßnahmen der Einnahmen- und der Ausgabenpolitik, die in dieser Konjunkturphase im Sinne der Nachfragepolitik zu ergreifen wären.

3. Zeigen Sie anhand einer Wirkungskette, welche Auswirkungen die Erhöhung des Leitzinses der EZB auf die Beschäftigung hat.

4. Der Staat senkt die Einkommensteuersätze. Ordnen Sie diese Maßnahme konjunkturpolitisch ein und skizzieren Sie den Effekt in einem Preismengendiagramm auf dem Gütermarkt.

5. In einer geschlossenen Volkswirtschaft (ohne Steuern) zeichnet sich eine Rezession ab. Der Staat beschließt zur Belebung der Konjunktur die einmalige Vergabe von Staatsaufträgen in Höhe von 60 Mio. €, die Sparquote der privaten Haushalte beträgt 10 %.

   a) Ermitteln Sie den Einkommenseffekt tabellarisch für die ersten fünf Jahre.
   b) Ermitteln Sie den Einkommenseffekt mathematisch über alle Perioden.
   c) Erläutern Sie Ihre Ergebnisse.

6. Erläutern Sie die Begriffe „Deficit-Spending“, „Timelag“ und „Crowding out“.

7. Eine Volkswirtschaft erwirtschaftete in den angegebenen Jahren folgendes Bruttoinlandsprodukt: Jahr 1: 340 Mrd. €, Jahr 2: 348 Mrd. €, Jahr 3: 360 Mrd. €, Jahr 4: 375 Mrd. € und Jahr 5: 400 Mrd. €, die Umschlagshäufigkeit betrug konstant 7. Steuern Sie die Geldmenge im Sinne der Angebotspolitik.

8. Die EZB erhöhte über viele Jahre die umlaufende Geldmenge, indem sie die Leitzinsen in den negativen Bereich senkte und in großen Mengen Staatsanleihen von Euroländern ankaufte. Begründen Sie mithilfe der Quantitätsgleichung, warum das Preisniveau in den Euroländern dennoch annähernd stabil bleiben konnte.

9. Bestimmen Sie, ob es sich um eine Maßnahme der Ordnungs- oder der Prozesspolitik handelt: Vergabe von Staatsaufträgen an private Unternehmen / Schützen des Wettbewerbs mithilfe des GWB / Absenkung von Steuersätzen / Ausgestalten des Rechts auf Eigentum im BGB

G Außenwirtschaft und Außenwirtschaftspolitik

Erarbeitung

„Mit der Nachfrage- und der Angebotspolitik habt ihr nun die beiden grundlegenden wirtschaftspolitischen Konzepte kennengelernt. Damit wisst ihr jetzt, wie die Ökonomen die Ziele ‚stetiges und angemessenes Wirtschaftswachstum', ‚Vollbeschäftigung' und ‚Preisniveaustabilität' erreichen wollen. So weit, so gut. Doch wenn ihr euch an das *Kapitel E Grundlagen der Wirtschaftspolitik* zurückerinnert, dann fällt euch vielleicht auf, dass es ja noch andere wirtschaftspolitische Ziele gibt. Wisst ihr noch, welche? In diesem Kapitel steht das Ziel des außenwirtschaftlichen Gleichgewichts im Mittelpunkt.

Die Außenwirtschaftspolitik ist seit jeher ein wichtiges Teilgebiet der Wirtschaftspolitik. Denn zum einen treiben die Völker schon seit Jahrtausenden Handel miteinander. Zum anderen ist Deutschland traditionell ein Exportland, wie wir in diesem Kapitel sehen werden. Wusstet ihr, dass wir über viele Jahre Exportweltmeister waren? Und schließlich hat der Außenhandel durch die Globalisierung an Bedeutung gewonnen, denn die Welt ist immer weiter zusammengewachsen. Die Volkswirtschaften sind heute sehr eng miteinander verflochten, nationale Grenzen spielen kaum noch eine Rolle.

Aus diesen Gründen werden wir zunächst die Frage beantworten, welche Vorteile der Außenhandel für eine Volkswirtschaft überhaupt mit sich bringt. Dann werden wir den deutschen Außenhandel untersuchen und wir werden sehen, dass Wechselkurse dabei eine wichtige Rolle spielen. Danach beantworten wir die Frage, warum ein außenwirtschaftliches Gleichgewicht so wichtig ist, und wir lernen, mit welchen Maßnahmen und Instrumenten die Wirtschaftspolitik dieses Ziel erreichen will. Abschließend versuchen wir, das große Thema Globalisierung bei der Wurzel zu packen und die wichtigsten Zusammenhänge zu verstehen.“

1 Außenhandel und Wechselkurse

1.1 Warum Außenhandel?

Zunächst wollen wir uns ansehen, aus welchen Gründen Länder untereinander Handel treiben.

ARBEITSAUFTRÄGE

Bearbeiten Sie die Arbeitsaufträge mithilfe des nachfolgenden Infotextes.

1. Nennen Sie eigene Beispiele für mangelnde Verfügbarkeiten in Deutschland und auch andere Gründe, die zu Außenhandel führen können.

2. Arbeiten Sie die Kernaussage des Textes vom britischen Ökonomen Adam Smith (1723–1790) heraus.

„Bei jedem klugen Hausvater ist es eine Regel, niemals etwas im Hause machen zu lassen, was ihn weniger kosten würde, wenn er es kaufte. Dem Schneider fällt es nicht ein, seine Schuhe zu machen, sondern er kauft sie vom Schumacher; dem Schumacher fällt es nicht ein, seine Kleider zu machen, sondern er beschäftigt den Schneider, und dem Landmann fällt es nicht ein, sich eines oder das andere zu machen, sondern er setzt jene beiden Handwerker in Nahrung. Alle diese Leute finden es in ihrem Interesse, ihren Gewerbefleiß auf diejenige Art anzuwenden, in der sie etwas vor ihrem Nachbarn voraushaben, und dann ihren übrigen Bedarf [...] zu kaufen. Was aber in der Handlungsweise einer Familie Klugheit ist, das kann in der eines großen Reiches wohl schwerlich Torheit sein. Wenn uns ein fremdes Land mit einer Ware wohlfeiler versehen kann, als wir sie selbst zu machen imstande sind, so ist es besser, dass wir sie mit einem Teile vom Erzeugnis unseres eigenen Gewerbefleißes, in welchem wir vor dem Auslande etwas voraushaben, abkaufen.“[1]

3. Die Produktion einer Handelseinheit (HE) Rispentomaten kostet in Italien 15,00 € und in Deutschland 25,00 €. Die Produktion einer Handelseinheit (HE) Kartoffeln kostet in Italien 19,00 € und in Deutschland 20,00 €. Ermitteln Sie den komparativen Kostenvorteil im Falle des gegenseitigen Außenhandels und erläutern Sie Ihr Ergebnis.

Kosten ohne Außenhandel (Angaben in €)			
Güter	**Italien**	**Deutschland**	**Summen**
1 HE Tomaten			
1 HE Kartoffeln			
Gesamtkosten:			

Kosten mit Außenhandel (Angaben in €)			
Güter	**Italien**	**Deutschland**	**Summen**
2 HE Tomaten			
2 HE Kartoffeln			
Gesamtkosten:			

1 aus: Smith, Adam: Der Reichtum der Nationen, 2. Band, Leipzig 1924, S. 30 f.

Infotext: Gründe für Außenhandel

Mangelnde Verfügbarkeiten

In vielen Ländern herrscht ein Mangel an bestimmten Gütern bzw. Produktionsfaktoren, die deshalb importiert werden müssen. Beispiele:

- **Rohstoffe:** Rohstoffe sind Stoffe, die ursprünglich aus der Natur gewonnen wurden, um anschließend industriell weiterverarbeitet zu werden (Erdöl, Aluminium, Phosphat usw.).
- **Agrarprodukte:** Produkte der Landwirtschaft wie Fleisch, Gemüse und Obst
- **Präferenzgüter:** Viele Deutsche kaufen französische Autos und viele Franzosen kaufen deutsche Autos, weil sie bestimmte Produkt- bzw. Markenvorlieben haben.
- **Know-how:** In vielen Entwicklungsländern fehlt es oftmals an fachlichem Know-how, sodass sie bestimmte Produkte (z. B. Medizintechnik, Maschinen, Software) importieren müssen.

Kostenvorteile

Absolute Kostenvorteile

Wie in der Betriebswirtschaft so lohnt auch in der Volkswirtschaft die Arbeitsteilung, also die Spezialisierung eines Landes auf die Produktion solcher Güter, die es mit absolut niedrigeren Kosten produzieren kann als andere Länder. Diese Güter kann das Land anschließend exportieren und im Gegenzug solche Güter importieren, welche es selbst nicht oder nur mit höheren Kosten produzieren könnte.

Beispiel: Aufgrund geologischer Bedingungen können die USA Weizen mit geringeren Kosten produzieren als Kolumbien. Kolumbien hingegen kann Baumwolle zu geringeren Kosten produzieren als die USA. Für beide Länder lohnt die Spezialisierung auf das kostengünstigere Gut.

Relative Kostenvorteile

Der britische Ökonom David Ricardo (1772–1823) fand heraus, dass sich Außenhandel selbst dann lohnen kann, wenn ein Land bei allen betrachteten Produkten absolute Kostenvorteile gegenüber einem anderen Land hat – nämlich dann, wenn das Land mit den höheren Produktionskosten relative (komparative) Kostenvorteile aufweist.

Beispiel: Ricardo verglich die Kosten der Produktion von Tuch und Wein in England und in Portugal einmal ohne und einmal mit Außenhandel. Dabei fand er heraus, dass sich der Handel mit England für Portugal lohnt, obwohl es beide Güter günstiger produzieren kann.

Kosten ohne Außenhandel (Pfund Sterling)			
Güter	**Portugal**	**England**	**Summen**
10 Einheiten Tuch	90,00	100,00	**190,00**
10 Einheiten Wein	80,00	120,00	**200,00**
Gesamtkosten:	**170,00**	**220,00**	**390,00**

Kosten mit Außenhandel (Pfund Sterling)			
Güter	**Portugal**	**England**	**Summen**
20 Einheiten Tuch		200,00	**200,00**
20 Einheiten Wein	160,00		**160,00**
Gesamtkosten:	**160,00**	**200,00**	**360,00**

1.2 Deutscher Außenhandel in Zahlen

Im Rahmen eines Workshops des Bundeswirtschaftsministeriums soll die wirtschaftliche Verflechtung Deutschlands mit seinen Handelspartnern analysiert und kritisch diskutiert werden. Als Auftakt des Workshops ist eine anschauliche Präsentation der Entwicklung und der aktuellen Situation des deutschen Außenhandels vorgesehen.

ARBEITSAUFTRAG

Erstellen Sie mithilfe des nachfolgenden Infotextes eine aussagefähige Präsentation und ein aussagefähiges Handout für das Publikum, in dem Sie die Entwicklung und die Situation des deutschen Außenhandels anschaulich darstellen und in einfachen Worten erläutern. Die Präsentation soll folgendermaßen aufgebaut sein:

Entwicklung des deutschen Außenhandels von 2000 bis 2022

- Warenexporte und Warenimporte (in Mrd. €)
- Saldo der Handelsbilanz (in Mrd. €)
- Exportquote (Anteil der Exporte am BIP in %)

Deutscher Außenhandel nach Kontinenten 2022

- Anteile der Warenexporte nach Kontinenten (in %)
- Anteile der Warenimporte nach Kontinenten (in %)

Hinweis: Nutzen Sie die Anleitung zur Erstellung eines Diagramms in der Methodenbox im Anhang.

Skizzen

Infotext: Deutscher Außenhandel in Zahlen

Hinweise zu den Angaben

Die nachfolgenden Angaben zu deutschen Exporten und Importen stammen aus der amtlichen Außenhandelsstatistik. Darin werden nur Waren und keine Dienstleistungen erfasst. Die Differenz aus Warenexporten und Warenimporten ist der *Saldo der Handelsbilanz (Außenhandelssaldo)* und nicht zu verwechseln mit dem *Außenbeitrag*, welcher neben Waren auch Dienstleistungen berücksichtigt. Alle Eurobeträge sind nominale Werte (Marktpreise).

Ausgewählte Angaben zum Außenhandel und zum BIP

Entwicklung von Warenexporten, Warenimporten und BIP[1]			
Jahr	**Exporte (Mrd. €)**	**Importe (Mrd. €)**	**BIP (Mrd. €)**
2000	562,2	498,3	2.109,1
2005	739,8	583,3	2.288,3
2010	915,0	754,2	2.564,4
2015	1.166,6	918,2	3.026,2
2020	1.189,3	998,2	3.405,4
2022	1.550,8	1.438,9	3.869,9

Warenexporte und Warenimporte nach Kontinenten 2022[2]		
Kontinent	**Exporte (Mrd. €)**	**Importe (Mrd. €)**
Europa	1.056,1	933,8
Amerika	207,8	125,2
Asien	241,9	339,6
Afrika und Australien	45,0	40,3

1 Quelle der Zahlenwerte: Deutsche Bundesbank: Zahlungsbilanzstatistik – 12.09.2023, Frankfurt am Main, 2023, Seite 8; Statistisches Bundesamt (Destatis): Volkswirtschaftliche Gesamtrechnungen – Wichtige Zusammenhänge im Überblick, Wiesbaden 2023, Seite 18

2 Quelle der Zahlenwerte: Deutsche Bundesbank: Lange Zeitreihen – Zur Wirtschaftsentwicklung in Deutschland, Frankfurt am Main, 2023, Seite 41 f.

1.3 Auswirkungen von Wechselkursen auf den Außenhandel

Für den Außenhandel sind die Wechselkurse von großer Bedeutung. Das wollen wir uns an einigen Beispielen ansehen. Dabei bleiben aus Gründen der Vereinfachung Tauschgebühren und die Unterscheidung von Geld- und Briefkurs unberücksichtigt.

ARBEITSAUFTRÄGE

Bearbeiten Sie die Arbeitsaufträge mithilfe des nachfolgenden Infotextes.

1. Herr Paulsen, Geschäftsführer der Paulsen Maschinenwerke GmbH aus Köln, plant eine mehrwöchige Urlaubsreise mit seiner Familie in die USA. Der Euro wird gegenwärtig mit 1,20 US-$ gehandelt.

   a) Paulsen will vor der Reise 2.000,00 € tauschen. Wie viel US-$ bekommt er dafür?

   b) In den USA zieht er nach drei Wochen 2.000,00 US-$ am Automaten. Wie viel Euro entspricht das?

   c) Zurück in Deutschland hat er noch 1.000,00 US-$ übrig. Wie viel Euro bekommt er dafür?

   d) Wie wäre die Antwort aus Aufgabe c) bei einem Wechselkurs von 1,10 US-$ je € ausgefallen?

2. Paulsen erhält am 4. März eine Anfrage von einem US-Importeur zur Maschine Typ A 600 (Verkaufspreis: 500.000,00 €, Produktionsdauer 3 Monate). Das Geschäft soll in US-Dollar fakturiert[1] werden. Der gegenwärtige Wechselkurs beträgt 1,20 US-$ je Euro.

   a) Wie hoch ist der Angebotspreis in US-Dollar?

   Der US-Importeur ist mit dem Preis einverstanden, am 10. März kommt es zum Vertragsabschluss. Die Maschine wird am 10. Juni geliefert. Zu diesem Zeitpunkt beträgt der Wechselkurs 1,30 US-$ je Euro.

   b) Wie viel Euro erhält Paulsen, wenn der Importeur noch am Tag der Lieferung bezahlt?

   c) Wurde der Euro zwischenzeitlich auf- oder abgewertet?

   d) Wie hat sich der Außenwert des Euro entwickelt (Angabe in Prozent)?

   e) Wie groß ist Paulsens Wechselkursgewinn bzw. -verlust bei diesem Auftrag in Euro?

3. Paulsens Einkaufsabteilung benötigt für die Produktion eines neuen Maschinentyps 20 IT-Steuermodule und versendet am 4. März entsprechende Anfragen. Ein IT-Betrieb aus San Francisco bietet die gewünschten Module für 15.000,00 US-$ an (Fakturierung in US-$). Der Euro wird mit 1,20 US-$ je Euro gehandelt. Paulsen ist einverstanden und bestellt die Module.

   a) Wie hoch ist der Einkaufspreis bei Vertragsabschluss in Euro?

   Am 10. Juni wird die Ware geliefert, der Euro wird nun mit 1,30 US-$ gehandelt.

   b) Wie viel Euro kostet dieser Auftrag die Paulsen GmbH, wenn sie an diesem Tage bezahlt?

1 Fakturierung (von lat. „factura“ für Rechnung) bedeutet Rechnungsstellung

c) Wie hoch ist der Wechselkursgewinn oder -verlust bei diesem Auftrag in Euro?

4. Erläutern Sie, inwiefern für Exporteure und Importeure ein Wechselkursrisiko besteht.

5. Nun sollen mögliche Gründe einer Auf- oder Abwertung des Euro untersucht werden. Stellen Sie dazu die Auswirkungen nachfolgender Fälle auf den Wechselkurs (US-$ je €) grafisch dar und geben Sie an, ob es sich jeweils um eine Aufwertung oder Abwertung handelt.

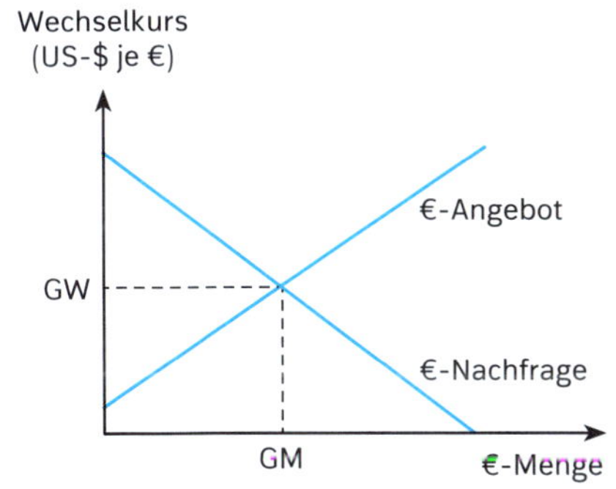

a) Die EU exportiert mehr Güter in die USA, weil die US-Wirtschaft kräftig wächst.

Auf- oder Abwertung:

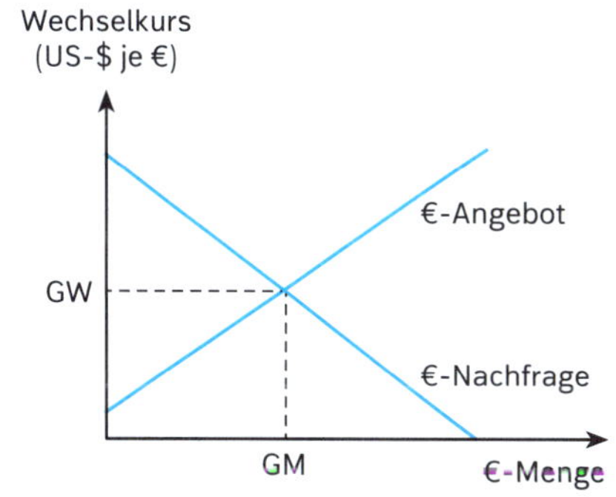

b) Anleger aus der EU legen ihr Kapital in den USA an, weil es dort hohe Zinsen gibt.

Auf- oder Abwertung:

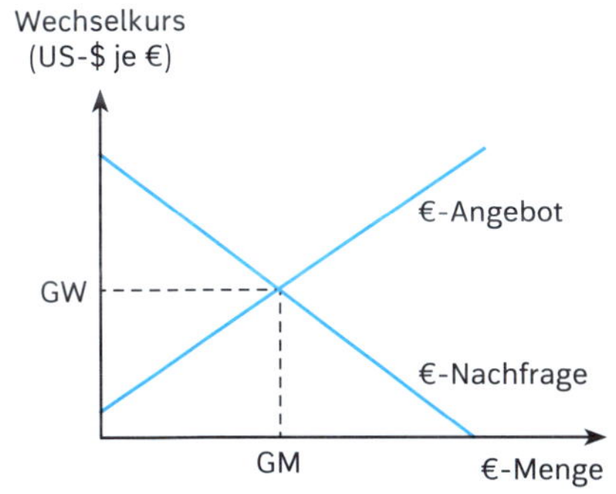

c) Die EU importiert zunehmend Güter aus den USA, weil US-Produkte im Trend sind.

Auf- oder Abwertung:

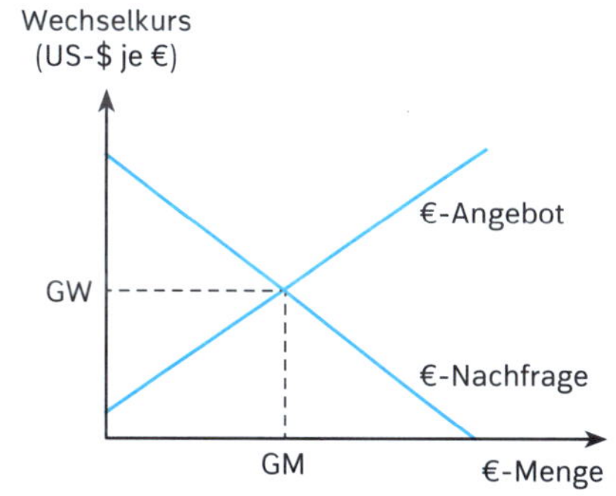

d) Immer mehr Unternehmen aus den USA investieren in Deutschland.

Auf- oder Abwertung:

6. Stellen Sie den Wechselkursmechanismus als Wirkungskette sowohl auf der Export- als auch auf der Importseite dar. Ausgangsimpuls ist ein Anstieg des Wechselkurses (US-$ je €).

Infotext: Wechselkurse und Außenhandel

Grundlagen

Weltweit gibt es eine Vielzahl von Währungen, die als gesetzliches Zahlungsmittel in den einzelnen Staaten oder Währungsgemeinschaften eingeführt sind. Deshalb müssen international tätige Akteure (z. B. Exporteure oder Importeure) tagtäglich fremde Währungen, sogenannte Devisen auf dem Devisenmarkt an- und verkaufen. Dabei ist der Wechselkurs generell der Preis einer Währung, ausgedrückt in einer anderen Währung.

Notierung

Seit der Einführung des Euro wurde die Notierung von der Preisnotierung auf die international übliche Mengennotierung umgestellt.[1] Die Mengennotierung ist die Menge an ausländischer Währung, die man auf dem Devisenmarkt für eine Einheit inländischer Währung erhält bzw. bezahlen muss, z. B. 1,15 US-$ für 1,00 €. Vereinfacht gesagt: Der Wechselkurs ist der Preis, den Ausländer für einen Euro bezahlen müssen. Der Euro entspricht also dem gehandelten Gut. Beträgt der Wechselkurs beispielsweise 1,15 US-$ je €, so sagt man: *„Der Euro wird zu 1,15 US-$ gehandelt."* Zur Vereinfachung wird im Folgenden nur das Austauschverhältnis von Euro und US-Dollar betrachtet.

Wechselkurssysteme

- **System flexibler (freier) Wechselkurse:** Die Wechselkurse bilden sich durch Angebot und Nachfrage auf dem internationalen Devisenmarkt, auf dem die unterschiedlichen Währungen gehandelt werden. So wie sich auf Gütermärkten der Gleichgewichtspreis bildet, so bildet sich auf dem Devisenmarkt der Wechselkurs (1,15 US-$ je 1,00 €). Freie Wechselkurse sind weltweit der Normalfall.
- **System fester Wechselkurse:** Die Wechselkurse werden vom Staat festgelegt oder zwischen Staaten vereinbart, um Wechselkursschwankungen und damit verbundene wirtschaftliche Effekte zu vermeiden. Man unterscheidet „absolut feste Wechselkurse", welche auf den Cent genau fixiert werden und „relativ feste Wechselkurse", welche innerhalb einer bestimmten Bandbreite schwanken dürfen. Wird diese überschritten, so greift die Notenbank ein (siehe Abschnitt 2.2).

Bildung des Wechselkurses am Devisenmarkt

In Kapitel *D Markt und Preis* haben wir uns angesehen, wie auf „vollkommenen Märkten" durch das Zusammentreffen von Angebot und Nachfrage der Gleichgewichtspreis entsteht. Auf Devisenmärkten treten Exporteure, Importeure, Investoren, Kapitalanleger und auch Touristinnen und Touristen als Anbieter und Nachfrager von Devisen auf.[2] Devisenmärkte kommen dem Modell des vollkommenen Marktes sehr nahe, daher bildet sich der Wechselkurs auch hier nach den uns bekannten Gesetzen. Dabei ist zu bedenken, dass der Euro das gehandelte Gut und der Wechselkurs sein Preis in US-Dollar ist:

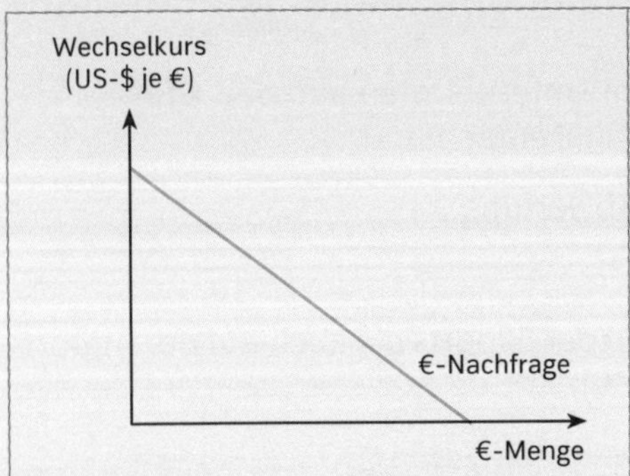

Nachfragegesetz: Je höher der Wechselkurs, desto geringer die Nachfrage nach Euro.

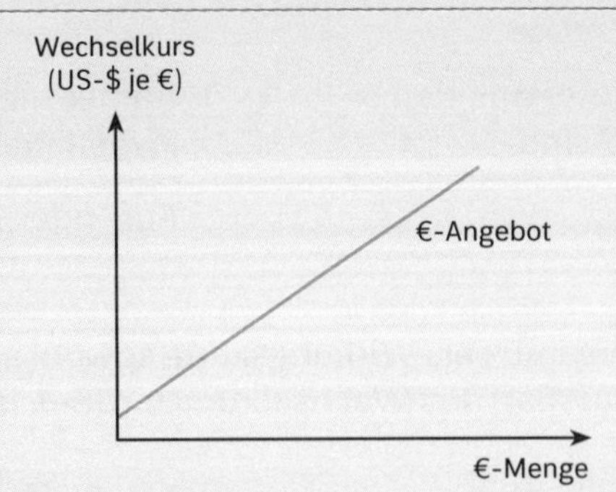

Angebotsgesetz: Je höher der Wechselkurs, desto höher das Angebot an Euro.

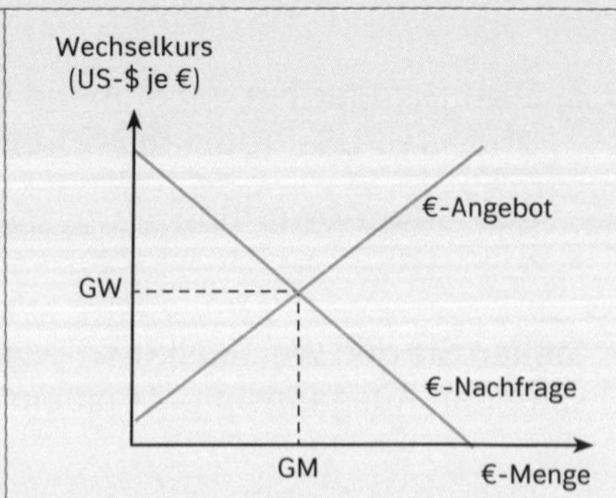

Wechselkurs: Gleichgewichtspreis für den Euro, der sich auf dem Devisenmarkt bildet.

1 Die Preisnotierung ist der Kehrwert der Mengennotierung und drückt aus, wie viel inländische Währung man für eine Einheit ausländischer Währung erhält bzw. bezahlen muss (z. B. 0,87 € für 1,00 US-$). Die Preisnotierung ist heute nicht mehr gebräuchlich.

2 Exporteure und Importeure können die Währung, in der die Waren zu bezahlen sind, frei vereinbaren.

Wie in *Kapitel D Markt und Preis* führen auch hier Veränderungen der Nachfrage oder des Angebots zu einer Veränderung des Wechselkurses, die man als Aufwertung und als Abwertung bezeichnet. Dabei sind folgende Fälle zu unterscheiden:

Aufwertung des Euro

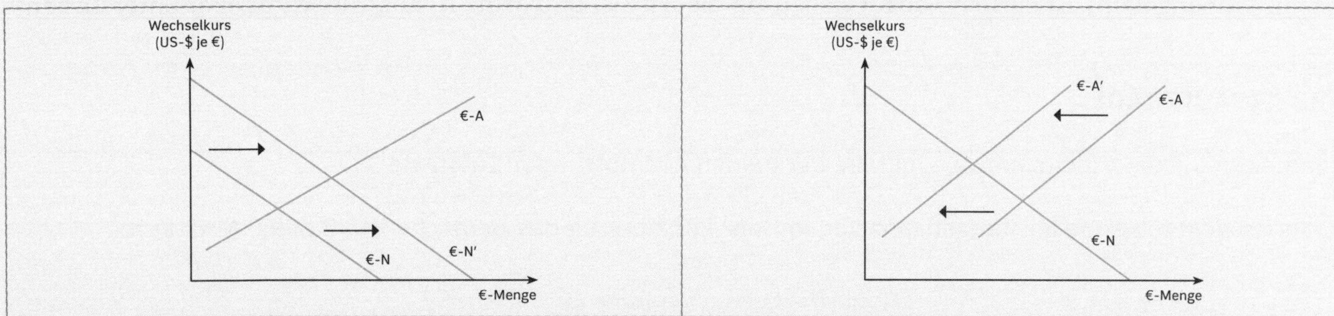

Steigt die Nachfrage an Euro, so steigt der Wechselkurs und damit der Außenwert des Euro, der Euro wird aufgewertet. Gleiches gilt, wenn das Angebot an Euro sinkt.

Eine Aufwertung des Euro (z. B. von 1,15 US-$ auf 1,20 US-$) bedeutet eine Verteuerung der Exporte und eine Verbilligung der Importe, denn der Außenwert des Euro steigt. Ein starker Euro schwächt den Export und stärkt den Import und Reisen in Nichteuroländer. Die Aufwertung des Euro bedeutet zugleich die Abwertung des US-Dollar, denn amerikanische Unternehmen und Haushalte müssen nun mehr für einen Euro bezahlen.

Abwertung des Euro

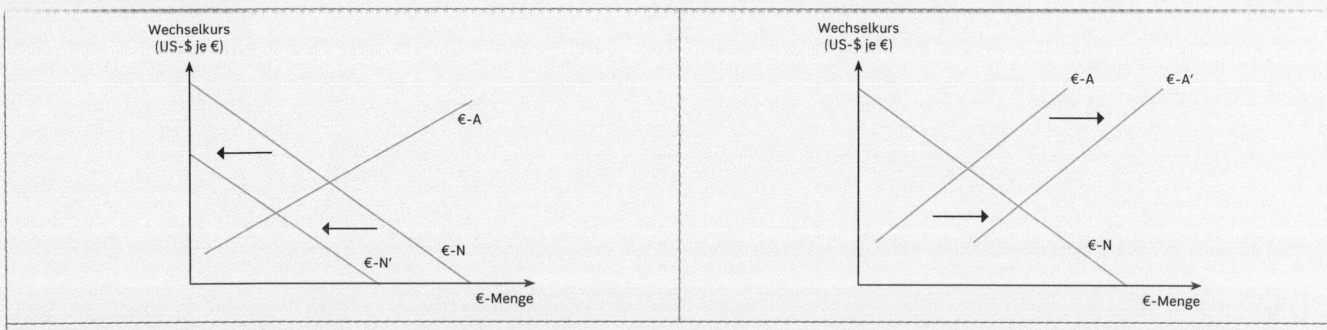

Sinkt die Nachfrage nach Euro, so sinkt der Wechselkurs und damit der Außenwert des Euro, der Euro wird abgewertet. Gleiches gilt, wenn das Angebot an Euro steigt.

Eine Abwertung des Euro (z. B. von 1,20 US-$ auf 1,15 US-$) bedeutet eine Verbilligung der Exporte und eine Verteuerung der Importe, der Außenwert des Euro sinkt. Ein schwacher Euro stärkt den Export und schwächt den Import und Reisen in Nichteuroländer. Die Abwertung des Euro bedeutet zugleich die Aufwertung des US-Dollar, denn amerikanische Unternehmen und Haushalte müssen nun weniger für einen Euro bezahlen.

Wechselkursmechanismus

Theoretisch lenkt der sogenannte Wechselkursmechanismus außenwirtschaftliche Ungleichgewichte automatisch immer wieder ins Gleichgewicht.

Beispiel: Fällt der Wechselkurs (z. B. von 1,20 US-$ je € auf 1,15 US-$), dann gilt:

- **Exportseite:** Da der Euro nun billiger zu haben ist, kaufen mehr US-Importeure die preiswerter gewordenen Güter aus Europa ein, die europäischen Exporte steigen. Um diese zusätzlichen Waren bezahlen zu können, fragen die US-Importeure mehr Euro nach. Dadurch aber steigt der Wechselkurs (US-$ je €) und verteuert die Exporte, die demzufolge wieder sinken.
- **Importseite:** Da der Euro an Wert verloren hat, kaufen weniger europäische Importeure amerikanische Produkte, denn diese sind bei sinkendem Wechselkurs (US-$ je €) teurer geworden. Entsprechend sinken die Nachfrage nach US-Dollar und das Angebot an Euro. Dadurch aber steigt der Wechselkurs und verbilligt die Importe, die demzufolge wieder steigen.

Heute hat dieser Mechanismus, der Exporte und Importe automatisch in ein Gleichgewicht lenkt, an Gewicht verloren, da weltweite Kapitalströme die Handelsströme deutlich übersteigen.

2 Außenwirtschaftspolitik

2.1 Das Ziel des außenwirtschaftlichen Gleichgewichts

In Kapitel *E Grundlagen der Wirtschaftspolitik* haben wir bereits das Ziel des außenwirtschaftlichen Gleichgewichts kennengelernt. In diesem Kapitel wollen wir dieses Ziel und seine Hintergründe genauer untersuchen.

ARBEITSAUFTRÄGE

Bearbeiten Sie die Arbeitsaufträge mithilfe der beiden nachfolgenden Infotexte.

1. Ihnen liegt folgende Leistungsbilanz vor, im Jahr 2022 betrug das deutsche BIP 3.869,9 Mrd. Euro.

Deutsche Leistungsbilanz 2022 (Mrd. €)[1]			
	Aktiva (Devisenzuflüsse)	**Passiva (Devisenabflüsse)**	**Salden (Aktiva – Passiva)**
Handelsbilanz			
Exporte	1.550,8		
Importe		1.438,9	
Saldo			
Dienstleistungsbilanz			
Exporte	407,7		
Importe		438,7	
Saldo			
Primäreinkommen			
Einnahmen	295,2		
Ausgaben		145,2	
Saldo			
Sekundäreinkommen			
Einnahmen	99,8		
Ausgaben		168,7	
Saldo			
SALDO DER LEISTUNGSBILANZ			

a) Ermitteln Sie die fehlenden Salden der Leistungsbilanz.

b) Prüfen Sie, ob das Ziel des außenwirtschaftlichen Gleichgewichts erreicht wurde im Sinne der
   ba) deutschen Bundesregierung,
   bb) EU-Kommission.

1 Quelle der Zahlenwerte: Deutsche Bundesbank: Zahlungsbilanzstatistik – 12.09.2023, Frankfurt am Main, 2023

2. Nennen Sie mögliche Gründe für Deutschlands erhebliche Exportüberschüsse in den letzten Jahrzehnten.

3. Analysieren Sie mögliche Risiken, die mit dauerhaften Exportüberschüssen verbunden sind.

Risiken dauerhafter Exportüberschüsse	
Risiken für das Exportland	**Risiken für das Importland**

4 Unterbreiten Sie eigene Vorschläge für Maßnahmen zum Abbau dauerhafter Exportüberschüsse.

Wirtschaftspolitische Maßnahmen	
Maßnahmen des Exportlandes	**Maßnahmen des Importlandes**

Infotext: Außenwirtschaftliches Gleichgewicht

Problemfeld der außenwirtschaftlichen Ungleichgewichte

Gleichgewichte sind eine notwendige Bedingung für die nachhaltige Funktionsfähigkeit von Systemen aller Art. Man denke beispielsweise an ökologische Gleichgewichte in der Natur, an militärische Gleichgewichte zwischen Staaten oder auch an Kräftegleichgewichte in Partnerschaften. Dauerhafte Ungleichgewichte können Systeme gefährden und auch zerstören. Die Außenwirtschaftspolitik kennt zwei Arten von Ungleichgewichten, nämlich Importüberschüsse und Exportüberschüsse:

- **Importüberschüsse:** Es ist naheliegend, dass dauerhafte Importüberschüsse eine Volkswirtschaft belasten. Schließlich gehen sie zu Lasten der Produktion und der Beschäftigung und damit des Wirtschaftswachstums. Jede Regierung wird früher oder später Maßnahmen zum Schutz der eigenen Wirtschaft (protektionistische Maßnahmen, z. B. Einfuhrzölle) ergreifen, die dann oftmals vom Ausland erwidert werden. Auf diese Weise können außenwirtschaftliche Abwärtsspiralen in Gang geraten, die in politischen Spannungen und Handelskriegen münden können.
- **Exportüberschüsse:** Man könnte meinen, dass Exportüberschüsse für eine Volkswirtschaft von Vorteil sind und das vierte Ziel des magischen Vierecks *Maximierung* der *Exportüberschüsse* lauten müsse. Schließlich bedeuten Exportüberschüsse mehr Produktion, mehr Beschäftigung und damit mehr Wirtschaftswachstum. Doch Fachleute warnen vor den gesamtwirtschaftlichen Folgen dauerhafter Exportüberschüsse, denn: Auf diese Weise werden immer mehr Güter außer Landes geschafft, welche dem Inland dann nicht mehr zur Verfügung stehen („Güterlücke"). Außerdem kann diese *Güterlücke* aufgrund der guten Beschäftigungs- und Einkommenssituation dazu führen, dass im Exportland eine steigende Nachfrage einem sinkenden Angebot gegenübersteht und daher die Preise im Exportland steigen („importierte Inflation"). Hinzu kommt, dass sich das exportierende Land in zunehmendem Maße in eine Abhängigkeit vom Importland begibt, welches die gelieferten Güter bezahlen muss und oftmals Kredite zur Finanzierung seiner Importe aufnimmt. Schließlich ist zu bedenken, dass jedem Exportüberschuss des Inlands ein Importüberschuss des Auslands gegenübersteht, was mit den oben beschriebenen Risiken (politische Spannungen, Handelskriege) verbunden ist.

Definition des außenwirtschaftlichen Gleichgewichts

Eine erste Definition des außenwirtschaftlichen Gleichgewichts wurde bereits in Kapitel *E 2 Ziele der Wirtschaftspolitik* vorgestellt. Darüber hinaus gibt es weitere Definitionen, die aber alle aber im Kern ein Gleichgewicht von Exporten und Importen und damit von Zahlungsein- und -ausgängen eines Landes vorsehen. Der Sachverständigenrat zur Begutachtung der wirtschaftlichen Entwicklung (SVR) spricht ganz allgemein von einem *außenwirtschaftlichen Gleichgewicht*, wenn von der Außenwirtschaft keine negativen Auswirkungen auf den Geldwert und die Beschäftigung im Inland zu erwarten sind.

Zur Überprüfung der Zielerreichung greifen Politik und Medien gewöhnlich auf die Leistungsbilanz zurück. Dabei handelt es sich um die erste Teilbilanz der deutschen Zahlungsbilanz (siehe Folgeseite). Die deutsche Bundesregierung und die Europäische Kommission definieren dabei ein außenwirtschaftliches Gleichgewicht wie folgt:

- **Deutsche Bundesregierung:** Der Außenbeitrag beträgt 1,5 % bis 2 % des nominalen BIP.
- **EU-Kommission:** Der Leistungsbilanzsaldo beträgt im Falle eines Überschusses maximal 6 % und im Falle eines Defizits maximal 4 % des nominalen BIP.

Infotext: Die Leistungsbilanz

Einordnung

Die Leistungsbilanz ist die erste Teilbilanz der nationalen Zahlungsbilanz, welche sämtliche Transaktionen zwischen In- und Ausländern erfasst. Dabei gibt die Leistungsbilanz Auskunft über das außenwirtschaftliche Gleichgewicht. Sie ist noch einmal in vier Teilbilanzen untergliedert, wobei die Handelsbilanz aufgrund ihres großen Volumens von besonderer Bedeutung ist:

Zahlungsbilanz
1 Leistungsbilanz
2 Vermögensänderungsbilanz
3 Kapitalbilanz
4 Restposten

1 Leistungsbilanz
1.1 Handelsbilanz
1.2 Dienstleistungsbilanz
1.3 Bilanz der Erwerbs- und Vermögenseinkommen
1.4 Bilanz der laufenden Übertragungen

Teilbilanzen der Leistungsbilanz

- **Handelsbilanz:** Gegenüberstellung von Warenausfuhren (Warenexporte) und Wareneinfuhren (Warenimporte). Übersteigen die Warenausfuhren die Wareneinfuhren, liegt ein Handelsbilanzüberschuss vor („aktive Handelsbilanz“), übersteigen die Wareneinfuhren die Warenausfuhren, spricht man von einem Handelsbilanzdefizit („passive Handelsbilanz“).
- **Dienstleistungsbilanz:** Gegenüberstellung von Ausfuhren von Dienstleistungen (Dienstleistungsexporte) und Einfuhren von Dienstleistungen (Dienstleistungsimporte). Beispiele sind Transport- und Finanzdienstleistungen, Tourismus und Telekommunikation.
- **Bilanz der Erwerbs- und Vermögenseinkommen (Primäreinkommen):** Gegenüberstellung grenzüberschreitender Faktoreinkommen (Arbeitseinkommen und Kapitalerträge), die Inländerinnen und Inländer im Ausland und Ausländer und Ausländerinnen im Inland beziehen. Fließt mehr Einkommen vom Ausland in das Inland als andersherum, so ist der Saldo positiv.
- **Bilanz der laufenden Übertragungen (Sekundäreinkommen):** Gegenüberstellung laufender Leistungen, denen keine Gegenleistungen gegenüberstehen (z. B. Zahlungen an internationale Organisationen wie die EU oder die UNO, Entwicklungshilfe, Überweisungen ausländischer Arbeitnehmer/-innen in ihre Heimatländer). Wird mehr Geld vom Ausland in das Inland übertragen als andersherum, so ist der Saldo positiv.

Wichtige Salden

- Der **Saldo der Handelsbilanz (Außenhandelssaldo)** ist die Differenz aus Warenexporten und Warenimporten. Dienstleistungen sind darin also nicht enthalten.
- Der **Außenbeitrag** ist die Differenz aus Exporten und Importen von Waren und Dienstleistungen. Übersteigen die Exporte die Importe, spricht man von einem positiven Außenbeitrag, andersherum von einem negativen Außenbeitrag. Es gilt: Außenbeitrag = Saldo der Handelsbilanz + Saldo der Dienstleistungsbilanz.
- Der **Leistungsbilanzsaldo** ist die Summe der Salden aller Teilbilanzen der Leistungsbilanz. Ist er größer (kleiner) Null, spricht man von einem *Leistungsbilanzüberschuss (Leistungsbilanzdefizit)*.

2.2 Maßnahmen und Instrumente der Außenwirtschaftspolitik

Im vorangehenden Abschnitt haben wir gesehen, warum es das Ziel „außenwirtschaftliches Gleichgewicht" gibt. Zuständig zur Erreichung dieses Ziels ist die Außenwirtschaftspolitik, die aus den Teilgebieten „Außenhandelspolitik" und „Währungspolitik" besteht. Zunächst wollen wir uns einen Überblick über die Maßnahmen und Instrumente dieser beiden Teilgebiete verschaffen.

ARBEITSAUFTRÄGE

Bearbeiten Sie die Arbeitsaufträge mithilfe der nachfolgenden Infotexte.

1. Ordnen Sie die aufgeführten Maßnahmen und Instrumente durch Ankreuzen den Teilgebieten der Außenwirtschaftspolitik zu (nur ein Kreuz je Zeile).

	Außenhandelspolitik			**Währungspolitik**			
	Protektionismus			**des Staates**		**der Notenbank**	
Maßnahme	**Tarifäre Hemmnisse**	**Nichttarifäre Hemmnisse**	**Freihandelspolitik**	**Abgrenzung Währungsraum**	**Festlegung Wechselkurssystem**	**Devisenmarktintervention**	**Leitzinsänderung**
a) Die EU erhebt Zölle bei der Einfuhr von Kraftfahrzeugen.							
b) Die EU und Südkorea vereinbaren ein umfangreiches Handelsabkommen.							
c) Die EZB erhöht die Zinsen, was zu einer Aufwertung des Euro führt.							
d) Die EU macht eine Nebelschlussleuchte zur Voraussetzung des Pkw-Imports.							
e) Die meisten Mitgliedsstaaten der EU treten der Währungsunion (Euro) bei.							
f) Die EU erhebt Einfuhrzölle in Höhe von 100 % auf Zucker.							
g) Die EZB senkt die Zinsen, um den Euro zu schwächen.							
h) Die Mitgliedsstaaten der EU vereinbaren untereinander freien Warenverkehr.							
i) Dänemark beschließt, die dänische Krone an den Euro zu binden.							
j) Die EZB kauft US-Dollar, um einen Kursanstieg des Euro zu verhindern.							
k) Die US-Regierung führt Importzölle ein, um US-Hersteller zu schützen.							

	Außenhandelspolitik			Währungspolitik			
	Protektionismus			des Staates		der Notenbank	
Maßnahme	**Tarifäre Hemmnisse**	**Nichttarifäre Hemmnisse**	**Freihandelspolitik**	**Abgrenzung Währungsraum**	**Festlegung Wechselkurssystem**	**Devisenmarktintervention**	**Leitzinsänderung**
l) Die EZB senkt den Zinssatz auf ein historisches Tief (Negativzins).							
m) Europa und die USA verhandeln das TTIP-Abkommen ohne Erfolg.							
n) Die Schweiz hebt die Bindung des Schweizer Franken (CHF) an den Euro auf.							
o) Die EU erlässt umfangreiche Verpackungsvorschriften für Lebensmittelimporte.							
p) Schweden entscheidet sich gegen die Einführung des Euro.							
q) Die russische Regierung begrenzt Schweinefleischimporte auf 500.000 t.							
r) Die japanische Zentralbank ist bekannt für eine Politik des billigen Geldes.							
s) Die USA, Mexiko und Kanada verhandeln ein gemeinsames Handelsabkommen.							
t) Die US-Notenbank kauft Euro an, um den Dollar abzuwerten.							
u) China belegt Ausfuhren von Metallen der Seltenen Erden mit Exportzöllen.							
v) Ostkaribische Staaten führen gemeinsam den ostkaribischen Dollar ein.							
w) Die EU verbietet die Einführung von genveränderten Landwirtschaftsprodukten.							
x) Die USA und die EU werfen sich gegenseitig vor, den Flugzeugbau zu subventionieren.							
y) Die EZB bewirkt die Abwertung des Euro durch eine Zinssenkung.							
z) Chinas Zentralbank kauft Dollar, um einer Aufwertung des Yuan entgegenzuwirken.							

Infotext: Außenhandelspolitik

Freihandelspolitik

Freihandelspolitik ist das Bestreben des Staates, den freien Handel mit anderen Ländern bzw. Wirtschaftsräumen zu fördern, um die allgemeinen Vorteile des Außenhandels (siehe Teilkapitel 1.1) für die eigene Volkswirtschaft zu nutzen. Das zentrale Instrument der Freihandelspolitik sind Handelsabkommen zum Abbau von Handelshemmnissen. Dabei sind bilaterale (zweistaatliche) und multilaterale (mehrstaatliche) Handelsabkommen zu unterscheiden. Da die Welthandelsorganisation (WTO) das Ziel verfolgt, den internationalen Freihandel weltweit auszubauen, bevorzugt sie multilaterale Abkommen.

Protektionismus

Unter Protektionismus[1] versteht man staatliche Maßnahmen zur Einschränkung des Freihandels, um die heimische Wirtschaft zu schützen. In aller Regel sollen dabei inländische Unternehmen vor ausländischer Konkurrenz geschützt werden. In seltenen Fällen geht es auch um Versorgungssicherheit inländischer Unternehmen oder Konsumenten. Man unterscheidet folgende Maßnahmen:

Tarifäre Handelshemmnisse

Tarifäre Handelshemmnisse sind Maßnahmen des Staates, welche die Preise der Im- und Exportgüter und -dienstleistungen direkt oder indirekt beeinflussen (Preispolitik). Tarifäre Handelshemmnisse gelten als marktkonform, da der Marktmechanismus weiterhin funktioniert. Man unterscheidet folgende Instrumente:

- **Zölle** sind eine Art Steuer auf Importe oder auf Exporte. Sie dienen dem Schutz der heimischen Wirtschaft und auch als staatliche Einnahmequelle. *Importzölle* bewirken eine künstliche Verteuerung der eingeführten Waren, was dazu führt, dass inländische Produkte im Inland wettbewerbsfähiger werden. *Exportzölle* erschweren die Ausfuhr bestimmter Rohstoffe oder Produkte, die aus Sicht der Regierung besser im Inland bleiben sollten. Während Importzölle weit verbreitet sind, trifft man Exportzölle in der Praxis nur selten an.
- **Subventionen** sind finanzielle Beihilfen des Staates für Exporte oder Importe. *Exportsubventionen* dienen der Unterstützung heimischer Produzenten, die im internationalen Wettbewerb sonst nicht bestehen würden und sind weit verbreitet. *Importsubventionen* sollen die Versorgung der heimischen Wirtschaft verbessern, sie sind in der Realität jedoch sehr selten anzutreffen. Subventionen können direkt ausgezahlt oder indirekt gewährt werden (z. B. durch Steuererleichterungen).

Nichttarifäre Handelshemmnisse

Da Handelsabkommen gewöhnlich Importzölle und Exportsubventionen verbieten, versuchen viele nationale Regierungen zum Schutz ihrer eigenen Wirtschaft, diese Verbote durch immer neue, sogenannte nichttarifäre Handelshemmnisse zu umgehen, wie zum Beispiel:

- **Kontingente** sind mengenmäßige Import- oder Exportbeschränkungen (z. B. landwirtschaftliche Produkte). Wurde das Kontingent ausgeschöpft, so darf das Gut in der betreffenden Periode nicht mehr importiert bzw. exportiert werden. *Importkontingente* schützen die heimischen Anbieter und sind üblich, *Exportkontingente* sollen dagegen die betreffenden Güter oder Rohstoffe im Land behalten und sind sehr selten.
- **Normen und Standards** wie Industrienormen oder Produktgestaltungsvorschriften (z. B. Vorgabe bestimmter Abmessungen bzw. Gewichte). Diese können sachlich begründet sein, aber auch der Abwehr ausländischer Produkte dienen.
- **Administrative Hemmnisse:** Der Staat erschwert die Einfuhr durch komplizierte Verwaltungsvorschriften bzw. aufwendige Genehmigungsverfahren.
- **Sonstige:** Vermeintliche Verbraucherschutzregelungen, Gesundheits- und Sicherheitsbestimmungen, Kennzeichnungsvorschriften usw.

1 von engl. to protect = schützen

Infotext: Währungspolitik (Wechselkurspolitik)

Maßnahmen des Staates

Der Staat legt den langfristigen Rahmen für die Währungspolitik fest. Dazu gehören:

Abgrenzen des Währungsraums

- **Nationale Währung:** Der Staat beschließt die Einführung einer nationalen Währung.
- **Währungsunion:** Der Staat beschließt, sich einer Gemeinschaftswährung anzuschließen.

Festlegen des Wechselkurssystems

- **System flexibler (freier) Wechselkurse:** Der Staat bzw. die Währungsunion beschließt, dass sich die Wechselkurse auf dem Devisenmarkt frei bilden können. Dieses System ist der Normalfall.
- **System fester Wechselkurse:** Der Staat bzw. die Währungsunion beschließt feste Wechselkurse. Absolut feste (starre) Wechselkurse werden durch staatliche Kontrolle erzwungen (z. B. in den damaligen Ostblockstaaten) und sind kaum noch anzutreffen. Etwas verbreiteter sind relativ feste Wechselkurse, welche sich am Devisenmarkt frei bilden, aber nur innerhalb einer vorgegebenen Bandbreite schwanken dürfen. Bei Erreichen der oberen oder unteren Grenze muss die Zentralbank eingreifen (Devisenmarktintervention, siehe unten).

Maßnahmen der Zentralbank

Die Zentralbank eines Landes oder einer Währungsunion (z. B. die EZB) ist zuständig für die Wechselkurspolitik, also die Auf- und Abwertung der eigenen Währung gegenüber anderen Währungen. Zu diesem Zweck kann sie folgende Maßnahmen ergreifen:

Devisenmarktintervention

Die Zentralbank kauft oder verkauft Devisen auf dem Devisenmarkt, um die Höhe des Wechselkurses zu beeinflussen. Diese Eingriffe sind im Falle fester Wechselkurse bei Erreichen des oberen oder des unteren Interventionspunktes unvermeidlich. Aber auch bei freien („floatenden") Wechselkursen versuchen die Zentralbanken gelegentlich, Einfluss auf den Wechselkurs zu nehmen („Managed Floating" oder „Dirty Floating").

Beispiel EZB:

- **Abwertung des Euro:** Die EZB kauft am Devisenmarkt US-Dollar auf, die sie mit Euro bezahlt, sie bietet also Euro an. Durch das erhöhte Euro-Angebot sinkt der Wechselkurs (US-$ je €), der Euro wird also abgewertet und der US-Dollar in gleichem Maße aufgewertet. Da die EZB unbegrenzt Euro schöpfen („drucken") kann, ist eine Abwertung des Euro unbegrenzt möglich.
- **Aufwertung des Euro:** Die EZB verkauft am Devisenmarkt US-Dollar aus ihren Devisenreserven, sie fragt also Euro nach. Durch die erhöhte Euronachfrage steigt der Wechselkurs (US-$ je €), der Euro wird also auf- und der US-Dollar entsprechend abgewertet. Diese Maßnahme ist nur in dem Maße möglich, in dem die EZB über Devisenreserven (US-$) verfügt.

Leitzinsänderung

Die Zentralbank ändert den Leitzins gegenüber den Geschäftsbanken und nimmt damit nicht nur Einfluss auf Marktzins und Geldmenge im Euroraum (Geldpolitik), sondern automatisch auch auf den Wechselkurs. Änderungen des Leitzinses sind deshalb immer auch Währungspolitik.

Beispiel EZB:

- **Abwertung des Euro:** Senkt die EZB den Leitzins, so sinkt auch der Marktzins und viele Kapitalanleger werden ihr Geld aus dem Euroraum abziehen und dort anlegen, wo sie höhere Zinsen erwarten. Durch die sinkende Nachfrage nach Euro sinkt der Wechselkurs.
- **Aufwertung des Euro:** Hebt die EZB den Leitzins an, so steigt auch der Marktzins und viele Kapitalanleger werden deshalb ihr Geld im Euroraum anlegen und daher mehr Euro nachfragen. Durch die zunehmende Nachfrage steigt der Wechselkurs.

2. Kreuzen Sie für die folgenden wirtschaftspolitischen Maßnahmen an, ob...

   a) die Zuständigkeit beim Staat (bzw. bei der EU) oder bei der EZB liegt und

   b) diese den Außenbeitrag kurzfristig erhöhen (↑) oder senken (↓).

Maßnahme und Instrument	**a)**		**b)**	
	Staat/EU	**EZB**	**↑**	**↓**
a) Erhöhen von Importzöllen				
b) Abschaffen von Importkontingenten				
c) Anheben des Leitzinses				
d) Einführen von Genehmigungsverfahren für Importe				
e) Ankauf großer Mengen US-Dollar				
f) Senken von Importzöllen				
g) Kontingentieren bestimmter Importe				
h) Abbauen von Exportsubventionen				
i) Einführen neuer Verbraucherschutzvorschriften				
j) Einführen von Exportzöllen				

3. **Zeichnen Sie die Auswirkungen folgender währungspolitischer Maßnahmen der EZB auf dem Devisenmarkt in die Preis-Mengen-Diagramme ein.**

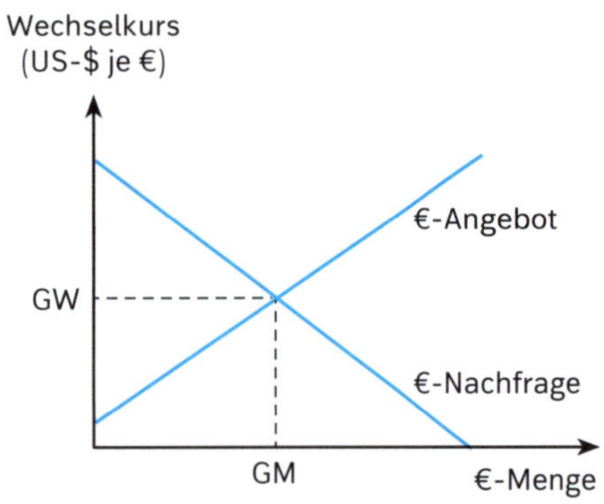

a) Die EZB kauft im Rahmen einer Devisenmarktintervention 30 Mrd. US-$ an.

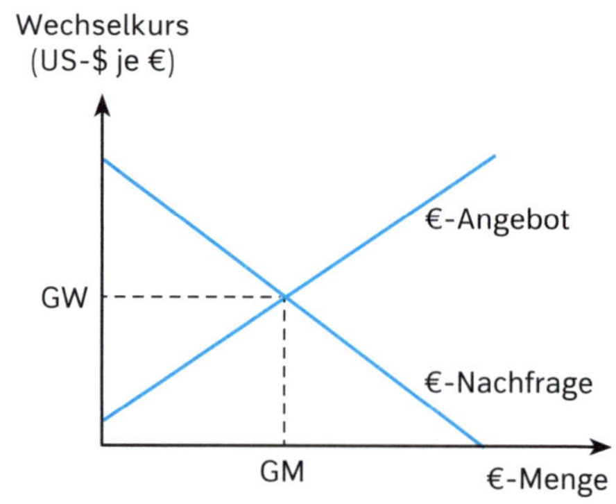

b) Die EZB senkt den Leitzins um einen viertel Prozentpunkt.

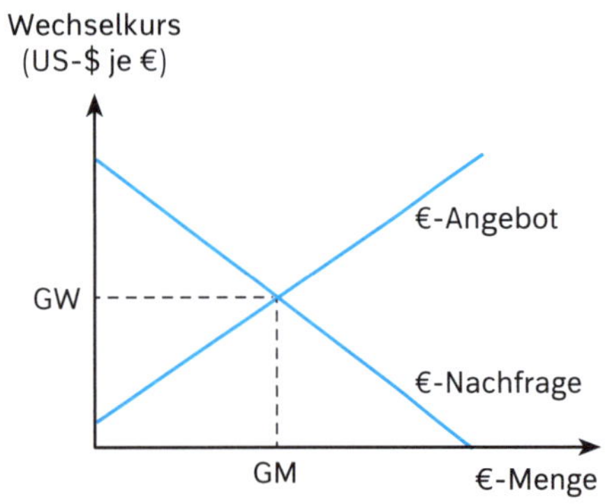

c) Die EZB verkauft im Rahmen einer Devisenmarktintervention 20 Mrd. US-$.

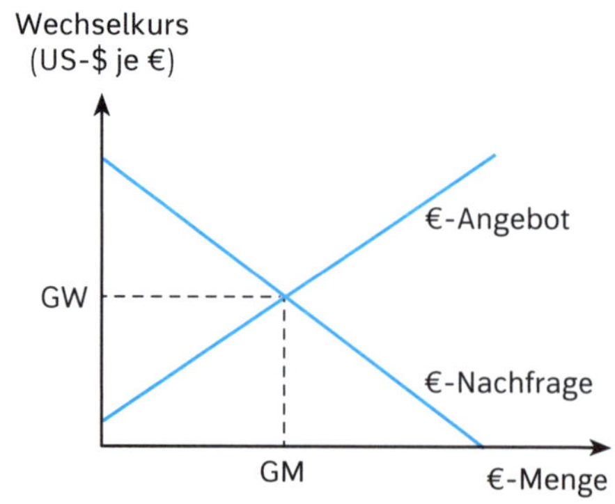

d) Die EZB hebt den Leitzins um einen halben Prozentpunkt an.

2.3 Die Außenwirtschaftspolitik der Europäischen Union

ARBEITSAUFTRÄGE

Bearbeiten Sie die Arbeitsaufträge mithilfe des nachfolgenden Infotextes.

1. Kreuzen Sie zu jeder Aussage an, ob sie richtig oder falsch ist. Erläutern Sie im Falle falscher Aussagen die wahre Sachlage.

Aussage	richtig	falsch	Erläuterung, wenn „falsch"
a) Alle europäischen Länder sind EU-Länder.			
b) Nicht alle EU-Staaten haben den Euro.			
c) Im Schengener Abkommen werden die vier Grundfreiheiten geregelt.			
d) Ein zentraler Vorteil des Euros für deutsche Unternehmen war die Abschaffung des Wechselkursrisikos.			
e) Der Währungsunion (Euro) konnte jedes EU-Land beitreten.			
f) Jede Leitzinsänderung der EZB ist zugleich Geldpolitik und Währungspolitik.			
g) Der EU-Binnenmarkt kann als Freihandelszone betrachtet werden.			
h) Die Erhebung von Zöllen bleibt Aufgabe der Mitgliedsländer (nationale Zollhoheit).			
i) Zur Währungspolitik der EZB für den Euroraum gehören Leitzinsänderungen und Devisenmarktinterventionen.			
j) Das EU-Konvergenzkriterium „Haushaltsstabilität" sieht vor, dass die Neuverschuldung (Defizitquote) maximal 60 % des BIP beträgt.			

Infotext: Europäische Union (EU) und Euroländer

Grundlagen

Die Europäische Union (EU) ist ein Staatenverbund aus 27 europäischen Mitgliedsstaaten mit rund 448 Mio. Einwohnern (Stand Dezember 2023). Sie wurde im Jahre 1993 gegründet und ging aus der 1957 gegründeten Europäischen Wirtschaftsgemeinschaft (EWG) hervor. Jedoch gehören nicht alle Länder Europas der EU an und nicht alle Länder der EU sind auch Euroländer:

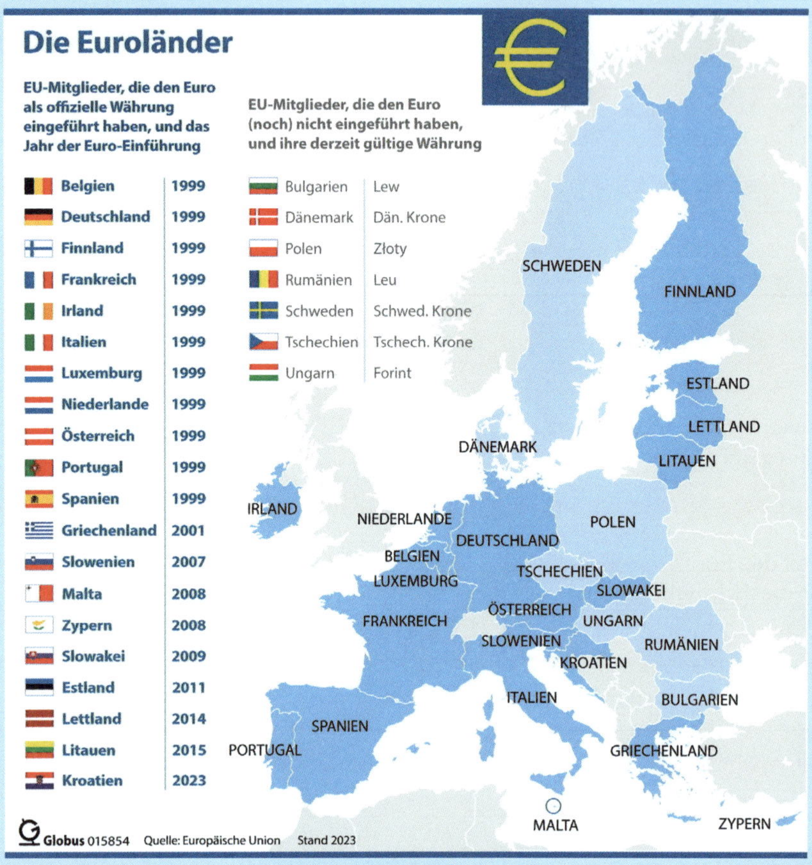

Für den Zusammenschluss europäischer Staaten zur EU bzw. zur Währungsunion (Euro) gibt es unterschiedliche Gründe wie wirtschaftliche Vorteile, die Sicherung des Friedens in Europa sowie die Vergrößerung des politischen Einflusses in einer globalisierten Welt. Die EU befindet sich bis heute in einem laufenden Prozess der Integration zu einer politischen Union, an deren Ende eine gemeinsame Finanz-, Wirtschafts-, Außen- und Verteidigungspolitik stehen sollen.

Vorteile des EU-Binnenmarkts

Binnenmärkte sind Freihandelszonen und erzeugen von Natur aus handelsschaffende Effekte. So ist für einen deutschen Konsumgüterhersteller der europäische Binnenmarkt mit rund 450 Mio. Einwohnern attraktiver als der deutsche Markt mit 83 Mio. Einwohnern. Deshalb hatten viele europäische Unternehmen schon immer ein Interesse daran, grenzüberschreitende Handelshemmnisse in Europa abzubauen. Das gilt besonders für das Exportland Deutschland, welches rund 70 % seiner Exporte in europäische Länder liefert. Unter anderem deswegen wurden 1993 im Vertrag über die Arbeitsweise der EU (AEU-Vertrag) sogenannte **vier Grundfreiheiten** für die EU-Länder vereinbart:

- **Freier Warenverkehr:** Abschaffung nationaler Grenzkontrollen, Zölle und Mengenbeschränkungen. Dadurch wird der EU-Binnenmarkt zu einer großen Freihandelszone.
- **Freier Personenverkehr (Schengener Abkommen):** Abschaffung nationaler Grenzkontrollen: Niederlassungs-, Beschäftigungs- und Studierfreiheit für alle EU-Bürgerinnen und -Bürger in allen EU-Ländern
- **Freier Dienstleistungsverkehr:** Liberalisierung grenzüberschreitender Dienstleistungen (z. B. Banken, Versicherungen, Mobilfunkanbieter, Stromversorger usw.) in allen EU-Ländern
- **Freier Kapitalverkehr:** Liberalisierung des grenzüberschreitenden Geld- und Kapitalverkehrs (z. B. Zahlungsverkehr, Kreditvergabe, Wertpapierhandel)

Vorteile des Euro

- **Beseitigung des Wechselkursrisikos:** Vor der Einführung des Euro waren Exportgeschäfte innerhalb Europas für die Exporteure mit erheblichen Wechselkursrisiken verbunden (siehe Kapitel 1.3 *Auswirkungen von Wechselkursen auf den Außenhandel*). Dieses Risiko war vor allem für Deutschland als Exportland ein großes Problem. Mit der Einführung des Euro ist dieses Risiko entfallen, was den Handel im Euroraum erheblich belebt hat.
- **Abschaffung der Transaktionskosten:** Transaktionskosten sind in diesem Zusammenhang die Kosten, die mit dem Tausch von Devisen verbunden sind. Diese entfallen nicht nur für Unternehmen, sondern auch für private Haushalte bei Reisen in andere Euroländer.
- **Gegengewicht zum Dollar:** Der Euro gilt heute als zweitwichtigste Währung nach dem Dollar. Das bedeutet, dass weltweit viele Handelsgeschäfte und andere Transaktionen in Euro durchgeführt werden und die meisten Zentralbanken einen Anteil ihrer Währungsreserven in Euro halten. Dadurch gewinnen die Euroländer wirtschaftliches und auch politisches Gewicht.

EU-Konvergenzkriterien (Maastricht-Kriterien)

Um in die Europäische Währungsunion aufgenommen zu werden, müssen die Beitrittskandidaten sogenannte EU-Konvergenzkriterien (Maastricht-Kriterien) erfüllen, die 1992 im Vertrag von Maastricht vereinbart wurden. Diese sollen sicherstellen, dass ein Mitgliedsstaat bereit ist, den Euro einzuführen und dass durch den Beitritt zum Euroraum keine wirtschaftlichen Risiken für dieses Land oder den Euroraum entstehen. Beispielhaft werden hier zwei Konvergenzkriterien vorgestellt:

- **Haushaltsstabilität:** Der öffentliche Schuldenstand darf 60 % des BIP nicht übersteigen (Schuldenstandsquote) und die jährliche Neuverschuldung (Nettokreditaufnahme) darf maximal 3 % des BIP betragen (Defizitquote).
- **Preisniveaustabilität:** Die Inflationsrate darf nicht mehr als 1,5 Prozentpunkte über der durchschnittlichen Inflationsrate der drei preisstabilsten Mitgliedsstaaten liegen.

Die Konvergenzkriterien müssen nur bei Eintritt in die Europäische Währungsunion (= Einführung des Euro) erfüllt werden. Nach der Euroeinführung ist nur noch das Kriterium *Haushaltsstabilität* zu erfüllen.

Außenwirtschaftspolitik der EU und der EZB

Außenhandelspolitik der EU

Die einzelnen EU-Mitgliedsstaaten haben wesentliche Teile ihrer nationalen Außenwirtschaftspolitik an die EU abgegeben, welche nun die Interessen ihrer Mitgliedsstaaten vertritt. Dabei macht sie umfassend Gebrauch von protektionistischen Instrumenten zur Stärkung der Wirtschaft der EU-Länder. Dazu gehören tarifäre Instrumente wie europäische Importzölle auf zahlreiche Produktgruppen (z. B. Agrarprodukte, Kraftfahrzeuge, Lebensmittel, Stahl, Tabak, Kunststoffe, Öle, lebende Tiere) und auch europäische Exportsubventionen (z. B. für Agrarprodukte oder den Flugzeugbau). Hinzu kommen nichttarifäre Handelshemmnisse (z. B. EU-Umweltauflagen, EU-weite technische Normen und Vorschriften, EU-Verbraucherschutz- und Datenschutzbestimmungen). Die EU betreibt aber auch Freihandelspolitik in Form von Freihandelsabkommen mit Chile, Israel, Japan, Mexiko, Norwegen, der Schweiz, Serbien, Singapur, Südkorea und der Türkei.

Währungspolitik der EZB

- **Devisenmarktinterventionen:** Die EZB interveniert, wie auch die US-amerikanische Notenbank Federal Reserve (Fed), nur selten auf dem Devisenmarkt. Damit unterscheiden sie sich von vielen Schwellenländern, die laufend von diesem Instrument Gebrauch machen.
- **Leitzinsänderungen:** Die EZB hat den Leitzinssatz gegenüber den Geschäftsbanken über viele Jahre immer weiter gesenkt, sogar bis in den negativen Bereich. Entsprechend gering ist der Marktzins im Euroraum, weshalb viele Investoren ihr Kapital mangels Verzinsung aus dem Euroraum abzogen. Das führte zu einer deutlichen Abwertung des Euro am Devisenmarkt, was wiederum den Export aus den Euroländern begünstigte.

2. Lesen Sie den Kommentar zur EU und bearbeiten Sie nachfolgende Teilaufgaben.

   a) Arbeiten Sie die Hauptaussagen des Kommentars heraus.

   b) Welche außenwirtschaftlichen Instrumente werden im Text angesprochen?

   c) Erläutern Sie, inwiefern das Freihandelsabkommen EPA die afrikanische Landwirtschaft bedroht.

   d) Erläutern Sie die protektionistische Wirkung der EU-Gurken- und Bananenverordnung.

   e) Erläutern Sie, inwiefern die Leitzinssenkungen und Anleihekäufe der EZB

      ea) den Regierungen hochverschuldeter Staaten Zeit für Reformen verschaffen,

      eb) die Situation dieser Staaten möglicherweise eher verschlimmern als verbessern,

      ec) die deutsche Exportwirtschaft begünstigen,

      ed) zugleich Maßnahmen der Geldpolitik und auch der Währungspolitik sind.

BREMER KURIER

Wirtschaft

Der Kommentar: Die EU – Ein Wolf im Schafspelz?

Warum die EU nicht so selbstlos ist, wie sie sich gibt.

Die EU feiert sich regelmäßig als moralisches Vorbild für fairen und freien Handel und tritt weltweit gern als Schulmeisterin auf. Doch bei genauerer Betrachtung kämpft auch sie mit harten Bandagen.

Um Missverständnisse zu vermeiden: Die EU ist ein Erfolgsmodell und für uns Deutsche ein echter Glücksfall. Seit vielen Jahrzehnten leben wir in Frieden, im Wohlstand und in Sicherheit. Wir genießen die Vorzüge einer Demokratie, dürfen unsere Meinung frei äußern und verlassen uns tagtäglich auf volle Regale im Supermarkt. Darüber hinaus können wir ungehindert in alle Länder der EU reisen, dort studieren, arbeiten und im gesamten Euroraum mit unserer Währung bezahlen. Entsprechend vollmundig sind die Lobeshymnen auf die EU und ihre Vorzüge in politischen Sonntagsreden und in Informationsbroschüren. Dabei wird gebetsmühlenartig auf die europäischen Werte hingewiesen, die auch als Vorbild für viele andere Länder gelten sollen.

Ist die EU also ein mustergültiges Vorbild? Nicht ganz. Denn die Außenwirtschaftspolitik der EU ist nicht gerade zimperlich, wenn es um die Durchsetzung ihrer Interessen geht:

Beispiel EPA-Abkommen: Die EU hat mit mehreren Ländern Afrikas das Freihandelsabkommen EPA (Economic Partnership Agreement) vereinbart, welches unter anderem den Abbau von Importzöllen vorsieht. Dieses Abkommen führt aber seit Jahren dazu, dass die EU-Exporte, vor allem hochsubventionierte Agrarprodukte, die afrikanischen Märkte regelrecht überschwemmen. Viele afrikanische Landwirtinnen und Landwirte, welche die jahrhundertelange Tradition ihrer Vorfahren ökologisch nachhaltig betreiben, werden dadurch vom Markt gedrängt. Kritische Stimmen gegen das EPA-Abkommen bemängeln außerdem, dass den afrikanischen Partnern die Pistole auf die Brust gesetzt wurde – entweder sie würden das Abkommen unterzeichnen oder ihr Marktzugang zur EU würde eingeschränkt.

Beispiel Handelsstreit: Seinerzeit empörten sich europäische Politiker und Politikerinnen und auch die Medien lautstark über die Einführung US-amerikanischer Importzölle für EU-Produkte durch Präsident Trump. Tatsächlich war und ist es aber die EU, die sich mit hohen Zöllen gegen US-Produkte abschottet. So geht nahezu die Hälfte der europäischen Exporte zollfrei in die USA, andersherum sind es aber nur rund ein Viertel. Hinzu kommt, dass die EU im Durchschnitt über alle Waren höhere Importzölle verlangt als die USA. Beispielsweise betragen die Importzölle auf Kraftfahrzeuge in den USA 2,5 % und in der EU stolze 10 % auf den Warenwert.

Beispiel EU-Verordnungen: Der Druck der Welthandelsorganisation WTO auf seine Mitglieder, Importzölle abzubauen, setzte auch in der EU viel Kreativität bei der Erfindung nichttarifärer Handelshemmnisse frei. Bekannt wurden etwa die Gurken- und die Bananenverordnung, welche bestimmte Abmessungen und sogar den Krümmungsgrad der Produkte haargenau festlegten. Nur auf politischen Druck hat die EU beide Verordnungen abgeschwächt.

Beispiel QE-Programme: Über viele Jahre erhöhte die EZB die Geldmenge drastisch, indem sie in gigantischen Mengen Staatsanleihen ankaufte. Sie begründete ihr Vorgehen damit, einer Deflation entgegenwirken zu wollen. Einige Beobachter deuteten diese Maßnahme aber vielmehr als Versuch, hochverschuldeten Regierungen im Euroraum mehr Zeit für Reformen und strukturelle Anpassungen zu verschaffen. Kritische Stimmen warfen der EZB vor, sie würde mit ihrer lockeren Geldpolitik das Problem verschärfen, weil diese Regierungen (allen voran die Regierung Italiens) gar keine Reformen in die Wege leiteten und sich nur noch weiter verschulden würden. Und US-Präsident Trump witterte, die EZB wolle nur die europäische Exportwirtschaft stärken. Tatsächlich profitiert die hochproduktive deutsche Exportwirtschaft erheblich vom billigen Euro.

Seien wir ehrlich: Natürlich muss die EU die Interessen ihrer Mitglieder vertreten. Und natürlich sind die anderen „auch nicht besser". Doch wenn sich die EU schon für ihre Werte feiert und anderen ein Vorbild sein will, dann sollte sie lieber fair spielen und nachhaltige Win-win-Situationen anstreben, als sich mit verdeckten Fouls kurzfristige Vorteile zu verschaffen. Denn diese sind für einen reichen Kontinent nicht nur unanständig, sondern sie können ihm langfristig auch zum Verhängnis werden.

3 Globalisierung

3.1 Antriebskräfte, Merkmale und Folgen der Globalisierung

Um 06:30 wird Herr K. von seinem koreanischen Mobiltelefon gebeten, sein dänisches Bett zu verlassen, um sich zu waschen, Zähne zu putzen und sein französisches Eau de Toilette aufzutragen. Anschließend bekleidet er sich mit bequemen Textilien aus Bangladesch, frühstückt sein Lieblingsmüsli aus der Schweiz und kocht sich mit russischem Gas einen englischen Tee. Dann fährt er mit seinem japanischen Auto zur Arbeit in ein schwedisches Unternehmen, in dem er auf einem amerikanischen Computer Software für einen italienischen Kunden entwickelt. Nach Dienstschluss will er bei dem Onlinehändler seines Vertrauens einen LED-Fernseher („Made in China") erwerben, der extrem preiswert angeboten wird. Das findet Herr K. gut. Zuvor teilt ihm seine Abteilungsleiter in noch mit, dass sein Arbeitsplatz zukünftig entfällt, da indische Programmierer seine Arbeit übernehmen sollen. Das findet Herr K. nicht so gut. Am Abend sieht sich Herr K. bei einem schottischen Whisky eine Dokumentation auf seinem neuen Fernseher an, die ihm vor Augen führt, dass sich immer mehr Mikroplastik in den Meeren, in der Luft und in seinem Körper befindet. Das findet Herr K. auch nicht gut.

ARBEITSAUFTRÄGE

Bearbeiten Sie die Arbeitsaufträge mithilfe des nachfolgenden Infotextes.

1. Lesen Sie den Text von Herrn K. (oben). Beschreiben Sie anschließend anhand von zehn Beispielen, wo Sie selbst der Globalisierung begegnen.

a) ______	f) ______
b) ______	g) ______
c) ______	h) ______
d) ______	i) ______
e) ______	j) ______

2. Analysieren Sie die Karikatur (S. 168) und notieren Sie die Kernaussage.

______

______

______

______

3 Erläutern Sie die Grafik „Globale Handelsströme"(S. 169). Nutzen Sie die Anleitung zur Auswertung von Diagrammen in der Methodenbox im Anhang. Notieren Sie die Kernaussagen.

______

______

______

______

______

______

______

______

4. Stellen Sie den Infotext zum Thema Globalisierung in einer Mindmap dar. Nutzen Sie die Anleitung zur Erstellung einer Mindmap in der Methodenbox im Anhang.

Infotext: Globalisierung

„Was die Weltwirtschaft angeht, so ist sie verflochten."
Kurt Tucholsky (1931)[1]

Definition

Unter Globalisierung (von „global": weltumspannend) versteht man den Prozess des Zusammenwachsens der Welt und die damit verbundene Zunahme weltweiter Verflechtungen in allen Lebensbereichen (Wirtschaft, Politik, Wissenschaft, Kultur, Sport usw.). Volkswirtinnen und Volkswirte verstehen unter Globalisierung in erster Linie die Entstehung grenzenloser Weltmärkte und die grenzenlose Mobilität von Kapital.

Wichtige Antriebskräfte der Globalisierung

Ökonomische Antriebskräfte

- **Anbieterseitige Antriebskräfte** sind in erster Linie erhebliche Kostenvorteile der internationalen Arbeitsteilung, die vor allem auf geringe Lohnkosten in Entwicklungs- und Schwellenländern zurückzuführen sind. So wurden in den letzten Jahrzehnten immer mehr Produkte in westlichen Industrienationen entwickelt und in Asien gefertigt (China als „Werkbank der Welt"). Weitere anbieterseitige Antriebskräfte sind die Sicherung der Rohstoffversorgung durch weltweiten Einkauf, die Nutzung ausländischen Know-hows sowie die Erschließung neuer, weltweiter Absatzmärkte.[2]
- **Nachfrageseitige Antriebskräfte** ergeben sich durch das Kaufverhalten der Konsumenten, die i. d. R. ein breites internationales Angebot an Produkten und Dienstleistungen erwarten und geringe Preise bevorzugen.

Technologische Antriebskräfte

- **Entwicklung digitaler Informations- und Kommunikationstechnologien:** Die weltweite Verbreitung vor allem von Kommunikationssatelliten, Computern und des Internets führten zur Beschleunigung der weltweiten Kommunikation. Mit diesen Technologien können Informationen in kürzester Zeit und zu geringen Kosten rund um den Erdball übermittelt werden. Sie bilden zugleich die Voraussetzung für internationale Beschaffungs- und Produktionsprozesse (z. B. 3D-Druck) sowie für den Onlinehandel.
- **Neue Transporttechnologien:** Neue Transporttechnologien haben den internationalen Warenverkehr extrem beschleunigt. Eine Schlüsselrolle spielt dabei die Erfindung des ISO-Containers des Amerikaners Malcom McLean, der das Transportwesen seit 1956 revolutionierte: Wurden zuvor die Waren von zahllosen Hilfskräften in einzelnen Säcken, Kisten, Karren usw. zwischen Schiff, Bahn und Lkw umständlich hin- und hergeschleppt, so können sie heute in Containern mit großen Kränen in kurzer Zeit umgeschlagen und weitertransportiert werden. Darüber hinaus sind sie wegen ihrer genormten Maße stapelbar. Das erlaubt den Transport großer Mengen an Containern (z. B. bis zu 23.000 Stück auf modernen Frachtschiffen) und senkt die Stückkosten.

Politische Antriebskräfte

- **Liberalisierung des Welthandels:** Nach dem zweiten Weltkrieg haben sich immer mehr Länder dazu entschieden, ihre Handelsschranken abzubauen. Treibende Kraft war der politische Wille, volkwirtschaftliches Wachstum zu fördern. Im Jahre 1948 unterzeichneten dazu 23 Länder rund um den Globus das internationale Handelsabkommen *GATT* (General Agreement on Tariffs and Trade), welches den Abbau von Zöllen und nichttarifären Handelshemmnissen vorsah. Das GATT ist bis heute der zentrale Baustein der Welthandelsorganisation *WTO* (World Trade Organization), welche 1994 mit Sitz in Genf gegründet wurde. Hauptziele der WTO sind der Abbau von Handelshemmnissen sowie die Liberalisierung (Deregulierung und Privatisierung) des internationalen Handels im Sinne eines weltweiten Freihandels.

---

1 Quelle: Tucholsky, Kurt: Kurzer Abriss der Nationalökonomie, in: Die Weltbühne, 15.09.1931, S. 393.

2 Dieses Bestreben zieht oftmals auch die Verlagerung der Produktion in die betreffenden Länder nach sich, weil die Anbieter vielfach nah am Kunden sein wollen und auch weil einige Regierungen die Verlagerung von Standorten in ihre Länder verlangen (im Falle Chinas sogar die Zusammenarbeit mit chinesischen Unternehmen, sogenannte „Joint Ventures").

- **Liberalisierung der Finanzmärkte:** Neben der Liberalisierung des Welthandels wurden auch die Finanzmärkte (Geld-, Kapital- und Kreditmärkte) nach und nach liberalisiert, also von nationalen Grenzen, Regeln und Kontrollen befreit. Damit wurde es immer einfacher, Geld, Kredite und Kapitalanlagen (z. B. Aktien) über die Grenzen hinaus in alle Länder der Welt zu transferieren. Mit der Weiterentwicklung der Informations- und Kommunikationstechnologien hat die Privatwirtschaft heute einen weitgehend ungehinderten Zugang zu weltweiten Finanzmärkten.
- **Ausdehnung marktwirtschaftlicher Systeme:** Nach dem Zusammenbruch des Ostblocks und dem Ende des kalten Krieges wurden planwirtschaftliche Wirtschaftsordnungen weitestgehend durch marktwirtschaftliche Wirtschaftsordnungen verdrängt. Ein bemerkenswertes Beispiel ist China, dessen Regierung konsequent und kontinuierlich die Weltmärkte erobert und damit beweist, was viele Fachleute nicht für möglich gehalten hatten, nämlich dass eine Marktwirtschaft mit einer Diktatur vereinbar ist und dabei sogar erfolgreich sein kann.

Wichtige Merkmale der Globalisierung

Zunahme des Welthandels

Internationaler Handel ist kein Phänomen der Neuzeit: Schon vor rund 3.000 Jahren exportierten die Phönizier ihre Waren in viele Länder. Exporte und Importe sind seit jeher ein wichtiger Baustein nicht nur unserer Volkswirtschaft. Jedoch hat der Welthandel in den letzten Jahrzehnten extrem zugenommen – und zwar um ein Vielfaches mehr als die weltweite Wirtschaftsleistung (siehe Grafik auf der Folgeseite).

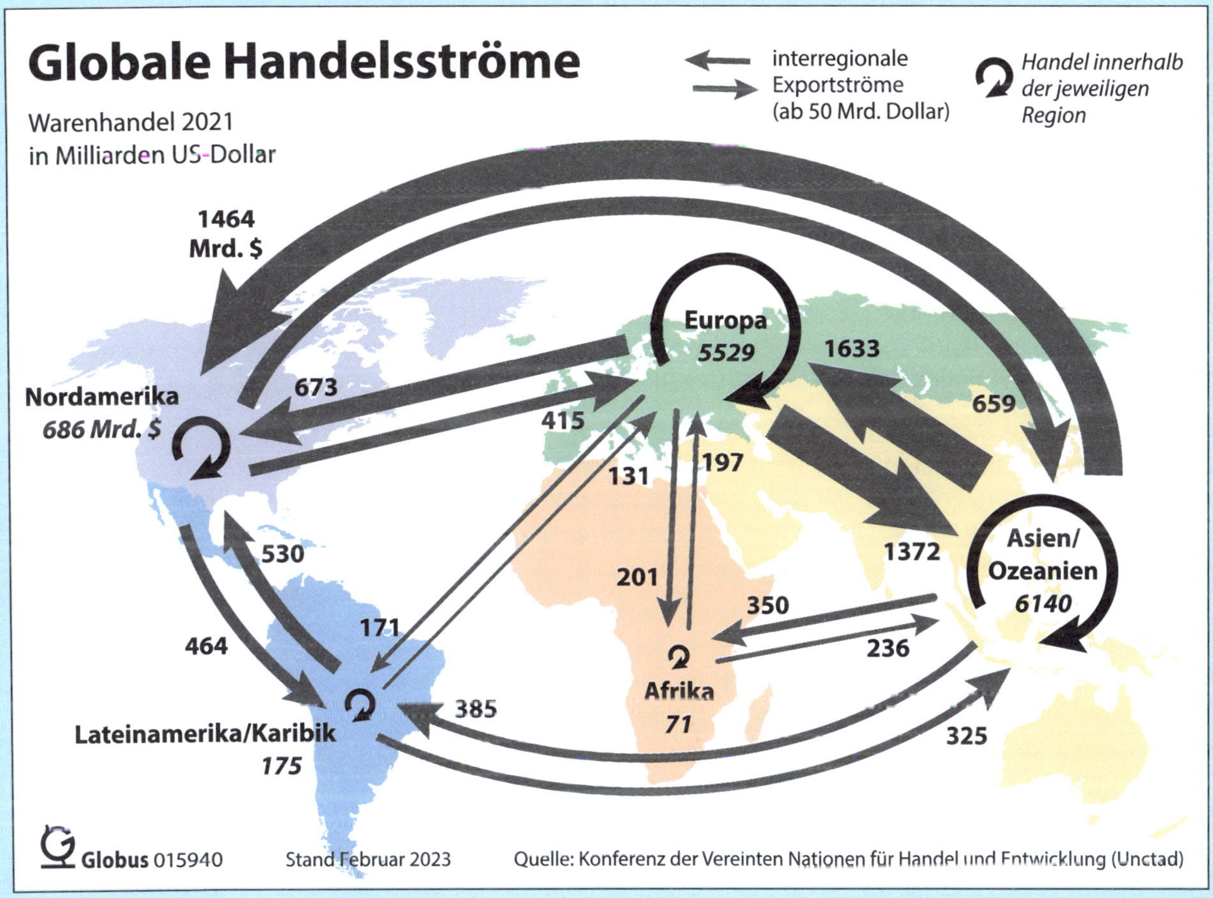

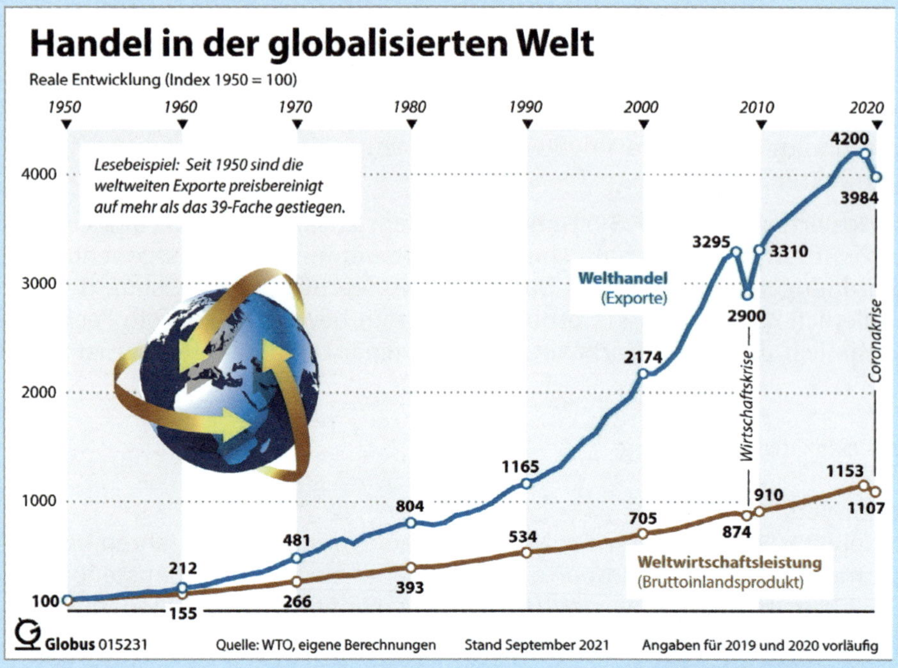

Zunahme von Direktinvestitionen
Direktinvestitionen sind Investitionen im Ausland mit dem Ziel, ausländische Immobilien oder Unternehmen zu erwerben, neue Betriebsstätten oder Tochterunternehmen zu errichten oder sich an ausländischen Unternehmen zu beteiligen. Anders als bei Portfolio-Investitionen (z. B. in Aktien), bei denen Investoren ausschließlich an Rendite interessiert sind, wollen Investoren mit Direktinvestitionen Einfluss auf die Geschäftstätigkeit ausüben. Direktinvestitionen gelten als Maß für die Attraktivität eines Landes als Unternehmensstandort.

Zunahme internationaler und multinationaler Unternehmen
Weltweit hat die Anzahl international tätiger Unternehmen zugenommen. Das betrifft die Beschaffung (grenzübergreifende Lieferketten), die Produktion (grenzübergreifende Produktionsprozesse) sowie den Absatz (grenzübergreifender Verkauf von Produkten und Dienstleistungen). Multinationale Unternehmen sind über Direktinvestitionen mit mindestens einem Tochterunternehmen im Ausland vertreten (z. B. Tochterunternehmen von VW in China).

Zunahme der Unternehmenskonzentration
Unter Unternehmenskonzentration versteht man die Zusammenballung von Marktmacht bei einem oder wenigen Unternehmen einer Branche. Diese kann durch schnelleres Wachstum gegenüber den Wettbewerbern oder durch Unternehmenszusammenschlüsse (Fusionen) begründet sein. Bekannte Beispiele sind der Online-Händler Amazon, die Suchmaschine Google oder das soziale Netzwerk Facebook, die nahezu ihren gesamten Markt beherrschen („The winner takes it all“).

Zunahme internationaler Kapitalströme
Durch die Liberalisierung der Finanzmärkte und die neuen Informations- und Telekommunikationstechnologien (siehe oben) sind gigantische Weltmärkte für Kapitalanlagen (Aktien, Aktienfonds, Industrie- und Staatsanleihen usw.) entstanden, auf denen sich eine Vielzahl von Anlegern tummelt. Dazu gehören professionelle Unternehmen (z. B. Banken, Fondsgesellschaften, Versicherungen) wie auch private Haushalte. Allein das private Finanzdienstleistungsunternehmen BlackRock mit Sitz in New York erwirtschaftete im Jahre 2018 einen Jahresumsatz in Höhe von 14,2 Mrd. US-$. Das tägliche Handelsvolumen sämtlicher Finanzmärkte liegt bei rund 3.000 Mrd. US-$.

Zunahme des Standortwettbewerbs
In einer globalisierten Welt haben staatliche Regierungen in aller Regel ein großes Interesse daran, international operierende Unternehmen in ihrem Land anzusiedeln bzw. zu halten, denn sie stehen für Arbeitsplätze, Kaufkraft und Steuereinnahmen. Diese helfen dem Staat bei der Finanzierung der Infrastruktur (Straßen, Schienennetz, Flughäfen usw.), welche wiederum neue Unternehmen anzieht. Deshalb entsteht eine Konkurrenz der Regierungen der Länder um die Gunst der Unternehmen. Diese führt dazu, dass sich die Staaten gegenseitig unterbieten in Bezug auf Steuerbelastung, soziale Standards, Auflagen zur Arbeitsplatzgestaltung und zum Umweltschutz. Diesen gegenseitigen Unterbietungswettbewerb bezeichnen Ökonomen als „Race to the Bottom“.

Zunahme des Massentourismus
Der brandheiße Reisetipp auf Instagram oder im Reiseführer endet nicht selten in einer Enttäuschung, denn meistens sind die anderen schon da. Statt in unberührte Natur geraten Reisende immer öfter in Menschenmassen, die sich aus Kreuzfahrtschiffen, Flugzeugen, Reisebussen und Autolawinen ergießen. In Extremfällen spricht man von „Overtourism“ (z. B. in Venedig).

Wichtige Folgen der Globalisierung

Wohlstandsgewinne
Das Angebot (innovativer) Güter und Dienstleistungen hat weltweit deutlich zugenommen, gleichzeitig ist das Preisniveau aufgrund der Kostenvorteile durch internationale Arbeitsteilung gesunken. Beispielsweise wäre ein VW Golf rund 25 % teurer, wenn er vollständig in Deutschland gefertigt würde.

Verlagerung von Arbeitsplätzen
Da die Arbeitskosten in Deutschland deutlich höher sind als in vielen Schwellen- und Entwicklungsländern, werden seit Jahrzehnten immer mehr Arbeitsplätze in diese Länder verlagert. Das betraf bislang vor allem gering qualifizierte Arbeitsplätze, zunehmend werden aber auch qualifizierte Arbeitsplätze verlagert. So kostet ein Softwareprogrammierer aus Köln den IT-Betrieb rund das Zehnfache einer gleichqualifizierten Programmiererin in Neu-Delhi. Gleichzeitig verlagern ausländische Unternehmen aber auch Arbeitsplätze nach Deutschland.

Geringe Löhne, Standards und Steuern
Die Folge des internationalen Standortwettbewerbs ist ein geringes Niveau der Löhne, der sozialen Standards, der Auflagen zur Arbeitsplatzgestaltung und zum Umweltschutz sowie der Unternehmenssteuern in vielen Ländern. Beispielsweise haben US-amerikanische Großkonzerne wie Amazon und Apple ihre Europazentralen in Irland angesiedelt, weil dort geringe Steuersätze locken.

Machtverlust von Regierungen
Im Laufe der Jahrzehnte sind multinationale Konzerne immer weiter angewachsen und erwirtschaften heute vielfach mehr Umsatz, als ganze Staaten an Steuern einnehmen. Beispielsweise war 2019 der Umsatz des US-Einzelhändlers Walmart mit 514,4 Mrd. US-$ rund 1,3-mal so groß wie die Einnahmen des Bundes in Deutschland und sogar 3,5-mal so hoch wie die Einnahmen des Staates Polen. Durch eine systematische Lobbyarbeit und das Argument, man sorge für Arbeitsplätze und Steueraufkommen, haben Macht und Einfluss besonders der multinationalen Unternehmen stark zugenommen. Kritische Stimmen weisen darauf hin, dass multinationale Konzerne heute oftmals mehr politischen Einfluss haben als gewählte Parlamente von Demokratien.

Schwächung des Wettbewerbs
Durch die Unternehmenskonzentration nimmt der Wettbewerb in vielen Märkten ab, sodass nach und nach Oligopole und Monopole entstehen. Dort steigt die Abhängigkeit der Nachfrager von wenigen Anbietern, welche ihre Machtposition und ihre Gewinne immer weiter ausbauen können.

Zerstörung der Umwelt
Umweltzerstörung gab es auch schon vor der Globalisierung, jedoch nicht in diesem Ausmaß. Wichtige Gründe für die Zunahme der Umweltprobleme sind der Mehrverbrauch durch die Entstehung und das Wachstum weltweiter Absatzmärkte, die Vervielfachung von Transportwegen von Menschen, Tieren und Sachen sowie die Auslagerung umweltschädlicher Produktionsverfahren in Entwicklungs- und Schwellenländer. Doch da die Erde ein komplexes Gesamtsystem ist, machen ökologische Probleme an Landesgrenzen nicht halt. Wichtige Beispiele sind der Klimawandel (Extremwetterlagen, Vertrocknung großer Landstriche, Anstieg des Meeresspiegels), weltweiter Plastikmüll und Mikroplastik in allen Meeren und in der Luft sowie die Verschmutzung des Grundwassers (etwa durch Überdüngung oder den Abbau von Lithium für die Elektromobilität).

3.2 Chancen und Risiken der Globalisierung

ARBEITSAUFTRAG

Stellen Sie mithilfe des vorangehenden Infotextes die Chancen und Risiken der Globalisierung für private Haushalte, Unternehmen und den Staat gegenüber. Nehmen Sie dabei die deutsche Perspektive ein.

Chancen- und Risiken-Analyse	
Chancen	**Risiken**
für private Haushalte	
für Unternehmen	
für den Staat	

3.3 Projektauftrag: Globalisierungsprojekt

ARBEITSAUFTRAG

Klären Sie mit Ihrer Lehrerkraft die Ziele des Projekts und entwickeln Sie den Projektauftrag. Bearbeiten Sie anschließend das Projekt mithilfe der Anleitung Projektmanagement (light) in der Methodenbox im Anhang. Nutzen Sie auch die Projektvorlagen im Buch+Web.

Web

Projektauftrag	
Projektname	
Auftraggeber/-in	
Auftragnehmer/-in	
Projektanlass	
Projektziele	
Lieferungen und Leistungen	
Detailanforderungen	
Randbedingungen	
Beistellungen des Auftraggebers/der Auftraggeberin	
Meilensteintermine	
Unterschriften: Auftraggeber/-in, Auftragnehmer/-in	

Kompaktwissen

Wechselkurssysteme
- **System flexibler Wechselkurse**
  - Wechselkurse sind abhängig von Angebot und Nachfrage
- **System fester Wechselkurse**
  - absolut feste (starre) Wechselkurse
  - relativ feste Wechselkurse

Schwankungen flexibler Wechselkurse
- **Abwertung des Euro**
  - Wechselkurs ($ je €) sinkt
  - Außenwert sinkt
  - **Grund:** €-Nachfrage sinkt oder €-Angebot steigt
- **Aufwertung des Euro**
  - Wechselkurs ($ je €) steigt
  - Außenwert steigt
  - **Grund:** €-Nachfrage steigt oder €-Angebot sinkt

Außenwirtschaftliche Ungleichgewichte
- **Leistungsbilanzüberschuss**
  - Exporte > Importe
- **Leistungsbilanzdefizit**
  - Exporte < Importe

Außenwirtschaftspolitik
- **Außenhandelspolitik des Staates**
  - **Protektionismus**
    - tarifäre Handelshemmnisse
    - nichttarifäre Handelshemmnisse
  - **Freihandel**
    - Abschluss von Freihandelsabkommen
- **Währungspolitik**
  - **des Staates**
    - Abgrenzung Währungsraum
    - Festlegung Wechselkurssystem
  - **der Notenbank**
    - Devisenmarktintervention
    - Leitzinsänderung

Vier Grundfreiheiten der EU
- **Freier Warenverkehr**
- **Freier Personenverkehr**
- **Freier Dienstleistungsverkehr**
- **Freier Kapitalverkehr**

Dimensionen der Globalisierung
- **Ökonomische Dimension**
- **Politische Dimension**
- **Technologische Dimension**
- **Soziokulturelle Dimension**
- **Ökologische Dimension**

Vertiefungsaufgaben

1. Beschreiben Sie die außenwirtschaftlichen Verflechtungen der deutschen Wirtschaft.

2. Die Lufthansa plant für die Erneuerung ihrer Flotte die Beschaffung neuer Flugzeuge. Unter anderem soll der US-amerikanische Flugzeughersteller Boeing beauftragt werden. Das Auftragsvolumen beläuft sich auf 2.450.000,00 US-$, die Bezahlung soll bei Lieferung in US-Dollar erfolgen.

   a) Bei Vertragsabschluss wird der Euro mit 1,18 US-$ gehandelt. Ermitteln Sie den Beschaffungswert des Auftrags in Euro zu diesem Zeitpunkt.

   b) Am Tag der Anlieferung der Maschinen beträgt der Wechselkurs 1,09 US-$ je Euro. Ermitteln Sie den Überweisungsbetrag und erläutern Sie die Situation.

3. BMW winkt ein Großauftrag der Schweizer Kantonspolizei, welche eine größere Anzahl neuer Motorräder benötigt. Man kann sich auf ein Auftragsvolumen im Gesamtwert von 780.000,00 Schweizer Franken (CHF) einigen, Bezahlung bei Lieferung in Schweizer Franken.

   a) Am Tag der Auftragsannahme beträgt der Wechselkurs 0,85 CHF je €. Ermitteln Sie den Umsatz, den BMW zu diesem Kurs in Euro generieren würde.

   b) Zum Zeitpunkt der Lieferung beträgt der Wechselkurs 0,95 CHF je €. Ermitteln Sie den Umsatz in Euro und erläutern Sie die Situation.

   c) Wie kann BMW sich langfristig gegen Währungsrisiken absichern?

4. Erläutern Sie die Auswirkungen einer Aufwertung des Euro auf die Erreichung der wirtschaftspolitischen Ziele des Stabilitätsgesetzes.

5. Ihnen liegen folgende Informationen des Statistischen Bundesamtes vor (Angaben in Mrd. €): Handelsexporte: 1.256,3; Handelsimporte: 1.003,2; Dienstleistungsexporte: 281,8; Dienstleistungsimporte: 303,7; Einnahmen aus Erwerbs- und Vermögenseinkommen: 212,5; Ausgaben an Erwerbs- und Vermögenseinkommen: 132,2; Einnahmen aus laufenden Übertragungen: 66,9; Ausgaben an laufende Übertragungen: 116,4. Das BIP betrug 3.245 Mrd. €.

   a) Erstellen Sie die deutsche Leistungsbilanz.

   b) Prüfen Sie, ob das Ziel des außenwirtschaftlichen Gleichgewichts erreicht wurde im Sinne

      ba) der deutschen Bundesregierung,
      bb) im Sinne der EU-Kommission.

6. Erläutern Sie die unterschiedlichen Arten von Handelshemmnissen und nennen Sie Beispiele.

7. Erläutern Sie, ob folgende EZB-Maßnahmen eine Auf- oder Abwertung des Euro bewirken und begründen Sie Ihre Antwort.

   a) Senkung (Anhebung) des Leitzinses

   b) Verkauf (Ankauf) von US-Dollar

8. Begründen Sie, warum ...

   a) die Regierung der USA weitere Zinssenkungen der EZB als unfaire Praktiken bezeichnete.

   b) das exportstarke China seinen Yuan über Jahre an den US-Dollar gebunden hat.

9. Arbeiten Sie mithilfe des Kompaktwissens zu jeder Dimension der Globalisierung zwei Aspekte heraus.

10. Begründen Sie, warum Unternehmen Direktinvestitionen tätigen.

H Anhang: Methodenbox

Anleitung 1: Mindmap

Grundlagen und Einsatzgebiete

Eine Mindmap (Gedankenlandkarte) ist eine Methode der gedanklichen Durchdringung und Visualisierung eines komplexen Themengebietes. Jede Mindmap enthält ein zentrales Thema, welches sich über Haupt- und Unteräste in alle Richtungen verzweigt. Anders als bei einem Text erfolgt die Gedankenführung bei der Mindmap aber nicht linear, sondern chaotisch. Dabei wird das Prinzip der gedanklichen Assoziation (Verknüpfung) genutzt, indem die Teilnehmenden sich gegenseitig mit ihren Gedanken und Vorstellungen anregen, welche sie an der entsprechenden Stelle eintragen und durch Linien miteinander verbinden. So wird nach und nach eine gemeinsame gedankliche Vernetzung entwickelt und visuell dargestellt. Mindmaps eignen sich beispielsweise als Lern- und Erschließungshilfe (z. B. zur strukturierten Zusammenfassung eines Textes), als Planungshilfe (z. B. für einen Vortrag oder ein Projekt) oder auch für eine Problemanalyse (Unteräste = Problemursachen).

Schritte der Erstellung

Schritt 1: Legen Sie ein möglichst großes und nichtliniertes Blatt Papier (empfohlen: DIN A3) quer oder bereiten Sie eine Mindmap-Software vor.

Schritt 2: Schreiben Sie das zentrale Thema in die Mitte des Blattes. Dabei kann es sich um ein fachliches Thema, eine Fragestellung, eine Aufgabenstellung, eine Problemstellung oder eine Planung handeln. Formulieren Sie das Thema möglichst präzise, um Missverständnisse zu vermeiden. Anschließend kreisen Sie das Thema ein.

Schritt 3: Untergliedern Sie Ihr Thema in seine Hauptthemen (= erste Gliederungsebene). Bringen Sie dazu entsprechende Hauptäste am umkreisten Thema an, die in alle Richtungen führen und horizontal auslaufen. Beschriften Sie diese Äste kurz und prägnant. Schreiben Sie parallel zum horizontalen Astverlauf, damit der Text gut lesbar ist.

Schritt 4: Untergliedern Sie Ihre Hauptthemen in Unterthemen (= zweite Gliederungsebene), indem Sie nun dünnere Linien an den Hauptästen anbringen, und lassen Sie diese ebenfalls horizontal auslaufen. Beschriften Sie auch diese kurz und prägnant und parallel zum horizontalen Astverlauf. Diesen Schritt können Sie für beliebig viele Unterebenen (= dritte und weitere Gliederungsebenen) wiederholen.

Hinweis

Sofern die Mindmap zur Entwicklung neuer Ideen eingesetzt wird, dürfen Schritt 3 und Schritt 4 beliebig (chaotisch) vermischt werden. Die Frage der Gliederungsebene bleibt hier unbeachtet, um das freie und assoziative Denken nicht zu behindern.

Beispiel:

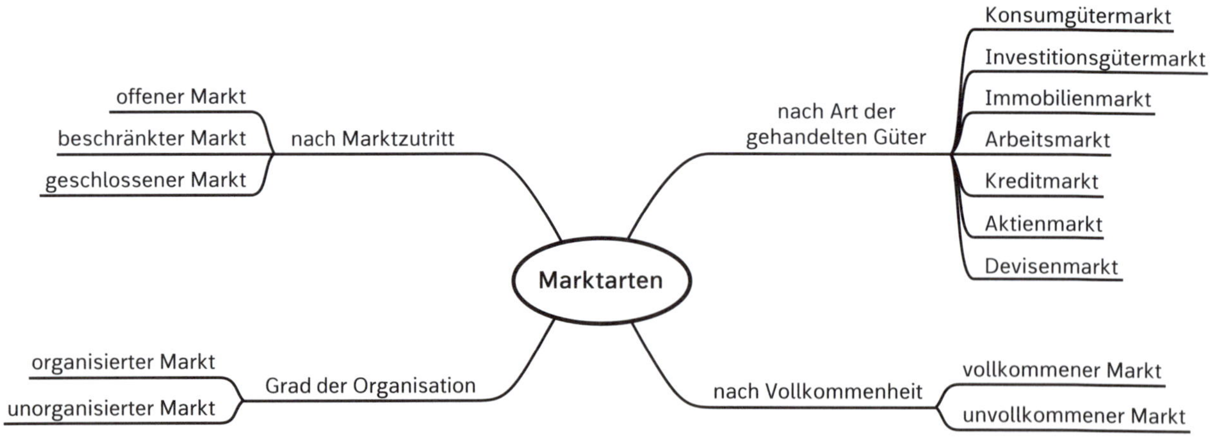

Anleitung 2: Diagrammerstellung

Grundlagen und Einsatzgebiete

Diagramme sind ein wichtiges Instrument, um quantitative Entwicklungen, Vergleiche oder Zusammensetzungen anschaulich darzustellen. Sie spielen daher nicht nur in der Volkswirtschaft eine wichtige Rolle. Sie helfen Ihnen in der Schule, der Ausbildung und im Beruf. Anschauliche Diagramme können eine große Überzeugungskraft entfalten.

Kreisdiagramm	Säulendiagramm	Balkendiagramm	Liniendiagramm
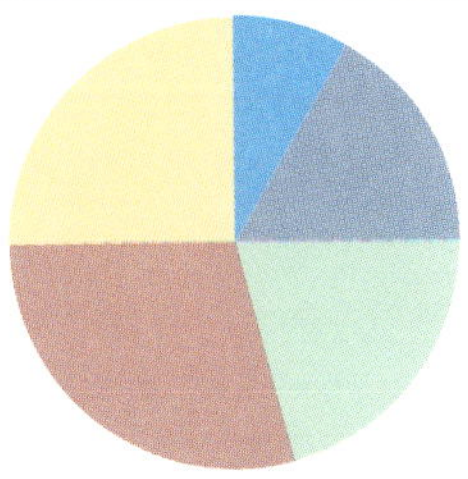	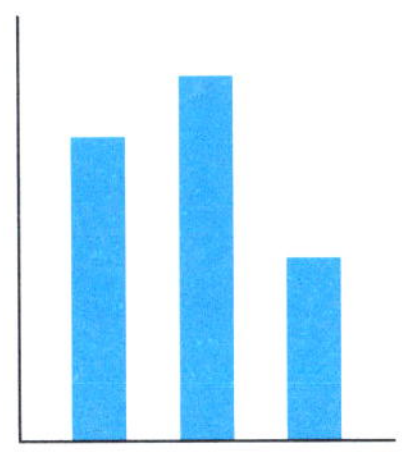	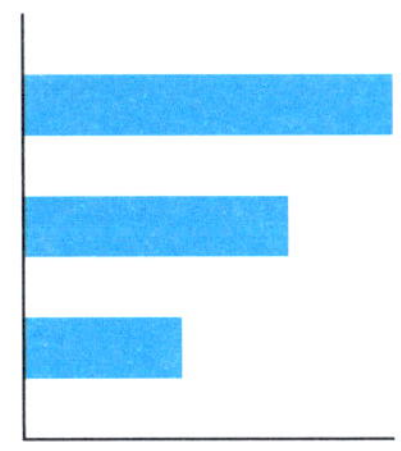	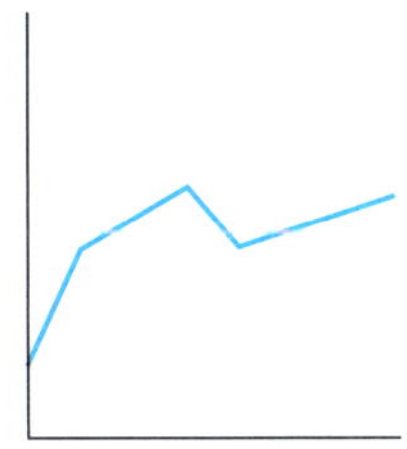
Anteile eines Ganzen, Angaben gewöhnlich in Prozent	Vergleich, Gegenüberstellung, Entwicklung im Zeitablauf	Vergleich einer größeren Anzahl an Datenkategorien, Rangfolge	Entwicklung im Zeitablauf, Funktion

Schritte der Erstellung

Schritt 1: Planen Sie Ihr Ziel. Fragen Sie sich dazu:

- Welche Sachverhalte will ich mit einem Diagramm veranschaulichen?
- Welche Kernbotschaft will ich mit dem Diagramm verdeutlichen?

Schritt 2: Wählen Sie die Diagrammart aus (siehe oben) und geben Sie die Daten ein. Üblich ist die Erstellung mithilfe einer Tabellenkalkulationssoftware (z. B. MS Excel), welche mehrere Diagrammarten anbietet.

Schritt 3: Beschriften Sie Ihr Diagramm aussagefähig. Dazu gehören:

- Überschrift (Thema)
- Angabe wichtiger Werte (z. B. Prozentwerte bei Kreisdiagrammen)
- Beschriftung von x- und y-Achsen (mit Einheiten)
- Beschriftung von Legenden (Erklärung der Diagrammelemente am Rande)
- Quelle und Erscheinungsjahr

Schritt 4: Prüfen Sie Ihr Diagramm auf inhaltliche Richtigkeit. Leitfragen: „Kann das sein?“ „Kommt das hin?“ „Ist das plausibel?“ Prüfen Sie auch die Vollständigkeit und Lesbarkeit.

Beispiel:

Durchschnittliche monatliche Ausbildungsvergütungen in West- und Ostdeutschland

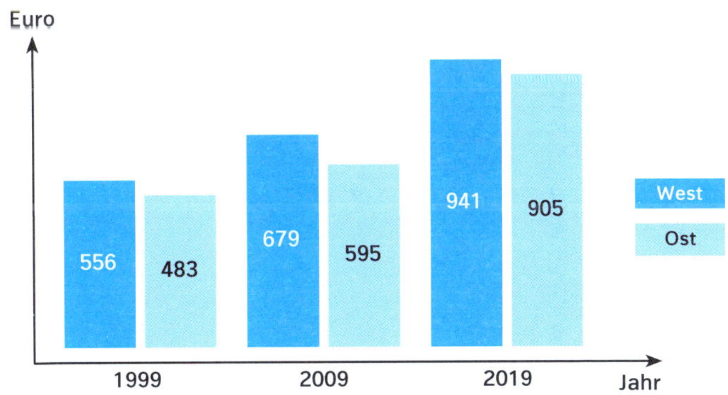

Anleitung 3: Diagrammauswertung

Grundlagen und Einsatzgebiete

Jedes Diagramm bedarf einer Auswertung bzw. einer Erläuterung. Häufige Anlässe sind Auswertungen von Diagrammen in Schul- und Fachbüchern, Zeitungen, fachwissenschaftlichen Arbeiten und Präsentationen in Schule, Ausbildung und Beruf. Dabei sind sowohl selbsterstellte Diagramme (z. B. in einer Präsentation) als auch fremde Diagramme (z. B. aus der Zeitung) auszuwerten.

Schritte der Auswertung

Schritt 1: Leiten Sie Ihre Auswertung mit folgenden Angaben ein:

- Titel und Thema
- Betrachteter Zeitraum und betrachtete Region
- Quelle und Erscheinungsjahr

Schritt 2: Beschreiben Sie das Diagramm („was man sieht“). Beispiele:

- Vergleiche, Verteilungen, Entwicklungen
- Besonderheiten, Auffälligkeiten (z. B. Minimal- oder Maximalwerte)

Schritt 3: Erläutern Sie relevante Aspekte. Achten Sie dabei auf eine klare Trennung von Tatsachen und Vermutungen. Beispiele:

- Analyse der Ursachen
- Volkswirtschaftliche Bedeutung

Beispiel: „Das vorliegende Säulendiagramm stellt die durchschnittlichen monatlichen Ausbildungsvergütungen in West- und in Ostdeutschland in den Jahren 1999, 2009 und 2019 dar. Die Angaben stammen vom Bundesinstitut für Berufsbildung aus dem Jahr 2020.

Man sieht, dass die durchschnittlichen Ausbildungsvergütungen in ganz Deutschland in den letzten 20 Jahren deutlich angestiegen sind. Dabei betrug der Anstieg in Westdeutschland 69 % und in Ostdeutschland 87 %. Im gleichen Zeitraum hat sich der Abstand zwischen den Lehrlingsgehältern in Ost und West von 13 % auf 4 % verringert.

Der Anstieg der durchschnittlichen Ausbildungsvergütungen in diesem Zeitraum ist nicht überraschend, da im gleichen Zeitraum das reale BIP in ganz Deutschland um 30 % gestiegen ist. Die Verringerung des Abstands zwischen Ost und West ist vermutlich darauf zurückzuführen, dass die Wirtschaft in Ostdeutschland seit 1999 stärker gewachsen ist als in Westdeutschland, denn sie war zehn Jahre nach dem Ende der DDR immer noch sehr geschwächt.“

Anleitung 4: Wirkungskette

Grundlagen und Einsatzgebiete

Von einer Wirkungskette (Kausalkette) spricht man immer dann, wenn ein Impuls (Ursache) zu einer unmittelbar folgenden Wirkung führt, welche dann Ursache einer weiteren Wirkung ist, die wiederum Ursache einer dritten Wirkung ist usw. Es kommt also zu einer Kettenreaktion („Dominoeffekt") von Ursachen und Wirkungen. Dabei ist der Ursache-Wirkungszusammenhang stets unmittelbar, es wird also eine direkte Wirkung abgebildet. In der Volkswirtschaft kann so ein Impuls beispielsweise eine Änderung der Nachfrage oder des Angebots oder auch eine wirtschaftspolitische Maßnahme (z. B. Steuersenkung) sein. Darstellungen von Wirkungsketten werden immer dann eingesetzt, wenn analysiert werden soll, welche Kettenreaktion ein bestimmter Impuls auslöst.

Darstellungshinweise

Grundsätzlich kommen zwei Arten von Pfeilen zum Einsatz:

- →: Ursache-Wirkungspfeil („führt zu" bzw. „bewirkt") zwischen Ursache und Wirkung
- ↑ oder ↓: Angabe, ob die betrachtete Größe steigt oder sinkt

Die Wirkungskette kann horizontal oder vertikal dargestellt werden. Die vertikale Darstellung ist in der Regel zweckmäßiger und platzsparender. Dabei lassen sich drei Varianten unterscheiden:

- einfache Wirkungskette
- Wirkungskette mit Verzweigung: Ein Element ist die Ursache von zwei Wirkungen.
- Wirkungskette mit Schleife (Loop): Rückbezug zu vorangegangenen Elementen

Beispiele:

einfache Wirkungskette	Wirkungskette mit Verzweigung	Wirkungskette mit Schleife (Loop)
Lohnniveau ↑	Lohnniveau ↑	Lohnniveau ↑
↓	↓	↓
Produktionskosten ↑	Produktionskosten ↑	Produktionskosten ↑
↓	↓	↓
Wettbewerbsfähigkeit ↓	Wettbewerbsfähigkeit ↓	→ Wettbewerbsfähigkeit ↓
↓	↓	↓
Absatz ↓	Absatz ↓	Absatz ↓
↓	↓	↓
Gewinne ↓	Gewinne ↓ → Steuereinnahmen ↓	Gewinne ↓
↓	↓	↓
Investitionen ↓	Investitionen ↓	Investitionen ↓

Anleitung 5: Vernetzungsdiagramm

Grundlagen und Einsatzgebiete

Ein Vernetzungsdiagramm ist eine grafische Darstellung eines komplexen Systems und der Wirkungsbeziehungen bzw. Zusammenhänge seiner Elemente. Aus Gründen der Übersichtlichkeit werden in einem Vernetzungsdiagramm nicht sämtliche Wirkungsbeziehungen der Realität dargestellt, sondern nur diejenigen, die von besonderem Interesse sind (Modell).

Merke: Ein Vernetzungsdiagramm ist ein Modell der Realität und erhebt keinen Anspruch auf Vollständigkeit.

Vernetzungsdiagramme werden immer dann eingesetzt, wenn mehrere Wirkungsbeziehungen von Elementen eines komplexen Systems und/oder die Auswirkung eines Impulses auf ein System untersucht werden sollen.

Darstellungshinweise

Mithilfe von Pfeilen wird dargestellt, wie die einzelnen Elemente des Systems grundsätzlich aufeinander einwirken. Diese „Wirkungsbeziehungen" sind also allgemeiner Natur. Mithilfe der Operatoren + und - wird ausgedrückt, ob die Wirkungsbeziehung gleichgerichtet oder entgegengerichtet ist:

- **„+": gleichgerichtete Wirkungsbeziehung:** „je mehr desto mehr" oder „je weniger desto weniger"
- **„-": entgegengerichtete Wirkungsbeziehung:** „je mehr, desto weniger" oder „je weniger, desto mehr"

Beispiel:

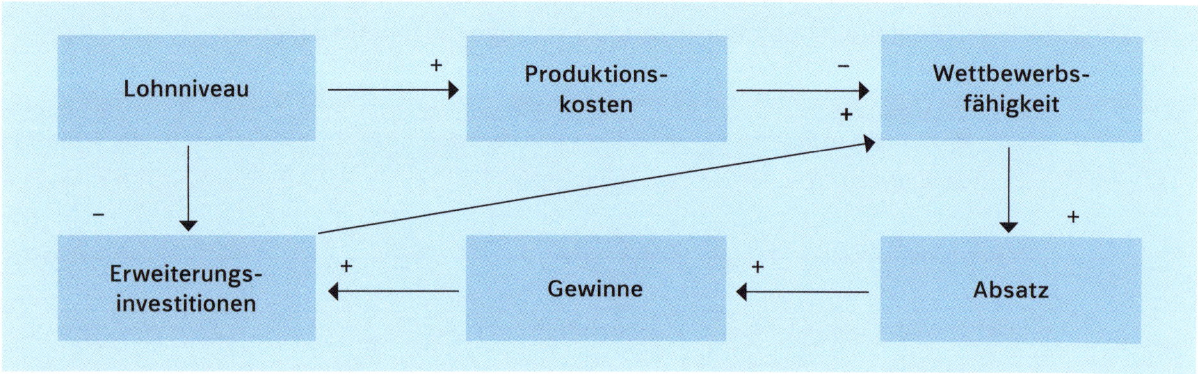

Das Vernetzungsdiagramm gibt nur Auskunft über die Richtung, nicht aber über die Stärke der einzelnen Wirkungsbeziehungen.

Hinweise zur Analyse

Grundsätzlich sind zwei Arten der Analyse eines Vernetzungsdiagramms zu unterscheiden:

- **Analyse allgemeiner Wirkungsbeziehungen:** Analysiert werden die grundsätzlichen und damit allgemeingültigen Wirkungsbeziehungen zwischen den Systemelementen. Diese werden durch ein Plussymbol oder ein Minussymbol ausgedrückt (siehe oben).
- **Analyse der Auswirkung eines Impulses:** Analysiert wird die Auswirkung eines gegebenen Impulses auf bestimmte Elemente. Dabei sind die allgemeingültigen Wirkungsbeziehungen zu beachten. Beispielsweise könnte im vorliegenden Modell die Auswirkung der Erhöhung des Lohnniveaus auf die Investitionen untersucht werden.

Anleitung 6: Projektmanagement (light)

Grundlagen und Einsatzgebiete

Projekte sind einmalige und komplexe Vorhaben mit einer konkreten Zielsetzung, die von einem oder mehreren Teams in einem vorgegebenen Zeitraum durchgeführt werden. Beispiele sind die Entwicklung eines Pkw-Modells oder einer neuen Software, der Bau einer Immobilie oder die Organisation eines Events. Die Methode zur Abwicklung solcher Projekte nennt man Projektmanagement (PM). In der Praxis umfasst das Projektmanagement eine Vielzahl von Schritten und Instrumenten, die für ganz unterschiedliche Projekte anwendbar sind. Für kleinere Unterrichtsprojekte reichen folgende Schritte aus:

Schritte der Projektarbeit

Schritt 0: Vorbereitung des Projekts

- **Projektleitung und Projektteam:** Die Projektleitung sollte von einer zielstrebigen, verantwortungsbewussten und sozialkompetenten Person übernommen werden, das Team sollte aus maximal vier Personen mit sich ergänzenden Stärken bestehen.
- **Info- und Dokumentationssystem:** Dieses ist frühzeitig einzurichten. Üblich ist eine digitale Plattform (mit einer nachvollziehbaren Ordnerstruktur) in Verbindung mit E-Mail-Austausch. Das System muss gewährleisten, dass relevante Informationen die betreffenden Teammitglieder rechtzeitig erreichen. Ebenso muss jedes Teammitglied zu allen wichtigen Informationen Zugang haben.
- **Teamregeln:** Jedes Team sollte sich frühzeitig auf eigene Regeln verständigen (z. B. Hol- und Bringschuld von Informationen, Umgang mit „Trittbrettfahrern").

Schritt 1: Klären des Projektauftrags

In diesem Schritt geht es darum, die Projektziele des Auftraggebers richtig zu verstehen. Nicht selten steht am Anfang eines Projekts nur eine erste grobe Idee, die noch präzisiert werden muss. Am Ende dieses Schrittes steht ein ausgefülltes Projektauftragsformular (siehe Seite 173 und Vorlagen im Buch+Web), welches vom Auftraggeber und vom Auftragnehmer zu unterschreiben ist. Web

Schritt 2: Planen des Projekts

In diesem Schritt ist zu planen, was alles zu tun ist, um alle Projektziele zu erreichen. Dazu werden sämtliche zu erledigenden Vorgänge untereinander aufgelistet, ihre jeweilige Dauer geschätzt und ihre jeweiligen Vorgänger identifiziert. Vorgänger sind Vorgänge, die zu Beginn eines Vorgangs abgeschlossen sein müssen. Beispielsweise kann bei einem Immobilienprojekt das Dach erst dann gedeckt werden, wenn der Rohbau fertig ist. In der Liste werden auch die Meilensteine aus dem Projektauftrag erfasst. Meilensteine sind wichtige Zwischenergebnisse, die die Auftraggeber/-innen sehen wollen (z. B. Richtfest beim Hausbau).

Beispiel:

Projektplan (Zeitplan)																																		
Vorgangsliste				Tage																														
Nr.	Vorgangsname	Dauer (Tage)	Vorgänger	1	2	3	4	5	6	7	8	9	10	11	12	13	14	15	16	17	18	19	20	21	22	23	24	25	26	27	28	29	30	31
1	Ideensammlung (Brainstorming)	3	-																															
2	Entwürfe zeichnen	5	1																															
3	Abnahme Entwürfe	0	2																															
4	Anfertigen Konstruktionszeichnungen	6	3																															
5	Abnahme Konstruktionszeichnungen	0	4																															
6	Fertigen Gehäuse	12	5																															
7	usw.	usw.	usw.																													usw.		

Schritt 3: Durchführen des Projekts

- Soll-Ist-Analyse: Laufende Kontrolle des Projektverlaufs („Sind wir noch im Zeitplan?")
- Koordinieren und Überwachen der planmäßigen Projektdurchführung
- Dokumentation: Aktualisierung des Zeitplans, Gesprächsprotokolle, Projektfortschrittsberichte

Schritt 4: Abschließen des Projekts

- Endabnahme: Abgabe aller Lieferungen und Leistungen gemäß Projektauftrag
- Gemeinsame Reflexion: Was war gut? Was können wir nächste Mal besser machen?
- Präsentation: Klären von Zielgruppe (vor wem?) und Präsentationsziel (was erreichen?)

I Sachwortverzeichnis

A

Abwertung 151, 159
Angebotsgesetz 69
Angebotskurve 69
Angebotslücke 74
Angebotspolitik 130
Angebotsüberhang 74
Arbeitskräftemangel 87
Arbeitslosenquote 87
Arbeitslosigkeit 87
Arbeitsmarktpolitik
- aktive 101
- passive 101
Arbeitsmarktungleichgewichte 87
Arbeitsteilung 13
Aufwertung 151, 159
Ausgaben des Staates 35
Außenbeitrag 30, 43, 88, 155
Außenhandelspolitik 101, 158
Außenhandelssaldo 155
Außenwirtschaftliches Gleichgewicht 93, 154
Außenwirtschaftliche Ungleichgewichte 88, 154
Außenwirtschaftspolitik 101

B

Bedürfnispyramide 57
Bedürfnisse 57
Bestimmungsfaktoren der Nachfrage 57
Bestimmungsfaktoren des Angebots 67
Binnenmarkt 162
BIP pro Kopf 46
Bruttoinlandsprodukt (BIP) 42
- nominales 45
- reales 45
Bruttoinvestitionen 43
Bruttonationaleinkommen 43
Bruttowertschöpfung 42
Bundeshaushalt 34

C

Ceteris-Paribus-Klausel 60, 69
Crowding out 129

D

Deficit-Spending 119
Deflation 88
Devisenmarkt 150
Devisenmarktintervention 159
Diagrammauswertung 178
Diagrammerstellung 177
Dienstleistungsbilanz 155

E

Eingriffe in die Preisbildung 79
Einkommensschere 139
Einnahmen des Staates 34
Elastizität der Nachfrage 63
Entstehungsrechnung 42
Erweiterter Wirtschaftskreislauf 27
EU-Binnenmarkt 162
EU-Konvergenzkriterien 163
Euro 163
Euroländer 162
Europäische Union (EU) 162, 165
Europäische Zentralbank (EZB) 100
Exporte 43, 88
Exportüberschuss 88, 154

F

Faktoreinkommen 31
Finanzpolitik 134
- konjunkturneutrale 134
Fishersche Verkehrsgleichung 137
Fiskalpolitik
- antizyklische 100, 123
- expansive 100, 123
- restriktive 100, 123
Freihandelspolitik 102, 158
Freiheiten des EU-Binnenmarktes 162
Frühindikatoren 117
Fusionskontrolle 110

G

Gegenwartsindikatoren 117
Geld
- Arten 15
- Funktionen 15
- Schöpfung 15
Geldarten 15
Geldfunktionen 15
Geldkreislauf 25
Geldpolitik 100
- antizyklische 127
- expansive 127
- restriktive 127
- potenzialorientierte 134
Geldschöpfung 15
Geldumschlagshäufigkeit 137
Geldwertinstabilitäten 88
Geldwirtschaft 15
Gewinnmaximierung 83
Giffen-Effekt 60
Globalisierung 168
Globalsteuerung 123
Gossensche Gesetze 57

Grenznutzen 57
Grundfreiheiten 162
Güterarten 12
Güterkreislauf 25

H

Handelsbilanz 155
Handelshemmnisse
- nichttarifäre 158
- tarifäre 158

Höchstpreis 79

I

Ifo Geschäftsklimaindex 117
Importe 43
Importüberschuss 88, 154
Inflation 88
Inflationsrate 45
Inflatorisches Potenzial 137
Investitionen 13

K

Kapitalsammelstelle 30
Kartellverbot 110
Käufermarkt 54, 74
komparative Kostenvorteile 145
Komplementärgüter 12
Konjunktur 87, 114
Konjunkturausgleichsrücklage 123
Konjunkturindikatoren 117
Konjunkturmessung 114
Konjunkturphasen 87, 114
Konjunkturschwankungen 87, 114
Konjunkturtheorien 115
Konjunkturursachen 115
Konjunkturzyklen 114
Konsumausgaben
- der privaten Haushalte 30
- des Staates 30

Konsumentenrente 74
Konsumquote 31, 125
Kontingente 158
Konvergenzkriterien 163
Konzentration 110
Kooperation 110
Kooperationsstrategie 83
Kosten 67
Kostenvorteile
- absolute 110
- komparative 145

L

Laffer-Kurve 135
Leistungsbilanz 155
Leistungsbilanzsaldo 93, 155
Leitzins 101, 127
Leitzinsänderung 159
Liberalisierung der Finanzmärkte 169
Liberalisierung des Welthandels 168
Lineares Denken 106
Lohnpolitik 102

M

Maastricht-Kriterien 163
Magisches Viereck 93
Markt 53
Marktabgrenzung 53
Marktarten 53 f.
Marktformen 55
Marktgleichgewicht 74
Marktkonforme Eingriffe 79
Marktkonträre Eingriffe 79
Marktmechanismus 74
Marktwirtschaft 17
- freie 17
- soziale 19

Mengennotierung 150
Methodenbox 176
Mindestlohn 102
Mindestpreis 79
Mindestreservepolitik 101
Mindmap 176
Missbrauchsverbot 110
Modelle 13
Monetaristen 131
Monopol 55, 83
Mulitiplikator 125

N

Nachfrage 57
Nachfragefunktion 60
Nachfragegesetz 60
Nachfragekurve 60
Nachfragelücke 74
Nachfragepolitik 118
Nachfrageüberhang 74
Nettokreditaufnahme 34, 35
Nettonationaleinkommen 43
Neuverschuldung 34, 35
nichttarifäre Handelshemmnisse 158
Nominales BIP 45
Notierung 150

O

Offenmarktpolitik 100
Ökonomisches Prinzip 12
Oligopol 55, 83

Ordnungspolitik 135, 142

P

Polypol 55
Potenzialorientierte Geldpolitik 131
Preiselastizität der Nachfrage 63
Preisempfindlichkeit 63
Preisfunktionen 75
Preismechanismus 74
Preisniveaustabilität 93
Preisnotierung 150
Primärverteilung 102
Prinzipien der Sozialpolitik 103
Prinzipien der Umweltpolitik 103
Produktionsfaktoren 12
Produktivität 12
Produktivitätsorientierte Lohnpolitik 135
Produzentenrente 74
Projektmanagement (light) 181
Protektionismus 102, 158
Prozesspolitik 135, 142

Q

Qualitative Ziele 93
Quantitative Lockerung 101
Quantitative Ziele 93
Quantitätsgleichung 137
Quantitätstheorie 137

R

Race to the Bottom 170
Reales BIP 45
relative Kostenvorteile 145
Ressourcenverbrauch 89

S

Schengener Abkommen 162
Schuldenstand 35
Sektoren 13
Sekundärverteilung 102
Snob-Effekt 60
Sozialpolitik 102
Sozialversicherung 102
Sparquote 31, 125
Spätindikatoren 117
staatliche Eingriffe 79
Staatsausgabenmultiplikator 12, 125
Staatsbudget 34
Staatshaushalt 34
Staatsquote 134
Staatsverschuldung 35
Ständige Fazilitäten 101
Steuern 34
- direkte 31
- indirekte 31
Substitutionsgüter 12
Subventionen 31, 158

T

tarifäre Handelshemmnisse 158
Tarifvertrag 102
Timelag 129
Transferleistung 31
Transmissionsmechanismus 127

U

Umweltbelastungen 89
Umweltpolitik 103
Umweltschutz 93
Umweltzerstörung 89
Ungleiche Einkommensverteilung 89
Ungleiche Vermögensverteilung 89

V

Veblen-Effekt 60
Verbraucherpreisindex (VPI) 45
Verdrängungsstrategie 83
verfügbares Einkommen 31
Verkäufermarkt 54, 74
Vernetztes Denken 106
Vernetzungsdiagramm 108, 180
Verteilungsgerechtigkeit 93
Verteilungspolitik 102
Verteilungsrechnung 43
Verteilungsungerechtigkeit 89
Verwendungsrechnung 43
Volkseinkommen 43
Volkswirtschaft 12
Vollbeschäftigung 93
Vollständiger Wirtschaftskreislauf 28
Wirtschaftskreislauf 30

W

Währungspolitik 102, 159
Währungsunion 159
Warenkorb 45
Wechselkurs 150
Wechselkursmechanismus 151
Wechselkurspolitik 102, 159
Wechselkurssysteme 150
Wettbewerb 17, 19
Wettbewerbsbeschränkung 110
Wettbewerbsfunktionen 19
Wettbewerbspolitik 110, 134
Wirkungskette 122, 179
Wirtschaften 12
Wirtschaftskreislauf
- einfacher 25

- erweiterter 27
- vollständiger 30

Wirtschaftswachstum 93, 114
Wohlstandsindikatoren 48
World Trade Organization 168

Z

Zahlungsbilanz 155
Zentralverwaltungswirtschaft 18
Zielbeziehungen 93
Ziele der Wirtschaftspolitik
- quantitative 93
- qualitative 93

Zölle 158
Zusammenschlusskontrolle 110

J Quellenverzeichnisse

Bildquellenverzeichnis

akg-images GmbH, Berlin: 19.3.
Baaske Cartoons, Müllheim: Thomas Plaßmann 168.1.
fotolia.com, New York: Kzenon 146.1.
ifo Institut – Leibniz-Institut für Wirtschaftsforschung an der Universität München e.V., München: 117.1.
Interfoto, München: CLASSICSTOCK/C.P. CUSHING 118.1.
iStockphoto.com, Calgary: kupicoo 3.3; shironosov 3.2.
Jouve Germany GmbH & Co. KG, München: 57.1.
Microsoft Deutschland GmbH, München: 181.1.
Picture-Alliance GmbH, Frankfurt a.M.: akg-images 127.2; dpa-infografik 34.1, 44.1, 87.2, 88.1, 88.2, 89.2, 162.1, 170.1; dpa-infografik GmbH 94.1, 169.1; Globus Infografik 89.1.
Shutterstock.com, New York: Kehly, John 165.1; PIXEL to the PEOPLE 107.1; Pressmaster 39.1.
stock.adobe.com, Dublin: 1STunningART 15.1; contrastwerkstatt 3.4, 6.1, 22.1, 38.1, 51.1, 85.1, 112.1, 143.1; industrieblick 3.5; Luciano Mortula-LGM 75.1; Moraiti, Konstantinos 48.1; NDABCREATIVITY 53.1; Scanrail Titel; THINK b 42.1; WavebreakMediaMicro 3.1; yurolaitsalbert 96.1.
Süddeutsche Zeitung – Photo, München: Sammlung Megele 19.1; SV-Bilderdienst 130.1.
ullstein bild, Berlin: dpa 19.2.
YPS – York Publishing Solutions Pvt. Ltd.: 11.1, 58.1, 60.1, 62.1, 62.2, 63.1, 63.2, 63.3, 64.1, 64.2, 64.3, 64.4, 64.5, 64.6, 65.1, 65.2, 68.1, 69.1, 70.1, 70.2, 70.3, 70.4, 70.5, 70.6, 71.1, 71.2, 72.1, 74.1, 76.1, 76.2, 76.3, 76.4, 76.5, 76.6, 77.1, 77.2, 77.3, 77.4, 77.5, 77.6, 78.1, 78.2, 78.3, 78.4, 79.1, 79.2, 80.1, 80.2, 80.3, 80.4, 80.5, 80.6, 81.1, 81.2, 81.3, 81.4, 81.5, 81.6, 87.1, 100.1, 108.1, 113.1, 114.1, 115.1, 123.1, 127.1, 135.1, 149.1, 149.2, 149.3, 149.4, 150.1, 150.2, 150.3, 151.1, 151.2, 151.3, 151.4, 160.1, 160.2, 160.3, 160.4, 176.1, 177.1, 177.2, 177.3, 177.4, 177.5.

Literaturverzeichnis

Deutsche Bundesbank: Lange Zeitreihen – Zur Wirtschaftsentwicklung in Deutschland, Frankfurt, 2023.

Deutsche Bundesbank: Zahlungsbilanzstatistik - 12.09.2023, Frankfurt am Main, 2023.

Fredebeul-Krein, Markus, Walter Koch, Margareta Kulessa, Agnes Sputek: Grundlagen der Wirtschaftspolitik, 4., vollständig überarbeitete Auflage, Konstanz und München, UVK/Lucius, 2014.

Mussel, Gerhard, Jürgen Pätzold: Grundfragen der Wirtschaftspolitik, 8., überarbeitete und aktualisierte Auflage, München, Vahlen, 2012.

Pätzold, Jürgen, Daniel Baade: Stabilisierungspolitik, 7., vollständig überarbeitete Auflage, München, Vahlen, 2008.

Pollert, Achim, Javier Morato Polzin, Bernd Kirchner, Marc Constantin Pollert: DUDEN – Wirtschaft von A bis Z, 6. Auflage, Berlin, Bibliographisches Institut, 2016.

Statistisches Bundesamt: Volkswirtschaftliche Gesamtrechnungen – Wichtige Zusammenhänge im Überblick, Wiesbaden, 2023.

